Wer vom Ähnlichen spricht, der weiß offenbar nichts Genaues. Der Vorbehalt lautet: Er mag eine Ahnung haben, doch an der Forderung nach ausweisbarer Einsicht und striktem Wissen mogelt er sich vorbei. Die Aufsätze dieses Bandes möchten dieses Bild korrigieren. Sie tun es vor allem mit Blick auf ästhetische Phänomene. Eine ausführliche Einleitung der Herausgeber gibt aber auch einen historischen und systematischen Aufriß des Ähnlichkeitsdenkens, bevor das ästhetische Feld näher ins Auge gefaßt wird.

Gerald Funk, geboren 1962, Literaturwissenschaftler. Veröffentlichungen vorwiegend zur Ästhetik und Poetik des 20. Jahrhunderts.

Gert Mattenklott, geboren 1942, Professor für Allgemeine und Vergleichende Literaturwissenschaft an der Freien Universität Berlin. Veröffentlichungen zur Literatur, Kunst und Musik sowie zur Geschichte der Juden in Deutschland.

Michael Pauen, geboren 1956, Professor für Philosophie an der Otto-von-Guericke Universität Magdeburg. Veröffentlichungen zur Ästhetik, Geschichtsphilosophie, Kulturkritik und Philosophie des Geistes.

Unsere Adresse im Internet. www.fischer-tb.de

Ästhetik des Ähnlichen

Herausgegeben von
Gerald Funk, Gert Mattenklott,
Michael Pauen

Fischer
Taschenbuch
Verlag

Originalausgabe
Veröffentlicht im
Fischer Taschenbuch Verlag GmbH,
Frankfurt am Main, Mai 2001

Satz: Pinkuin Satz und Datentechnik, Berlin
Druck und Bindung: Clausen & Bosse, Leck
Printed in Germany
ISBN 3-596-15003-5

Inhaltsverzeichnis

Einleitung

Symbole und Signaturen
Charakteristik und Geschichte des Ähnlichkeitsdenkens

Wer vom Ähnlichen spricht, weiß offenbar nichts Genaues. Er mag eine Ahnung haben, doch offensichtlich ist er unfähig, Identitäten zu erkennen, und nicht Manns genug, das Differente zu unterscheiden. An der Forderung nach überprüfbarem Wissen mogelt er sich vorbei durch einen lauwarmen Kompromiß – weder Fisch noch Fleisch, nicht zu beweisen, aber auch schwer zu widerlegen.

Wenn in diesem Buch der Versuch unternommen werden soll, die skizzierte Haltung ein wenig in Frage zu stellen, dann kann dabei zunächst auf die Kunstphilosophie und Poetik von Novalis und Baudelaire, von Valéry und Benjamin verwiesen werden. Diese Autoren bringen das Ähnlichkeitsdenken[1] ins Spiel, wo sie nicht nur die Dichotomie von Identität und Differenz außer Kraft setzen wollen, sondern auch die Vereinfachungen eines szientifischen Paradigmas, das sich auf diese Alternativen festgelegt hatte und dabei ausgrenzen mußte, was in diesem einfachen Schema nicht aufging. Offensichtlich besteht hier ein enger Zusammenhang zu jener Kultur- und Erkenntniskritik, die den Siegeszug der empirischen Wissenschaften spätestens seit dem Beginn des neunzehnten Jahrhunderts begleitet hat. Kein Zufall dürfte es allerdings auch

1 Von ›Ähnlichkeitsdenken‹ wird im folgenden im Zusammenhang mit einem Feld von Begriffen gesprochen, das neben dem ›Ähnlichen‹ selbst auch ›Analogie‹ und ›Korrespondenz‹ umfaßt – Vorstellungen, die in der hier vorzustellenden Tradition – anders als in gegenwärtigen Theorien – nicht voneinander unterschieden werden. Dies gilt insbesondere für das Verhältnis von Ähnlichkeit und Analogie.

sein, daß das Interesse am Ähnlichkeitsdenken dort merklich zunimmt, wo die Künste beginnen sich vom Nachahmungsprinzip zu befreien, dessen Ideal die Gleichheit der Erscheinung des ästhetischen Gegenstandes mit seinem ›realen‹ Pendant gewesen war. Unter dem Blick für das Ähnliche dagegen geraten die Dinge in Bewegung: An die Stelle einer einsinnigen Relation von außerästhetischem Gegenstand und ästhetischem Abbild tritt eine Vielfalt von Korrespondenzen und Analogien zwischen den einzelnen Elementen eines Werkes: seine Farben und Klänge, seine Bedeutungen und Dispositionen treten in Beziehung zueinander.

Die Künste und ihre Theoretiker greifen damit zurück auf ein Modell, das »bis zum Ende des sechzehnten Jahrhunderts [...] im Denken [...] der abendländischen Kultur eine tragende Rolle gespielt« hat.[2] Keineswegs sollen damit die alten Goldmacher, Sterndeuter, Quacksalber und Magier den modernen Naturwissenschaften als leuchtendes Vorbild angepriesen werden. Die folgende Einleitung bemüht sich vielmehr zunächst darum, die erkenntnistheoretischen und allgemein philosophischen Implikationen des Ähnlichkeitsdenkens deutlich zu machen, um so einen Hintergrund zu geben für die eher an ästhetischen Fragen orientierten Beiträge dieses Bandes. Dabei wird es nicht nur um eine Klärung der Begriffe gehen, sondern auch um eine historische Skizze, die die Entwicklung dieser Tradition zumindest an einigen wichtigen Stationen verfolgt. Im zweiten Teil sollen dann neuere Theoretiker des Ähnlichen zu Wort kommen, wie sie insbesondere in der Kultur- und Erkenntniskritik der ersten Hälfte dieses Jahrhunderts aufgetreten sind. Der dritte Teil wird sich dann schließlich mit der Bedeutung dieser Tradition für die Ästhetik befassen und damit zum eigentlichen Thema des Bandes hinführen.

2 Michel Foucault, Die Ordnung der Dinge. Eine Archäologie der Humanwissenschaften. Frankfurt a. M. 1974, S. 46.

Der Perspektivismus des Ähnlichen

Die folgende systematische und historische Begriffsklärung konzentriert sich auf jene Varianten des Ähnlichkeitsdenkens, die für die Geisteswissenschaften, insbesondere für die Ästhetik, von Interesse sind. Dies bedeutet zunächst, daß hier die Verwendung des Begriffes in der Geometrie und in der Theorie der mentalen Repräsentation keine Rolle spielen kann. Beide Fassungen des Begriffs sind sicherlich ein interessantes Thema für eine auf Vollständigkeit bedachte Problemgeschichte, sie sprengen jedoch den Rahmen des vorliegenden, primär an ästhetischen Fragen orientierten Projektes. Angesichts dieser Schwerpunktsetzung drängt sich indessen eine andere Frage auf, schließlich ist die Relevanz der Kategorie des Ähnlichen für die Ästhetik vor nicht allzu langer Zeit von prominenter Seite vehement bestritten worden: Nelson Goodman hat zu zeigen versucht, daß die Repräsentationsbeziehung von Gegenstand und Abbild auch in der naturalistischen Malerei nicht durch die Ähnlichkeit beider erklärt werden könne: Konstitutiv sei vielmehr eine durch Konventionen gestiftete Denotationsbeziehung, wie es sie auch in der Sprache gebe: »Tatsache ist, daß ein Bild, um einen Gegenstand repräsentieren zu können, ein Symbol für ihn sein, auf ihn Bezug nehmen muß; und daß kein Grad von Ähnlichkeit hinreicht, um die erforderliche Beziehung der Bezugnahme herzustellen. Ähnlichkeit ist für die Bezugnahme auch nicht *notwendig*; fast alles kann für fast alles andere stehen. Ein Bild, das einen Gegenstand repräsentiert – ebenso wie eine Passage, die ihn beschreibt –, nimmt auf ihn Bezug und, genauer noch: *denotiert* ihn. Denotation ist der Kern der Repräsentation und unabhängig von Ähnlichkeit.«[3] Goodmans Auffassung hat neben entschiedenen Befürwortern eine ganze Reihe von Kritikern gefunden.[4] Eine endgültige Antwort scheint hier jedoch deshalb unnötig, weil Goodman offenbar ganz andere Interessen verfolgt als die Beiträge des vorliegenden Bandes, geht es hier doch, anders als bei Goodman, ge-

3 Nelson Goodman, Sprachen der Kunst. Entwurf einer Symboltheorie. Übersetzt von Bernd Philippi. Frankfurt a. M. 1995, S. 17.

4 Vgl. Arthur C. Danto, The Transfiguration of Commonplace. A Philosophy of Art. Cambridge, MA, London 1981, S. 73–76.

rade nicht um mögliche Ähnlichkeiten zwischen Bild und Gegenstand im Sinne der traditionellen Mimesis-Konzeption.

Verstünde man den Begriff in diesem Sinne, dann wäre er wohl wenig produktiv: Ähnlich wäre das, was nur in einer bestimmten Hinsicht gleich, oder aber, was nicht ganz identisch ist – kurzum, es handelte sich um eine Kategorie der Defizienz: Ein Porträt, das nur ›so ähnlich‹ aussieht wie die porträtierte Person, hat in der Regel seinen Zweck verfehlt. Der Fehler muß dabei allerdings nicht immer dem Objekt anzulasten sein; von ›Ähnlichkeit‹ könnte man auch dann sprechen, wenn der Beurteilende zu einer genaueren Bestimmung des Sachverhaltes nicht fähig ist.

Bei näherem Hinsehen zeigt sich indessen, daß der Versuch, Ähnlichkeit durch ein mehr oder minder großes Maß an Übereinstimmung zu definieren, schon allein deshalb fehlschlagen muß, weil er das Ähnliche von vornherein an einem Maßstab mißt, der ihm kaum gerecht zu werden vermag. Zweifellos spricht man oft aus bloßer Verlegenheit von Ähnlichkeiten, also beispielsweise dort, wo aus Unkenntnis oder Desinteresse nicht über Identität oder Differenz entschieden werden kann. Dort jedoch, wo der Begriff des Ähnlichen produktiv wird, wo er also nicht als Platzhalter für einen Mangel an Präzision benutzt wird, geht es um mehr. Die Wahrnehmung des Ähnlichen, aber auch das Denken in dieser Kategorie zeichnen sich aus durch eine Komplexität, die in Begriffen wie ›gleich‹ oder ›nicht gleich‹, ›identisch‹ oder ›nicht identisch‹ kaum zu fassen ist. Dies gilt vor allem deshalb, weil Gleichheit stets den Bezug auf einen Maßstab oder eine Perspektive einschließt. ›Gleich‹ sind zwei Gegenstände immer nur bezüglich einer bestimmten Qualität, sie mögen beide rot sein, die gleiche Länge haben oder dem gleichen Diskussionszusammenhang entstammen – was sie sonst noch sind, bleibt außer Betracht. Dem Blick für das Ähnliche ist eine solche Verengung der Perspektive fremd; ein Gegenstand kann mit allen, zumindest aber mit einer nicht von vornherein festgelegten Zahl von Eigenschaften in die Ähnlichkeitsbeziehung eingehen: Die Ähnlichkeit von zwei Menschen mag ihre Haltung, ihren Gesichtsausdruck und vielleicht noch ihre Haarfarbe einschließen; vielleicht stellt sich später heraus, daß auch ihre Stimmen einander ähnlich sind. Es handelt sich also nicht nur um eine Beziehung, die weit umfassender ist als die der Gleichheit, sie ist überdies direkter, weil sie nicht den Bezug auf ein Drittes voraussetzt – ebenjenen Maßstab, der zur Bestimmung der Gleichheit notwendig ist.

Charakteristisch für die meisten historischen Formen des Ähnlichkeitsdenkens ist überdies die Abwesenheit der Dichotomien von Subjekt und Objekt, von Zeichen und Bezeichnetem sowie von Wesen und Erscheinung. Die älteren Quellen bringen dies zum Ausdruck in der Vorstellung einer von Gott gestifteten kosmischen Harmonie, die umschließt, was in den späteren Erkenntnislehren auseinandertreten wird. Bedeutung hat dies zunächst für den Erkennenden. Er ist nicht distanzierter Beobachter, der möglichst ›objektiv‹ registrieren soll, was sich draußen, ganz unabhängig von ihm selbst, in der Welt der Dinge zuträgt. Hier ist er vielmehr selbst eingebunden in jenes Geflecht von Korrespondenzen, das die Schöpfung durchzieht: Weit entfernt davon, den Erkenntnisprozeß zu beeinträchtigen oder ihn gar zu verhindern, ist diese Affinität von Betrachter und Betrachtetem vielmehr konstitutiv für den Erkenntnisprozeß. Paracelsus etwa behauptet über den Menschen, daß »sein Leib, seine Glieder der Natur Instrumenten sind«[5], und für die italienische Naturphilosophie der Renaissance bedeutet, »ein Ding ›erkennen‹, [...] mit ihm eins werden: Diese Einheit aber ist nur dann möglich, wenn Subjekt und Objekt, wenn der Erkennende und Erkannte von gleicher Natur, wenn sie Glieder und Teile ein und desselben *Lebenszusammenhanges* sind«.[6] In diesem Sinne behauptet etwa Marsilio Ficino, daß »die vertrauten Objekte des Intellekts die universellen und ewigen Gründe der Dinge sind. Niemals könnte er mit ihnen vertraut werden, wenn er ihnen nicht in einem besonderen Sinne ähnlich wäre.«[7] Und bei Nicolaus Cusa-

5 Paracelsus, Schriften. Ausgew. und hrsg. v. Hans Kayser. Leipzig 1924, S. 373.

6 Ernst Cassirer, Individuum und Kosmos in der Philosophie der Renaissance. Darmstadt [6]1987, S. 156.

7 Marsilio Ficino, Epistolae. In: Ernst Cassirer, Paul Oskar Kristeller, John H. Randall, The Renaissance Philosophy of Man. Chicago 1950, S. 193 bis 212; das Zitat S. 206. »Ficins Darstellung des Systems der Astrologie in der Schrift ›De vita triplici‹ beginnt mit dem Gedanken, daß es, so wahr die Welt kein Aggregat toter Elemente, sondern ein beseeltes Wesen ist,

nus heißt es, der menschliche Geist »ähnelt sich an, wenn er begreift, indem er Begriffe oder Gesichte der Vernunft hervorbringt; der göttliche Geist ist eine Kraft, welche Sein erschafft, der unsrige eine Kraft, welche sich anähnelt«, »denn Ähnlichkeit bringt Erkenntnis hervor«.[8]

Diese Korrespondenzen schließen den gesamten *Kosmos* ein, der hier in der Tat – so wie es dem ursprünglichen Sinn des Wortes entspricht – als ›Ordnung‹ verstanden wird, als eine Ordnung überdies, die noch ganz unmittelbar auf den Schöpfer bezogen ist. »Jedes einzelne Ding«, so Marsilio Ficino, »ist das materielle Abbild eines Verstandesprinzips, das seinerseits ein vormaterielles Verstandesprinzip abbildet: So ist jedes einzelne Objekt mit dem göttlichen Wesen verbunden, nach dessen Vorbild es geschaffen ist.«[9] Deutlich erkennbar ist der Bezug auf das hier zur Diskussion stehende Thema auch bei Gianozzo Manetti, der mit Anaxagoras behauptet, daß »einander ähnliche Teilchen der Ursprung der Dinge« seien.[10] Ausführlicher noch äußert sich hierzu Agrippa von Nettesheim: »Es ist offenbar, daß alles Untere unter dem Einflusse des Obern steht und gewissermaßen, wie *Proklus* sagt, Alles in einander enthalten ist, nemlich das Unterste im Obersten und das Oberste im Untersten. So befindet sich im Himmel Irdisches, aber der Ursache nach und auf himmlische Weise; auf Erden dagegen Himmlisches, aber der Wirkung nach und auf irdische Weise.«[11]

in ihr nirgends bloße Teile geben könne, die neben dem Ganzen und außer ihm ein selbständiges Dasein besitzen. Was wir äußerlich betrachtet als Teil des Universums ansehen, das ist vielmehr, tiefer erfaßt, als Organ zu begreifen, das im Lebenszusammenhang des Kosmos seine bestimmte Stelle und seine notwendige Funktion besitzt.« Cassirer, Individuum und Kosmos, S. 116.

8 Nicolaus Cusanus, Liber de Mente. Hrsg. v. Joachim Ritter, übersetzt v. Heinrich Cassirer. In: Cassirer, Individuum und Kosmos, S. 203–297, hier: S. 245 und S. 223.

9 Marsilio Ficino z. n. Frances A. Yates, Giordano Bruno and the Hermetic Tradition. London 1964, S. 64 f.

10 Gianozzo Manetti, Über die Würde und Erhabenheit des Menschen. Übers. v. Hartmut Leppin, hrsg. u. eingel. v. August Buck. Hamburg 1990, S. 38.

11 Heinrich Cornelius Agrippa von Nettesheim, Magische Werke, 4 Bde., Berlin [4]1921, Bd. I, S. 128.

Die Konstellationen, die dabei zustande kommen, sind für den heutigen Leser zuweilen überraschend. Cardanus etwa betrachtet die Metalle als ›begrabene Pflanzen‹ und schreibt den Steinen einen eigenen Lebenszyklus zu[12], für Kroll sind die »Gestirne [...] die Matrix aller Gräser, und jeder Stern am Himmel ist lediglich die geistige Präfiguration eines Grases, so wie er es darstellt, und genau so, wie jedes Gras oder jede Pflanze ein irdischer Stern ist, der den Himmel betrachtet, so ist auch jeder Stern eine himmlische Pflanze in geistiger Form, die von dem Irdischen allein durch die Materie unterschieden ist«.[13]

Schon in der Antike gewinnt diese Lehre Einfluß auch auf kunstphilosophische Überlegungen. Die Chaldäer etwa behaupteten nach Plutarch, »der Frühling stehe zum Herbst im Verhältnis der Quarte, zum Winter im Verhältnis der Quinte, zum Sommer im Verhältnis der Oktave«.[14] Bryennios vergleicht die viersaitige Lyra des Orpheus mit den vier Elementen[15], die nach einem Bericht Plutarchs auch mit den vier Klapperbügeln des Sistrums, eines ägyptischen Geräuschinstrumentes, in Verbindung gebracht wurden.[16] Erhalten bleiben solche Vorstellungen bis weit in die Neuzeit. Buxtehude, so berichtet Mattheson, habe »die Natur und die Eigenschafft der Planeten, in sieben Clavier-Suiten, artig abgebildet«[17];

12 Vgl. Cassirer, Individuum und Kosmos, S. 157 f.

13 Kroll z. n. Foucault, Die Ordnung der Dinge, S. 49 f.

14 Vgl. Rudolf Schäfke, Geschichte der Musikästhetik in Umrissen. Berlin 1934, S. 45.

15 a. a. O. S. 44.

16 Vgl. a. a. O. S. 8. Aufschlußreich ist auch eine Bemerkung Gioseffo Zarlinos: »I Musici nelle lor cantilene sogliono il più delle uolte porre Quattro parti, nelle quali, dicono contenersi tutta la perfettione dell' harmonia. Et perche si compongono principalmente de cotali parti; però le chiamarono Elementali della compositione alla guisa de i quattro Elementi.« (Meist pflegen die Musiker in ihren Liedern vier Stimmen zu verwenden, in denen, wie sie sagen, die ganze Vollkommenheit der Harmonie enthalten ist. Und weil sie hauptsächlich aus diesen Stimmen bestehen, werden sie nach dem Vorbild der vier Elemente als elementar für die Komposition bezeichnet). Gioseffo Zarlino, L'istitutioni harmoniche, Kap. 58. In: Ders., Tutte l'opere Vol. I, Venedig 1589, S. 293.

17 Johann Mattheson, Der vollkommene Capellmeister, 1739. Faksimile-Nachdruck hrsg. v. Margarete Reimann. Kassel u. Basel 1954, S. 130.

andere Theoretiker sehen Ähnlichkeiten mit den vier Jahreszeiten, den vier Evangelien oder den vier Phasen des Lebens Christi.[18]

Eine der wohl bekanntesten Konsequenzen dieser Lehre ist die Vorstellung einer Entsprechung von Mikro- und Makrokosmos. Die substantielle Ähnlichkeit alles Geschaffenen verbürgt, daß »gemäß dem Bau der großen Welt [...] der Bau der kleinen Welt«[19] beschaffen ist. Als bevorzugtes Beispiel fungiert dabei der Mensch; er wird als direktes Abbild der kosmischen Ordnung betrachtet. So sucht Paracelsus zu zeigen, daß Geist und Seele des Menschen dem Himmel, sein Körper dem dunklen Abgrund von Wasser und Materie entsprechen.[20] Detaillierter sind die Überlegungen Oswald Krolls, der die »Gestallt deß [menschlichen; Vf.] Angesichts« der »Gestallt deß Firmaments«, den Puls der Bewegung des Firmaments, den Atem den Winden, den Schauder dem Erdbeben, die Schwindsucht der Trockenheit und die Wassersucht der Überschwemmung gegenüberstellt. Der Mensch, so zeigt sich auch hier, ist mit *all* seinen Eigenschaften und Fähigkeiten Bestandteil des kosmischen Verweisungszusammenhanges. Der Begriff des Mikrokosmos wendet so »auf alle Naturgebiete das Spiel der reduplizierten Ähnlichkeiten an. Er garantiert der Nachforschung, daß jedes Ding in einer größeren Stufenleiter sein Spiegelbild und seine makrokosmische Versicherung findet.«[21] Eine der jüngsten und wohl auch fruchtbarsten Konsequenzen dieser Doktrin ist die Monadentheorie Walter Benjamins, deren Ansätze sich bis auf Giordano Bruno zurückverfolgen lassen: Das Prinzip der alles durchziehenden Ähnlichkeiten in Mikro- und Makrokosmos gewährleistet nämlich, daß sich in den Teilen stets wieder ein Abbild des Ganzen findet. In

18 Vgl. Schäfke, Geschichte der Musikästhetik, S. 210.

19 Tabula Smaragdina. In: Julius Ruska, Tabula Smaragdina. Ein Beitrag zur Geschichte der Hermetischen Literatur (= Heidelberger Akten der von Portheim-Stiftung, Bd. XVI). Heidelberg 1926, S. 114.

20 »Man, too, is an intermediate being. His body partakes of the divine spark of light. Hence he is a microcosm. For in him all constituents of the world are represented: heaven in his spirit and soul, and the dark abyss of the waters of matter in his body.« Walter Pagel, Paracelsus and the Neoplatonic and Gnostic Tradition. In: Ambix VIII (1960), S. 125–167, das Zitat S. 129.

21 Foucault, Die Ordnung der Dinge, S. 62.

diesem Sinne heißt es bei Bruno: »Wenn es nun aber geschieht, daß jener Spiegel zerschlagen wird und in unzählige Teile zersplittert, so repräsentiert doch jeder Teil das Ganze, und wir sehen in jedem Splitter das ganze, ungeteilte Bild der Sonne.«[22]

Auf die Annahme einer universellen Harmonie beruft sich auch die Lehre von den *Signaturen.* »Nichts«, so heißt es bei Paracelsus »ist, das die Natur nicht gezeichnet hat, durch welche Zeichen man kann erkennen was im selbigen, was gezeichnet ist. [...] Wir Menschen auf Erden erfahren alles das, so in Bergen liegt, durch die äußern Zeichen und Gleichnus, auch dergleichen alle Eigenschaft in Kräutern, und alles das, das in den Steinen ist.«[23] Anders als in modernen Theorien gilt das Verhältnis von Zeichen und Bezeichnetem hier nicht als arbiträr, vielmehr beruht es auf den von Gott selbst gestifteten Korrespondenzen. Dies hat zur Folge, daß das Wesen des Gegenstandes selbst in jenen Signaturen und damit auch in seiner äußeren Erscheinung zum Ausdruck kommen kann: »Die gantze äussere sichtbare Welt mit all ihrem Wesen, ist eine Bezeichnung oder Figur der inneren geistlichen Welt; alles was im inneren ist, und wie es in der Wirckung ist, also hats auch seinen *Character* äusserlich: Gleichwie der Geist ieder Creatur seine innerliche Geburts-Gestaltniß mit seinem Leibe darstellet und offenbare; Also auch das ewige Wesen.«[24] Weiteren Aufschluß gibt eine Bemerkung des Paracelsus, der von großen Ohren nicht nur auf ein gutes Gehör schließt, sondern auch auf »gute gedechtnus, aufmerkig, sorgsam, gesunt hirn und haupt«.[25] Abermals zeigt sich hier, daß das Zeichen nicht als willkürlich ausgewähltes Erkennungsmerkmal des Be-

22 Giordano Bruno z. n. Jochen Kirchhoff, Giordano Bruno. Reinbek 1980, S. 71. Vgl. hierzu eine Notiz aus Benjamins Passagen-Werk: »Ja in der Analyse des kleinen Einzelmoments den Kristall des Totalgeschehens zu entdecken.« Walter Benjamin, Gesammelte Schriften. Hrsg. v. Rolf Tiedemann und Hermann Schweppenhäuser. Frankfurt a. M. 1974, Bd. V/1, S. 575.

23 Paracelsus, Schriften, S. 366; S. 368.

24 Jacob Böhme, Sämtliche Schriften. Faksimile-Neudruck der Ausgabe von 1730 in elf Bänden. Hrsg. v. Will-Erich Peuckert. Stuttgart 1955, Bd. VI, S. 96.

25 Paracelsus z. n. Will-Erich Peuckert, Einleitung. In: Böhme, Sämtliche Schriften, Bd. VI, S. [5]–[22], das Zitat S. [9].

zeichneten betrachtet wird: Die großen Ohren gelten als funktionaler und damit notwendiger Bestandteil der Ähnlichkeitsbeziehung, von der hier die Rede ist. Erkennen läßt sich zudem, daß die einzelnen Phänomene mit all ihren Eigenschaften Bestandteile eines Kontinuums sind, schließlich, so Jacob Böhme, kommt »alle menschliche Eigenschaft aus Einer«.[26] Agrippa von Nettesheim erklärt die Übereinstimmung zwischen dem Zeichen und dem Wesen des Bezeichneten daraus, daß jeder »Sache [...] gemäß der harmonischen Ordnung und von ihrem sie bestrahlenden Sterne ein besonderes Zeichen oder Merkmal eingedrückt« werde.[27] So zeigen etwa »der Lorbeer, der Lotus und die Sonnenwende, [...] als Sonnenblumen in ihren Wurzeln und Knoten die Charaktere der Sonne«.[28] Umgekehrt kommt auch der Gegensatz zwischen den Schafen und dem für sie tödlichen Froscheppich darin zum Ausdruck, daß sich auf der Schafsleber ein Bild jener Pflanze zeigt.[29] Ein weiteres Beispiel für derartige Überlegungen findet sich bei Jacob Böhme. Er meint, es sei »kein Ding in der Natur, es offenbart seine innere Gestalt auch äußerlich: denn das Innerliche arbeitet stets zur Offenbarung. [...] Ein jedes Ding hat seinen Mund zur Offenbarung«.[30]

Um diese Korrespondenzen zu erkennen, bedarf es indessen eines geschulten Auges, das die Signaturen zu lesen versteht. Zwar seien die natürlichen Gegenstände wie Buchstaben, doch »niemands weiß aber nit, was dieselbigen Buchstaben in ihnen begreifen. [...] Nun aber zu erforschen, was in Kräutern ist, darzu gehört *Philosophia Adepta*, dieselbig weiß alle verborgene Ding, alle Heimlichkeit, alle *Arcana der Natur.*«[31] Auch Agrippa betont, daß »die

26 Böhme, Sämtliche Schriften, Bd. VI, S. 4.
27 Agrippa, Magische Werke, Bd. I, S. 161.
28 ebd.
29 »Den Froscheppich fliehen die Schafe als tödtlich; und was noch wunderbarer ist, das Zeichen dieses Todes hat die Natur auf der Leber der Schafe abgebildet, indem man darauf die ganz natürliche Gestalt des Froscheppichs erblickt.« Agrippa, Magische Werke, Bd. I, S. 115.
30 Böhme, De Signatura Rerum, z. n. Andrew Weeks, Schopenhauer und Böhme. In: Schopenhauer Jb. 73 (1992), S. 7–17, das Zitat S. 11. Die Passage wird von Schopenhauer im ersten Band der *Welt als Wille und Vorstellung* zitiert.
31 Paracelsus, Schriften, S. 378.

verborgenen Eigenschaften der Dinge [...] unseren Sinnen verborgen und kaum dem Verstande bekannt sind«.[32] Doch wer die Signaturen zu lesen weiß, dem verwandelt sich die Natur in ein Buch, in dem die göttliche Weisheit erkennbar wird. Diese Metapher findet sich bereits bei Augustinus, und sie wird aufgegriffen etwa bei Nicolaus Cusanus[33] oder John v. Salisbury, der die Natur als eine Schrift betrachtet, die Zeichen von Gottes eigener Hand enthält.[34] Bei Jacob Böhme findet sich überdies die – später von Walter Benjamin wiederaufgegriffene – Vorstellung, die Dinge selbst hätten eine eigene Sprache: »Und das ist die Natur-Sprache, daraus iedes Ding aus seiner Eigenschaft redet, und sich immer selber offenbaret, und darstellet, worzu es gut und nütz sey.«[35] Naheliegend ist es da, daß Böhme sich auch mit dem Zusammenhang von Wort und Sache in der menschlichen Sprache beschäftigt. »Das Wort Teu hat seinen Ursprung von dem harten Pochen oder Tönen, und das Wort Fel hat seinen Ursprung von dem Falle; also heist nun herr Lucifer Teufel, und nicht mehr Cherubin oder Seraphim.«[36] Schon in der *Tabula Smaragdina,* einem vermutlich zwi-

32 Agrippa, Magische Werke, Bd. I, S. 101 f.

33 »Ihm [Cusanus; Vf.] ist die Natur nicht nur der Widerschein des göttlichen Seins und der göttlichen Kraft, sondern sie wird ihm zum Buch, das Gott mit seinem Finger geschrieben hat.« Cassirer, Individuum und Kosmos, S. 57.

34 »He [John v. Salisbury; Vf.] liked to describe it by a double analogy with the nature of created things, which not only may be profitably subjugated and exploited by man but also contemplated like a book containing visible signs from God's hand, references to the invisible. ›Not only all things written‹ he says ›but all things done and created (facta) are believed to have been instituted to be used by an, even though they are sometimes abused.‹« Peter v. Moos, The Use of Exempla in the Policraticus of John of Salisbury. In: Michael Wilks (Hrsg.), The World of John of Salisbury. Oxford 1984, S. 207–261, das Zitat S. 239 ff. Die Vorstellung findet sich auch bei Nicolaus Cusanus: »Orator: Quomodo ductus esse potes ad scientiam ignorantiae tuae, cum sis Idiota? Idiota: Non ex tuis, sed ex Dei libris. Orat: Qui sunt illi? Id: Quos suo digito scripsit. Orat: Ubi reperiuntur? Id: Ubique.« Cusanus, Liber I de sapientia, z. n. Cassirer, Individuum und Kosmos, S. 57.

35 Böhme, Sämtliche Schriften, Bd. VI, S. 7.

36 Jacob Böhme, Aurora, oder Morgenröthe im Aufgang. In: Sämtliche Schriften, Bd. I, S. 192. »Das Wort GOtt faset sich mitten oben auf der

schen dem sechsten und dem achten Jahrhundert entstandenen hermetisch-alchimistischen Traktat[37], finden sich Spekulationen über den Bedeutungsgehalt einzelner Laute, etwa über den Buchstaben ›Ω‹, »der rund, […] zweiteilig, der Zone des Kronos zugehört nach dem äußeren Wortsinn, […] nach dem geistigen aber […] bedeutet er etwas anderes, was nicht mitgeteilt werden darf; Nikotheos allein, der Verborgene, weiß es«.[38]

Gleichzeitig wird hier auch die Differenz zwischen menschlicher und göttlicher Schrift relativiert: Wenn der Erkennende oder Schreibende selbst jener universellen Harmonie angehört, die den gesamten Kosmos bestimmt, dann werden auch die von ihm verfaßten Texte, mithin die gesamte schriftliche Überlieferung, zum Ausdruck der göttlichen Weisheit. Sie stehen damit gleichberechtigt neben der Chiffrenschrift der Natur – schließlich, so glaubt John v. Salisbury, »spricht Gott zu den Menschen nicht nur durch seine Schöpfung, sondern auch durch die menschlichen Schriften ohne Ausnahme«.[39]

»Es gibt keinen Unterschied zwischen jenen sichtbaren Zeichen, die Gott auf der Oberfläche der Erde gesetzt hat, um uns deren innere Geheimnisse erkennen zu lassen, und den lesbaren Wörtern, die die Bibel oder die Weisen der Antike, die durch ein göttliches Licht erleuchtet worden sind, in ihren Büchern, die die Überlieferung gerettet hat, niedergelegt haben. […] Gott hat die Natur zur Ausübung unserer Weisheit nur mit zu entziffernden Figuren besät, […] während die Menschen der Antike bereits Interpretationen gegeben haben, die wir nur noch zu sammeln brauchen.«[40]

Zungen, und stösset aus dem Hertzen darin, und lässet das Maul offen, und bleibet auf seinem königlichen Sessel sitzen, und schallet aus sich und in sich: wenn es aber ausgesprochen ist, so thut es noch einen Druck zwischen den obern Zähnen und Zungen heraus.« a. a. O. S. 254; vgl. S. 257.

37 Zur Entstehungsgeschichte vgl. Ruska, Tabula Smaragdina.

38 Ruska, Tabula Smaragdina, S. 23.

39 »He [John v. Salisbury; Vf.] believes confidently that God spoke to men not only through the medium of his creation but also by means of all human writings without exception. Even if only in a veiled, shadowy form, truth is perceptible in all beings. However to recognise it, we need certain techniques of appropriation and interpretation.« Moos, The Use of Exempla in the Policraticus of John of Salisbury, S. 242.

40 Foucault, Die Ordnung der Dinge, S. 64 f.

Mit dem Buche Gottes haben die Texte der Menschen auch gemein, daß sie sich fast unbegrenzt ausdeuten lassen: Die Ambiguität galt den Interpreten nicht als Mangel, sondern als Zeichen der Fruchtbarkeit eines Textes, dessen verschiedene Auslegungen einander nicht ausschließen, sondern *gemeinsam* die eigentliche Wahrheit kenntlich machen sollten. Verbunden werden hier also zwei Eigenheiten, die neuzeitlichem Denken zufolge einander diametral widersprechen: Auf der einen Seite wird eine direkte Entsprechung von Zeichen und Bezeichnetem, von ›Erscheinung‹ und ›Wesen‹ behauptet, auf der anderen Seite kann jedoch ein Zeichen für mehrere Objekte oder Beziehungen stehen – der Gedanke, hier könne ein Widerspruch vorliegen, erscheint schon angesichts der göttlichen Weisheit, die sich in diesen Zeichen offenbaren soll, als blanke Ketzerei: Die unterschiedlichen Deutungen gelten vielmehr als Bestandteile der einen, universellen Harmonie.

Von modernen Vorstellungen unterscheidet sich die Lehre vom Ähnlichen auch darin, daß sie die *verschiedensten* Aspekte eines Gegenstandes als ›Zeichen‹ zu lesen weiß. Während modernem Verständnis zufolge ein Buchstabe nur als austauschbares Zeichen in Betracht kommt, dessen Gestalt allenfalls Graphologen und Schriftsetzer interessiert, gewinnt hier auch die konkrete Gestalt der Schriftzeichen an Bedeutung – ein Beispiel hierfür stellt der oben bereits zitierte Text aus der *Tabula Smaragdina* dar, der sich mit der konkreten Erscheinung des griechischen Omega befaßte. Ähnliche Überlegungen finden sich in medizinischen Schriften. Während bei der Distel das Stechen zeigt, daß sie gegen inneres Stechen hilft, ist es beim Wegwart die Ausrichtung der Blüten am Lauf der Sonne: Sie zeigt, daß die Arznei, die man aus seinen Wurzeln gewinnt, nur wirksam ist, während die Sonne am Himmel steht. Agrippa befaßt sich mit diesem Problem in Zusammenhang mit der Frage, wie denn die Zugehörigkeit eines Objektes zu einem Himmelskörper zu bestimmen sei, und er nennt gleich eine Vielzahl unterschiedlicher Eigenschaften: Die einem bestimmten Gestirn entsprechenden Gegenstände erkenne man nämlich daran, »daß sie die Strahlen oder die Bewegung, oder die Figur der Himmelskörper nachahmen. Einige entsprechen auch gewissen Sternen durch ihre Farbe und ihren Geruch, andere durch ihre Wirkungen«.[41] Andere Autoren verlassen sich jedoch lieber darauf, daß die Kräuter in ihrer Gestalt den Organen entsprechen, zu deren Heilung sie nützlich sind:

»Alle Geschlecht der Stendlwurtz reytzen / wegen der Gleichförmigkeit / so sie mit den Geburtsgeyln haben / zum Beyschlaff an: Die öberste vnter den beyden Wurtzeln ist allezeit besser vnd kräfftiger / zur Erweckung der verlohrnen Begierde zum Beyschlaff. [...] Die Natur als welche sich der Gebärung der Menschen befleißt / gibt durch jhre eusserliche Gestallt zu erkennen / daß sie zur Stärckung vnd Beförderung der Geburt dienen / sintemal sie sich dem Saamen auch am Geruch vergleichen.«[42]

Wie oben bereits erwähnt, geht ein Gegenstand mit *all* seinen Eigenschaften oder Erscheinungsweisen in die Ähnlichkeitsbeziehung ein – nicht zuletzt hieraus ergibt sich der Perspektivismus des Ähnlichkeitsdenkens. So hat etwa die Feindschaft zwischen Wölfen und Schafen zur Folge, daß noch ein Wolfsfell ein Schafsfell zu zerfressen vermag, und eine Trommel, die mit jenem bespannt ist, eine aus Lammfell bestehende verstummen läßt.[43] Aus der Feindschaft zwischen Schlangen und Krebsen folgt nicht nur, daß »Schweine, wenn sie von Schlangen gebissen werden, [...] sich durch den Genuß von Krebsen heilen« können, aufschlußreicher noch, daß auch die »Sonne, wenn sie im Krebse steht, [...] die Schlangen« quält.[44]

Das Ähnlichkeitsdenken berücksichtigt dabei neben *phänomenalen* auch *funktionale* Verwandtschaften: es ist nicht die Ähnlichkeit im Aussehen, sondern die beiden gemeinsame Funktion des *Vernehmens*, die in dem oben zitierten Beispiel des Paracelsus die Verwandtschaft zwischen dem gesunden Hirn und den großen Ohren stiftet. Vergleichbar ist eine Überlegung Agrippas, der rät, man solle sich zur Zubereitung eines Liebestranks an ein Tier halten, »das in der Liebe sich auszeichnet. [...] Von diesen Thieren müssen wir diejenigen Theile oder Glieder entnehmen, in denen hauptsächlich der Liebestrieb herrscht. [...] Dieß muß jedoch zu der Zeit gesche-

41 Agrippa, Magische Werke, Bd. I, S. 133.
42 Kroll z. n. Peuckert, Einleitung, S. 14.
43 Agrippa, Magische Werke, Bd. I, S. 127.
44 a. a. O. S. 116.

hen, wenn solche Thiere in der Brunst sind; dann eignen sie sich ausnehmend zur Hervorrufung der Liebe.«[45]

Aufschlußreich ist auch seine Aufzählung der Lebewesen, die der Sonne verwandt sein sollen. Hierzu zählen Pflanzen wie der Lotus, dessen Früchte die Form der Sonne erkennen lassen, Gewächse, die sich stets zur Sonne wenden, aber auch solche, die bei Sonnenuntergang ihre Blätter einziehen; unter den Tieren werden Adler und Löwe genannt, weil sie großmütig und beherzt sind, aber auch das Johanniswürmchen, weil es bei Nacht leuchtet, und schließlich der »Hundsaffe, der jede Stunde des Tags, also zwölf Mal, bellt und zur Zeit der Sonnenwende eben so oft pißt«.[46]

Theorie

Agrippas Spekulationen sind nicht repräsentativ für die hier skizzierte Tradition; dennoch ist es angesichts solcher Spekulationen nicht ganz unverständlich, wenn das Ähnlichkeitsdenken vom siebzehnten Jahrhundert an durch den Siegeszug der empirischen Naturwissenschaften in den Hintergrund gedrängt wird. Der Wissenschaftler wird zum objektiven Beobachter, dem es nicht mehr um schwer faßbare Korrespondenzen, sondern um genau formulierbare Gesetze geht; der Perspektivismus des Ähnlichen wird ersetzt durch eine möglichst einheitliche und exakte mathematische Bestimmung. Erst damit werden Erkenntnis und Beherrschung der Natur möglich, so wie sie die moderne Technik und die Naturwissenschaften seit dem siebzehnten Jahrhundert praktizieren. Direkt oder indirekt sind damit aber auch die Ausbildung innerstaatlicher Rechtsverhältnisse sowie die Rationalisierung von Ökonomie und Verwaltung verbunden. Rationalisierung bedeutet, wie Max Weber gezeigt hat, allerdings auch Entzauberung: Hatten die Theoretiker der Ähnlichkeit die Welt als einen von Gott selbst geschaffenen, in sich harmonischen Organismus betrachtet, so gilt sie nun als kausaler Mechanismus, als gigantisches Uhrwerk, dessen Gang auf unab-

45 a. a. O. S. 104.
46 a. a. O. S. 137.

sehbare Zeit durch das Diktat der Naturgesetze bestimmt wird. »Wo immer aber rational empirisches Erkennen die Entzauberung der Welt und deren Verwandlung in einen kausalen Mechanismus konsequent vollzogen hat, tritt die Spannung gegen die Ansprüche des ethischen Postulates: daß die Welt ein gottgeordneter, also irgendwie ethisch sinnvoll orientierter Kosmos sei, endgültig hervor.«[47]

Die Natur gilt nicht mehr als Lebenszusammenhang, dessen Organe die Zeichen der göttlichen Weisheit tragen, sondern als bloßer Mechanismus, als Uhr, die sich nach unveränderlichen Gesetzen bewegt – die Aufgabe des Wissenschaftlers beschränkt sich darauf, die Gesetze aufzuschreiben und den Gang der Räder möglichst genau zu berechnen. Sein Vorbild ist der Laplacesche Geist; er kann mit seiner Weltformel »die Bewegungen der größten Weltkörper und des leichtesten Atoms begreifen: nichts wäre ungewiß für ihn, und Zukunft wie Vergangenheit wäre seinem Blick gegenwärtig«.[48] Der Laplacesche Dämon hat sich als eine Fehlspekulation erwiesen, doch auch das Maß an Erkenntnis und Beherrschung natürlicher Prozesse, wie es die modernen Naturwissenschaften in der Tat ermöglichen, setzt eine genaue quantitative Erfassung der relevanten Meßgrößen voraus – für den Perspektivismus des Ähnlichkeitsdenkens und die oft überraschenden Einfälle seiner Vertreter ist hier offensichtlich kein Platz.

Dort allerdings, wo es an Maßstäben fehlt, um Gleichheit oder Identität zu bestimmen, spielt der Begriff des Ähnlichen zumindest im Hintergrund weiterhin eine Rolle. Locke etwa nimmt ihn zur Bestimmung unserer *Wahrnehmung* der primären Qualitäten eines Gegenstandes in Anspruch: Während unsere Vorstellung von Farbe allein durch unseren Wahrnehmungsapparat zustande kommt, sind unsere Vorstellungen von Größe und Gewicht dem Gegenstand der Außenwelt ähnlich. Auch Wolff greift auf die Ähnlichkeit zurück, wenn er die Beziehung unserer Vorstellungen zu den

47 Max Weber, Gesammelte Aufsätze zur Religionssoziologie, 3 Bde., Tübingen ²1922–23, Bd. I, S. 564.

48 Pierre-Simon Laplace, Essai philosophique sur les Probabilités, z. n. Emil Dubois-Reymond, Vorträge über Philosophie und Gesellschaft. Eingeleitet und mit erklärenden Anmerkungen hrsg. v. Siegfried Wollgast. Hamburg 1974, S. 56.

von ihnen repräsentierten Gegenständen beschreiben will: »Weil demnach die Seele eine Kraft hat, sich die Welt vorzustellen; so müssen auch diese Vorstellungen eine Aehnlichkeit mit denen Dingen haben, die in der Welt sind.«[49]

Diese vereinzelten Rückgriffe sind indessen selbst Bestandteil jenes Rationalisierungsprozesses, der das Ähnlichkeitsdenken verdrängt. Spätestens in der Romantik kommt es jedoch zu einer ersten ernsthaften Reaktion gegen diese Entwicklung und damit zu einer Rückbesinnung auf die hier vorgestellten älteren Traditionen. Novalis rekurriert auf die Lehre von den Signaturen, wenn er am Beginn der *Lehrlinge zu Sais* von »jener großen Chiffernschrift« spricht, »die man überall, auf Flügeln, Eierschalen, in Wolken, im Schnee, in Krystallen und in Steinbildungen, [...] in den Feilspänen um den Magnet her, und sonderbaren Konjunkturen des Zufalls erblickt«.[50]

Diese Gegenströmung verstärkt sich parallel zum Siegeszug der Wissenschaften, und sie gewinnt theoretische Prägnanz vor allem in der Ästhetik und Kulturkritik der Zwischenkriegszeit dieses Jahrhunderts. Es mag zunächst überraschen, wenn hier mit Oswald Spengler ein Theoretiker für die Tradition des Ähnlichen in Anspruch genommen wird, der gemeinhin eher zu den Apologeten der Technik und ihrer rücksichtslosen Anwendung gezählt wird. Tatsächlich entspringen jedoch seine Elogen der Wirtschaftsführer und Cäsaren einer geradezu ästhetizistischen Geschichtsphilosophie, die nicht nur die Größe jener Tatmenschen und ihrer Verbrechen feiert, sondern gleichzeitig auch den methodischen Primat der Naturwissenschaften mit einem Hinweis auf ebenjene Qualitäten in Frage stellt, die oben als charakteristisch für das Ähnlichkeitsdenken bezeichnet wurden.[51] Spengler greift zurück auf

49 Christian Wolff, Vernünfftige Gedancken von Gott, der Welt und der Seele des Menschen, auch allen Dingen überhaupt. (Repr. d. Ausg. Halle 1751) Hildesheim, Zürich, New York 1983, S. 481.

50 Novalis, Werke, Tagebücher und Briefe. Hrsg. v. Hans-Joachim Mähl und Richard Samuel, 3 Bde., München, Wien 1978, Bd. I, S. 199.

51 Vgl. Oswald Spengler, Der Untergang des Abendlandes. Umrisse einer Morphologie der Weltgeschichte, Bd. I, Gestalt und Wirklichkeit. München [33]1923, Bd. II, Welthistorische Perspektiven. München [31]1922, hier: Bd. I, S. 487.

die Lehre von Mikro- und Makrokosmos, um den Gegensatz seiner Geschichtsmorphologie gegenüber den Methoden der empirischen Naturwissenschaften hervorzuheben. Suchen diese einen toten Mechanismus mit Hilfe mathematischer Gesetze zu erfassen, so geht es der Spenglerschen Geschichtsphilosophie darum, ein ›Bild‹ der Historie zu zeichnen, das sich über die verschiedensten Epochen hinweg an Ähnlichkeiten und Analogien orientiert: »Das Mittel, tote Formen zu erkennen, ist das mathematische Gesetz. Das Mittel, lebendige Formen zu verstehen, ist die Analogie.«[52] Wichtiger noch, daß bei Spengler auch die Vorstellung einer universellen Harmonie auftaucht. Die einzelnen Kulturen erwachsen aus einer ›Seele‹, die sich ihrerseits an einem ›Ursymbol‹ orientiert, das in sämtlichen Produkten einer Kultur zum Ausdruck kommt und damit einen unmittelbar erkennbaren Zusammenhang zwischen den Erscheinungsformen einer Epoche stiftet. Sichtbare Geschichte, so behauptet der *Untergang des Abendlandes*, sei »Ausdruck, Zeichen, formgewordenes Seelentum«.[53]

Eine ähnliche Kritik an der wissenschaftlichen Ratio – freilich mit ganz anderen Konsequenzen – findet sich bei Ludwig Klages. Ausgehend von romantischen, symbolistischen und vitalistischen Vorstellungen inszeniert er die Auseinandersetzung mit der szientifischen Rationalität als ein kosmisches Drama zwischen der Seele und ihrem ›Widersacher‹, dem Geist. Die alten Kulturen hätten eine auf dem Sinn für das Ähnliche beruhende Erfahrung der qualitativen Vielfalt des Wirklichen besessen; doch an die Stelle der Bilder und Symbole, in denen diese Erfahrung zum Ausdruck kam, sei heute das dürre Gespinst der identifizierenden Begriffe getreten.[54] Hieraus ergebe sich ein massiver Erfahrungsverlust, der den Methoden der empirischen Naturwissenschaften und ihren kapi-

52 a.a.O. S. 4.

53 a.a.O. S. 8.

54 »Der Fall verbeispielt [sic!] es uns handgreiflich, daß es der seelische Widerhall auf elementare Ähnlichkeiten der Bilder, genauer der Bildgestalten ist, was im ursprünglichen Erleben Bedeutungseinheiten begründet, die, wenn wir sie an Begriffen messen, die später daraus geronnenen Denkgegenstände an Allgemeinheit überflügeln.« Ludwig Klages, Der Geist als Widersacher der Seele, 3 Bde., Leipzig 1929–32, Bd. I, S. 422.

talistischen Auftraggebern anzulasten sei. Klages kritisiert insbesondere die Reduktion der qualitativen Vielfalt der ursprünglichen Erfahrungen auf das bloße Messen von quantitativen Differenzen: »Die unterscheidend besondere Leistung der neueren Wissenschaft, die Ersetzung aller Arteigenschaften durch das bloße *Mengenverhältnis*, wiederholt nur im Sinne der Erkenntnisgestaltung das Grundgesetz einer Willensführung, welche den schimmernden Farbenreichtum seelischer Werte [...] jener eingebildeten Macht geopfert, die sich meßbar verkörpert im Geldbesitz.«[55]

Trotz seines tiefen Erkenntnispessimismus sieht Klages auch in der Gegenwart noch Residuen des Ähnlichen, in der Schrift, der Sprache und insbesondere in den Künsten. In seiner Sprachphilosophie macht Klages – ähnlich wie Walter Benjamin – einen prinzipiellen Unterschied zwischen *Ausdruck* und *Mitteilung*. Während letztere den begrifflich formulierbaren Inhalt etwa eines Satzes bezeichnet, meint der *Ausdruck* die qualitativen Momente einer konkreten Äußerung: den Klang der Worte oder die sinnliche Erscheinung einer Schrift. Die ursprüngliche Sprache, so Klages, habe auf dieser Ebene mit ihren Gegenständen kommuniziert. In Klang und Erscheinungsweise hätten die Worte den bezeichneten Phänomenen entsprochen und seien damit den Abstraktionen diskursiver Begrifflichkeit entgangen.

Mag die erkenntnistheoretische und sprachgeschichtliche Basis dieser Vorstellungen fragwürdig sein, entscheidend ist in diesem Zusammenhang, daß hier – ebenso wie in den oben zitierten etymologischen Spekulationen Böhmes und der *Tabula Smaragdina* – sprachliche Qualitäten ins Blickfeld kommen, die für die Ästhetik der Moderne bedeutsam werden. Vor allem dem Symbolismus gilt die Lautgestalt nicht mehr als unwichtiges Beiwerk, sondern als konstitutives Moment der Sprache. Ebenso wie in den oben skizzierten Theorien werden dabei Ähnlichkeitsbeziehungen zwischen dem Klang der Wörter und ihren Gegenständen, aber auch zwischen verschiedenen Wörtern selbst, unabhängig von ihrer Bedeutung gestiftet. Besonders deutlich zu erkennen ist dieses Verfahren in Baudelaires Gedicht über die *Correspondances*: Die Korrespon-

55 Ludwig Klages, Mensch und Erde. Sieben Abhandlungen. Jena [3]1929, S. 33 f.

denzen, von denen das Gedicht spricht, bringt es in der klanglichen Verwandtschaft der von ihm selbst gebrauchten Wörter unmittelbar zum Ausdruck.

Ein anderer Aspekt der Lehre vom Ähnlichen wird in den Überlegungen des Mallarmé-Schülers Paul Valéry sichtbar, die hier wegen ihrer Bedeutung für den Symbolismus etwas ausführlicher vorgestellt werden sollen. Wenn die Notizen zur Theorie des Ähnlichen, die Valéry in seinen zwischen 1894 und 1945 verfaßten *Cahiers* niederlegt[56], heute unter der Rubrik *Psychologie* zu finden sind, dann ist dies nicht der Ratlosigkeit der Herausgeber angesichts einer Kategorie zuzuschreiben, die nur schwer ihren Ort in der traditionellen wissenschaftlichen Topologie findet. Die Überschrift gibt vielmehr eine recht zutreffende Beschreibung von Valérys Ansatz, und sie zeigt gleichzeitig, daß auch hier die für das Ähnlichkeitsdenken charakteristische Überwindung der Dichotomie von Subjekt und Objekt praktiziert wird – wenn sich auch die Voraussetzungen dieses Unternehmens im Vergleich zur Renaissance deutlich verändert haben: Für Valéry ist es nicht der göttliche Schöpfer, sondern der Erkennende selbst, der die Beziehungen zwischen den Dingen herstellt, sich dabei aber diesen Beziehungen gleichzeitig auch unterwirft.

Valéry beschreibt den Geist zunächst ganz prosaisch durch das Schema von Reiz und Reaktion. Im Gegensatz zu mechanischen Systemen ist der menschliche Verstand jedoch nicht an ein eindimensionales Schema gebunden, das für einen Reiz stets ein- und dieselbe Reaktion bereithält; ihm steht vielmehr eine prinzipiell unüberschaubare Vielzahl von Variationen zu Gebote. Mehr noch: Die Ratio definiert sich geradezu durch ihre Fähigkeit, solche Variationen – Valéry spricht auch von *Transformationen* – hervorzubringen. Schon in diesem Bemühen, den Spielraum geisteswissenschaftlicher Produktivität zu sichern, deutet sich die Verwandtschaft der Valéryschen Psychologie zum Perspektivismus des Ähnlichkeitsdenkens an. Anders als Klages tritt Valéry dabei aber nicht in Opposition zu den Naturwissenschaften, vielmehr sucht

56 Vgl. hierzu ausführlicher: Gert Mattenklott, Die ›Gabe der seltsamen Sicht‹. Paul Valérys Anthropologie. In: Neue Rundschau 101 (1990), S. 153–161.

er die Logik ihrer Methode bis zu dem Punkt zu verfolgen, wo aus ihrer eigenen Konsequenz ein Zustand der Instabilität möglich wird und so der naturwissenschaftliche Determinismus nach dessen *eigenen* Regeln außer Kraft gesetzt wird.

Ihren Ort haben diese Transformationen auch bei Valéry im Spannungsfeld zwischen vollständiger Identität und absoluter Differenz; nur zwischen diesen Polen ist dem Geist jene Herstellung von Korrespondenzen möglich, die seine eigentliche Aufgabe ausmacht. Bei absoluter Differenz fehlte jeglicher Anknüpfungspunkt, absolute Identität machte die Herstellung jedweder Beziehung überflüssig: Die Spannung wäre aufgehoben wie in einem Zustand energetischen Gleichgewichts, dessen Kommen der zweite Hauptsatz der Thermodynamik postuliert: »So wie es für eine Maschine eines Temperaturunterschieds zwischen den Quellen bedarf, so für die Arbeit des Geistes einer Differenz Ordnung – Unordnung. Nur Ordnung oder Unordnung, und nichts läuft.«[57] Valérys Schlüsselkategorien sind hier die *Möglichkeit* und – vor allem – die *Ähnlichkeit*:

> »Die Existenz ähnlicher Dinge ist das Fundament von allem. Eine Welt aus Einzelexemplaren ist unvorstellbar. Wenn nichts sich wiederholte, dann wäre auch nichts. Der Sohn von anderm Schlage als der Vater; und jeder fortwährend sich selbst unähnlich; jeder Augenblick mit jedem anderen unvergleichbar, genau das wäre das Chaos.«[58]

Bei diesen Ähnlichkeiten handelt es sich jedoch nicht etwa um bloße Vorgaben einer dem Erkennenden gegenüber autonomen ›Empirie‹. Wie bereits erwähnt, ist der Geist selbst am Zustandekommen dieser Ähnlichkeiten beteiligt, indem er Beziehungen herstellt und Differenzen ignoriert: »Wir haben stets von neuem die sehr starke Tendenz, die Originalität, die Unvergleichlichkeit des Entstehenden einzuschränken; […] Das unendliche Identische und das unendlich Variierte sind Extreme, zwischen denen der Mensch nur immer wieder aufsprengen, nur immer wieder zusammenfügen

57 Paul Valéry, Cahiers/Hefte. Übersetzt von Hartmut Köhler u. a., Bd. III, Frankfurt a. M. 1989, S. 187.
58 a. a. O. S. 121.

kann.«[59] Auch bei Valéry steht das Ähnliche zwischen den Polen von Identität und Differenz. Es schafft jenen Spielraum, den der Geist benötigt, ohne doch ein Chaos heraufzubeschwören, das alle intellektuelle Aktivität unmöglich machen würde. Valéry verwahrt sich damit auch gegen die Fixierung auf Methoden und Inhalte der mathematischen Naturwissenschaften, eine Fixierung, die auch in Deutschland zuweilen merkwürdige Blüten getrieben hatte, und sucht zu zeigen, daß die Identifikationsmechanismen des mathematischen Denkens letztlich sich selbst ad absurdum führen.

Es bedürfte nicht des Hinweises Valérys, demzufolge derjenige, der »zwischen bestimmten Gegenständen mehr Unterschiede und mehr Ähnlichkeiten wahrnimmt als die anderen«[60], sich als »Kenner« fühlen darf, um die Affinität dieser Erkenntniskonzeption mit der ästhetischen Produktivität deutlich zu machen. Offensichtlich, daß der ›Artist‹ Valéry Pate steht bei den Überlegungen, die der Erkenntnistheoretiker gleichen Namens anstellt. In der Tat kommen Überlegungen zu diesem Thema auch in den ästhetischen Schriften Valérys vor. Gleichzeitig wird dabei die Verwandtschaft mit der oben verfolgten Tradition des Ähnlichkeitsdenkens erkennbar:

> »Man darf nicht von jeglichem Dinge die Ähnlichkeit wollen; diese muß vielmehr aus der Übereinstimmung einander zugewandter Beobachtungen und Verrichtungen hervorgehen, die in die Form des Ganzen eine ständig sich mehrende Vielheit von Bezogenheiten der einzelnen Teile speichern, die der Künstler wahrgenommen hat. Es kennzeichnet die Güte einer Arbeit, daß man sie immer weiter der Genauigkeit zu vorantreiben kann, ohne daß man ihre Anlage oder die Bezugspunkte zu ändern brauchte.«[61]

Auch die *Cahiers* ziehen für eine äußerst aufschlußreiche Analyse geistiger Aktivität die literarische Produktion heran; dabei ist das

59 a. a. O. S. 122.
60 ebd.
61 Paul Valéry, Über Kunst. Essays. Berlin 1959, S. 176; die Passage wird auch von Adorno in den *Noten zur Literatur* zitiert. Adornos Kommentar liest Valéry allerdings sehr stark aus der Perspektive der eigenen ästhetischen Theorie: »Kunstwerke wären um so ähnlicher, je vollkommener sie durchgebildet sind bei sich selber.« Theodor W. Adorno, Noten zur Literatur, 4 Bde., Frankfurt a. M. 1958 ff., hier: Bd. II, S. 91.

Denken in Ähnlichkeiten von entscheidender Bedeutung. Die literarische Produktivität ergibt sich nämlich aus genau jenem Alternieren in der Herstellung von Identität und Differenz, das Valéry als charakteristisch für das Ähnlichkeitsdenken bezeichnet hatte: »Der ganze Nervenapparat, alle seine Funktionen sind dabei ebenso aktiv wie reaktiv, fragend und antwortend, rezeptiv und produktiv. [...] Das Absurde wird Anlaß und Stoff fürs Allerbeste; wird nützlich, verkehrt sich, keimt und pflanzt sich fort.«[62] Der Ausgang dieses Spiels ist ungewiß, doch »wenn man genug gespielt hat, ist es hier erlaubt zu hoffen, daß diese Zahl genügt, um zu konstruieren, was mit einem einzigen, letzten Wurf zum Ergebnis führen wird«.[63] Offenkundig, daß Valéry, wenn er von dem ›einzigen, letzten Wurf‹ spricht, auch ein Werk seines Lehrers Mallarmé im Sinne hat: den *Coup de dés*, als dessen ersten Leser sich Valéry bezeichnet. Das Werk soll im folgenden als ein besonders prägnantes Beispiel für die Ästhetik des Ähnlichen vorgestellt werden.

Ästhetik

Wenn der Sinn für das Ähnliche im neunzehnten Jahrhundert in den Künsten an Bedeutung gewinnt, dann liegt dies an einigen der Charakteristika, die bereits in den alten Lehren vom Ähnlichen zu erkennen sind. Keineswegs werden dabei die Spekulationen über die Aversionen zwischen Schafs- und Wolfsfellen oder gar die höchst anfechtbaren Überlegungen Agrippas über die Verwandtschaft der Sonne mit dem Hundsaffen wiederbelebt. Entscheidend ist vielmehr, daß dem Sinn für das Ähnliche die unterschiedlichen Qualitäten der Wirklichkeit zugänglich sind und er gleichzeitig die Spannung zwischen vollständiger Identität und radikaler Differenz aufrechterhält. Wichtiger noch, daß er – im Gegensatz zum szientifischen Denken – nicht auf einen vorher abgesteckten Rahmen angewiesen ist, der die Tatsachen allererst objektivierbar

62 Valéry, Cahiers, S. 108.
63 a. a. O. S. 109.

macht, andererseits aber all das ausschließt, was sich den vorgegebenen Kategorien entzieht. Die Frage nach dem Gewicht eines Gegenstandes läßt sich objektiv und recht genau beantworten, doch nur um den Preis, daß die spezifische Beschaffenheit des Objektes, seine individuelle Form etwa, die Oberflächenstruktur oder seine Farbe außer Betracht bleibt. Das Ähnlichkeitsdenken dagegen nimmt die Phänomene selbst zum Maßstab, und es vermag dabei die verschiedensten Aspekte zu berücksichtigen – ebendas, was sie einander ähnlich macht: Sei es nun ihre Farbe, ihr Geruch, die Tatsache, daß beide aus einem ähnlichen Entstehungszusammenhang hervorgegangen sind, oder der Umstand, daß sie eine Zeitlang derselben Person gehört haben.[64] Während das szientifische Erkennen ignorieren muß, was nicht in den Rahmen seiner methodischen Vorgaben paßt, vermag der Sinn für das Ähnliche, dieses Zwanges zur Abstraktion ledig, die Gegenstände in ihrer komplexen Vielfalt wahrzunehmen und zueinander in Beziehung zu setzen.

Wenn die Künste sich auf diese Tradition zurückbesinnen, so sind dafür nicht etwa Regressionsgelüste oder übertriebene Sympathien mit den Kulturkritikern verantwortlich – entscheidend ist vielmehr, daß der Perspektivismus des Ähnlichen gegen das Nachahmungsprinzip ins Spiel gebracht werden kann, insbesondere gegen jene monistische Beziehung von Abbild und Gegenstand, wie sie sich aus einer realistischen Ästhetik ergibt. Vor allem der Symbolismus reagiert auf den weitgehenden Wegfall mimetischer Bezüge zur Erfahrungswirklichkeit, aber auch auf den Zusammenbruch der bislang geltenden ästhetischen und geistesgeschichtlichen Konventionen mit der Entwicklung von inner- und außerästhetischen Verweisungszusammenhängen, die eine überraschende Nähe zum Ähnlichkeitsdenken erkennen lassen – das Beispiel Baudelaires wurde bereits genannt. Einer der wesentlichen Gründe hierfür mag darin bestehen, daß diese Korrespondenzen, gerade *weil* sie sich nicht mehr auf allgemeinverbindliche Konventionen stützen können, auf das Ähnliche angewiesen sind: Es vermag Be-

64 Außer Betracht bleiben muß hier das vor allem in den genannten Beispielen zutage tretende methodische Problem, daß auch die vorliegende wissenschaftliche Darstellung auf eben den begrifflichen Rahmen beschränkt ist, den das Ähnlichkeitsdenken zu überwinden sucht.

ziehungen zu stiften, die eine unmittelbare Evidenz haben, ohne doch jene Spannung aufzuheben, die aus dem Widerspiel von Verweis und Differenz des Aufeinanderbezogenen entsteht. Während sich die vormoderne Kunst auf den durch das Mimesisprinzip geforderten Realitätsbezug, auf ein verbindliches Formenrepertoire, eine tradierte Symbolik, anfänglich gar auf ein Korpus von approbierten Stoffen aus der antiken Mythologie und Geschichte stützen kann, sind die Werke der Avantgarden hier weitgehend auf sich selbst gestellt. Kann Raffaels *Schule von Athen* auf eine Tradition in der Darstellung der philosophischen Schulhäupter zurückgreifen, kann die *tragédie classique* die Kenntnis der griechischen und römischen Mythologie voraussetzen, so müssen die Werke der Moderne ihre Formensprache und ihre Inhalte immer wieder neu erfinden, und es sind Ähnlichkeitsbeziehungen, die hierbei eine wesentliche Rolle spielen. Zwei ähnliche Klänge in einer Gedichtzeile, zwei ähnliche Formen in einem Bild lassen sich auch ohne die Kenntnis einer ikonographischen oder ästhetischen Tradition einander zuordnen. Es kommt hinzu, daß der Perspektivismus des Ähnlichen den Raum möglicher Bezüge erweitert: Schon bei Baudelaire, deutlicher noch bei Mallarmé zeigt sich, wie an die Stelle der einsinnigen Repräsentationsbeziehung zwischen Werk und phänomenaler Wirklichkeit eine Vielfalt von Korrespondenzen tritt: Nicht mehr allein die konventionalisierte Bedeutung eines Wortes ist von Belang für dessen Stellenwert im Werk, sondern auch der Klang seiner Silben, sein Ort auf einer Seite, Größe und Form der Schrifttype und schließlich auch die Beziehung zum weißen Hintergrund des Papiers. An die Stelle des auf die – wie auch immer idealisierte – Wirklichkeit verpflichteten ›Kopisten der Natur‹[65] tritt der Interpret, der ebenjene Korrespondenzen wieder

65 »Mag der Künstler Poet oder Philosoph sein, mag sein Stil sich auch nach verschiedenen Zeitepochen richten, welche seine Darstellung beeinflussen, so ist er in Wahrheit doch nur ein Kopist der Natur.« Shaftesbury z. n. Grete Sternberg, Shaftesburys Ästhetik. Breslau (Diss.) 1915, S. 58. Noch bei Riegl heißt es: »Jeder Kunststil strebt eben nach treuer Wiedergabe der Natur und nichts anderem, aber jeder hat eben seine eigene Auffassung von der Natur, indem er eine ganz bestimmte Erscheinungsform derselben […] im Auge hat.« Aloys Riegl, Die spätrömische Kunstindustrie. Wien 1927, S. 394.

zum Leben erweckt, die mit den alten Lehren in Vergessenheit geraten waren.

Es ist also weder bloße Opposition gegen die modernen Wissenschaften noch ein verschwiegener Antimodernismus, der die Avantgarden zum Rückgriff auf jene Tradition veranlaßt. Entscheidend ist vielmehr die spezifische Produktivität des Ähnlichkeitsdenkens für eine Entwicklung innerhalb der Künste, die zur Emanzipation vom Mimesisprinzip führt: Die folgenden Aufsätze, die zum großen Teil aus einer Reihe von Tagungen zum Thema des Bandes hervorgegangen sind, machen den Versuch, diese Produktivität an einzelnen Beispielen zu verdeutlichen. Sie setzen dabei die hier skizzierte Vorgeschichte des Ähnlichkeitsdenkens voraus und konzentrieren sich in annähernd chronologischer Ordnung auf Beispiele aus der ästhetischen und kulturkritischen Diskussion der letzten beiden Jahrhunderte.

Den Anfang macht Waldemar Fromm, der die Bedeutung des Ähnlichen in der Frühromantik untersucht. Das Interesse gilt dabei insbesondere dem Verhältnis von Sprache und Musik sowie der symbolischen Sprachverwendung in den Konzeptionen von Novalis, Schlegel und Wackenroder. Gerald Funk zeigt, wie in Baudelaires *Correspondances*, einem der paradigmatischen Gedichte der hier verfolgten Tradition, die Formulierung einer Poetik des Ähnlichen mit ihrem Vollzug zusammenfällt: Aus einem Gedicht über Düfte, Farben und Klänge wird damit ein äußerst folgenreiches Manifest zur ästhetischen Autonomie. Auch Michael Pauen konzentriert sich auf ein einzelnes, allerdings vergleichsweise wenig bekanntes Werk. Mallarmés *Démon de l'Analogie* führt den Verweis auf das hier zur Diskussion stehende Thema indessen nicht nur im Titel, ähnlich wie der bekannte *Coup de dés* läßt sich das Prosagedicht vielmehr als eine regelrechte Theorie des Ähnlichen lesen, als eine Theorie allerdings, die selbst Gebrauch macht von ebenjenen Analogien, die sie thematisiert.

Markus Bauer verfolgt dann die Hinwendung des Surrealismus zu einer Ästhetik unsinnlicher Ähnlichkeit, die sich durch ein besonderes Interesse am Neuen und Wunderbaren auszeichnet. Den Protagonisten einer ganz anderen Tradition präsentiert Joachim Renn in seinem Beitrag über Ludwig Wittgenstein. Der Unterschied zu den meisten übrigen hier vorgestellten Autoren ist beträchtlich; nimmt man jedoch Wittgensteins Spätphilosophie als Bezugspunkt, dann ist er nicht unüberbrückbar, wie Renn am Beispiel des Wittgensteinschen Konzeptes der Familienähnlichkeit zeigen kann.

Ausgehend von der Erkenntnistheorie Paul Valérys zeigt Gert Mattenklott sodann, daß die Kategorie des Ähnlichen den Geisteswissenschaften eine zusätzliche Option jenseits der bislang dominanten Alternativen von Hermeneutik und Dekonstruktion eröffnet. Mattenklott illustriert die hieraus sich ergebenden Möglichkeiten an den Arbeiten von Künstlern wie Kandinsky, Moholy-Nagy und Magritte.

Jean-Christophe Ammann befaßt sich mit einem Werk aus der zeitgenössischen Kunst: Jochen Flinzers *53 Wochen Glück*. Dieses Glück tritt nicht in abstrakter Form auf, es rückt dem Betrachter vielmehr in Gestalt von 53 Liebhabern auf den Leib, deren Namen Flinzer auf eine Kimonoschärpe gestickt hat. »Ähnlichkeit« steht also auch hier für die bewußt ausgehaltene Spannung zwischen Identität und Differenz: Das Glück ist weder unmittelbar anwesend, noch wird es auf eine abstrakte Formel reduziert. Abermals geht es um die unsinnliche Ähnlichkeit, doch das Glück, von dem der Titel spricht, hat seine Spur in Gestalt der eingestickten Namen zurückgelassen.

Die Bedeutung der Ästhetik des Ähnlichen für den neueren Film ist schließlich Gegenstand des Aufsatzes von Christina Scherer. Auch hier spielt das reflexive Moment eine besondere Rolle: Ähnlichkeit ist Bestandteil des Rückbezuges der Wahrnehmung auf sich selbst, eines Rückbezuges, wie er in Jean-Luc Godards *JLG/JLG* in Anlehnung an Merleau-Ponty eingeführt wird.

Es liegt in der Natur der Sache, daß die Perspektiven, die die Beiträge dieses Bandes im Blick auf die Ästhetik des Ähnlichen wählen, so unterschiedlich sind wie die Werke, in denen dieses Konzept in den letzten zweihundert Jahren wirksam geworden ist. Die Gemeinsamkeiten und damit auch die Berechtigung, hier überhaupt von *einer* Tradition zu sprechen, bleiben dennoch klar erkennbar: Sie ergeben sich nicht nur aus dem Bemühen der hier vorgestellten ästhetischen und theoretischen Ansätze um Alternativen zu den Reduktionismen eines rein rationalistischen Denkens; nicht weniger wichtig ist der Versuch, Bezüge zwischen Zeichen und Bezeichnetem, zwischen der Wirklichkeit und ihrer theoretischen oder ästhetischen Abbildung herzustellen, die den überkommenen begrifflichen und künstlerischen Konventionen entgehen, ohne doch in bloße Beliebigkeit abzugleiten. Die theoretische Auseinandersetzung mit einem Konzept, das die Grenzen herkömmlicher Theorie zu überwinden sucht, mag dabei nicht immer ganz einfach sein, lohnend, so hoffen die Beiträger dieses Bandes, ist sie indessen allemal.

Waldemar Fromm

Die Sympathie des Zeichens mit dem Bezeichneten
Ähnlichkeit in Literatur und Sprachästhetik um 1800

Für Hermann Schöler zum 21. Mai

I.

Michel Foucault beschreibt die Neuorganisation des Wissens im siebzehnten Jahrhundert aus der Entstehung eines ontologischen Risses, zu dem eine szientifische Neubewertung der Sprache führte.[1] Zentrales Moment ist darin der Ausschluß des Menschen aus dem Zusammenhang von Zeichen und Bezeichnetem im klassischen Zeitalter.[2] Eine mittelalterliche ternäre Auffassung der Sprache (Zeichen, Bezeichnetes, Bezeichnender) wird durch eine binäre (Zeichen, Bezeichnetes) ersetzt. Sprache wird fortan objektiviert und als Instrument der Erkenntnis dem Menschen wie der Welt entgegengestellt – mit der Zuweisung einer repräsentativen Funktion wird das Zeichen aus einem unmittelbaren Zusammenhang mit dem Sprecher gelöst.

Die Untersuchung der Geschichte der Ähnlichkeit ist, folgt man Foucaults Studie, zunächst eine Analyse der Beziehung von Zeichen und Dingen sowie der Position des Menschen darin. Sie ist auf formaler Ebene zugleich eine Geschichte von Gleichem, sofern das Gleiche innerhalb des Ähnlichkeitsdenkens dem Anderen/Fremden so implementiert werden konnte, daß aus dem Anderen/

1 Vgl. Michel Foucault, Die Ordnung der Dinge. Eine Archäologie der Humanwissenschaften. Frankfurt a.M. 1974, S. 46–113; vgl. dazu auch Elke Dauk, Denken als Ethos und Methode. Foucault lesen. Berlin 1989, S. 19–24.

2 Foucault spricht auch vom »klassischen Denken«, das er am Beispiel von Descartes untersucht; a.a.O. S. 85 und S. 90ff.

Fremden Gleiches oder Ähnliches sich herstellen läßt.[3] In Ähnlichkeiten zu denken heißt, eine grundlegende Entgegensetzung von Eigenem und Anderem/Fremdem nicht wahrnehmen zu können; denn eine Differenz ist im Feld der Ähnlichkeiten nicht ohne eine gleichzeitig angenommene Identität festzuhalten.[4] Wörter und Dinge sind sich in einer ternären Zeichenkonzeption ähnlich, da sie unterscheidend aufeinander verwiesen bleiben.

Für die Literatur und Philosophie um 1800 ist eine eigene Geschichte des Verhältnisses von Wörtern und Dingen in bezug auf das Thema »Ähnlichkeit« zu rekonstruieren, denn eine Implementierung der Dinge durch Zeichen mit dem Ziel, Gleiches herzustellen, ist in Hinsicht auf die Konzeption eines natürlichen Zeichens bei Autoren der Romantik zu einer utopischen Aufgabe geworden. Wörter und Dinge sind getrennt, eine Überwindung der Entgegensetzung von Sprache und Welt erst (wieder) für das Goldene Zeitalter in Aussicht gestellt. Natürliche Zeichen werden in der äs-

3 Vgl. Foucault, Die Ordnung der Dinge, a. a. O. S. 27. Hier ist eine gewisse Affinität in der Zielsetzung Foucaults zu Lévi-Strauss' Konzeption eines wilden Denkens gegeben. Nach Lévi-Strauss bezeichnet seine Schrift *Das wilde Denken* ein »System der Postulate und Axiome [...], die zur Begründung eines Codes nötig sind, der es gestatten würde, unter den geringsten möglichen Verlusten *das andere* in *das unsere* und umgekehrt zu übersetzen.« Claude Lévi-Strauss, Mythos und Bedeutung. Frankfurt a. M. 1980, S. 81. Vgl. dazu auch Jacques Derrida, Die Différance. In: Ders., Randgänge der Philosophie. Frankfurt a. M., Berlin, Wien 1976, S. 6–37, hier: S. 24, wonach das Gleiche als das Andere durch einen Aufschub unterbrochen gedacht wird: »Das Gleiche ist gerade die *différance* (mit a) als aufgeschobener und doppeldeutiger Übergang von einem Differenten zum anderen.« Vgl. auch Jacques Derrida, Die Schrift und die Differenz. Frankfurt a. M. 1972, S. 426.

4 Man hat an Foucault kritisiert, er versuche, die Differenz zwischen Subjekt und Objekt aus einer idealistischen Sehnsucht aufzuheben; vgl. Peter Bürger, Die Wiederkehr der Analogie. Ästhetik als Fluchtpunkt in Foucaults *Die Ordnung der Dinge*. In: Ders. (Hrsg.), Postmoderne: Alltag, Allegorie und Avantgarde. Frankfurt a. M. 1987, S. 114–121, hier: S. 119. Dies ist nicht der Fall, denn Ähnlichkeit kann bei der Explikation dessen, was es heißt, eine Erfahrung zu machen, hilfreich sein, sofern gilt: ein Objekt zu konstruieren heißt, das Subjekt zu verändern; vgl. Michel Foucault, Der Mensch ist ein Erfahrungstier. Gespräch mit Ducio Trombadori. Frankfurt a. M. 1996, S. 52.

thetischen Diskussion um und nach 1800 innerhalb eines Unsagbarkeitstopos behandelt.[5] Noch bei Johann Joachim Eschenburg sind Zeichen »in den schönen Künsten natürliche, in den schönen Wissenschaften willkürliche«.[6] Bei Wackenroder, Tieck, Novalis und Schlegel gelten sprachliche Zeichen auch in den schönen Künsten als willkürlich. Die sich eröffnende Leerstelle im Zentrum von Poesie und Literatur ruft eine Suche nach einem neuen Fundament für etwas Unsagbares hervor, das im natürlichen Zeichen scheinbar noch gegeben war.

Um die festgestellte Differenz von Denken und Sein zu hintergehen[7] und nicht zu Nihilisten des Phänomenalen zu werden (wie der Vorwurf Jacobis an Kant und Fichte lautete), wird eine Sprache der Dinge in Anlehnung an Natursprachmodelle[8] erkundet. Ziel ist es

5 Vgl. zur Geschichte natürlicher Zeichenkonzeptionen und des darin enthaltenen Ähnlichkeitsdenkens: Gérard Genette, Mimologiken. Reise nach Kratylien. München 1996. Vgl. auch Jörg Zimmermann, Ästhetische Erfahrung und die »Sprache der Natur«. Zu einem Topos der ästhetischen Diskussion von der Aufklärung bis zur Romantik. In: Ders. (Hrsg.), Sprache und Welterfahrung, München 1978, S. 234–256, hier: S. 246 f. Natürliche Zeichen sollen eine unmittelbar auf den Gegenstand bezogene Eigenschaft ausdrücken können. Vgl. zum Thema »Unsagbarkeit« auch Alexander von Bormann, Der Töne Licht. Zum frühromantischen Programm der Wortmusik. In: Ernst Behler und Jochen Hörisch (Hrsg.), Die Aktualität der Frühromantik. Paderborn, München, Wien, Zürich 1987, S. 191–207.

6 Johann Joachim Eschenburg, Entwurf einer Theorie und Literatur der schönen Wissenschaften. 1789, S. 4, zit. nach Richard Erny, Lyrische Sprachmusikalität als ästhetisches Problem der Vorromantik. In: Steven Paul Scher (Hrsg.), Literatur und Musik. Ein Handbuch zur Theorie und Praxis eines komparatistischen Grenzgebietes. Berlin 1984 (Original 1958), S. 180–208, hier: S. 184. Die Unterscheidung von Eschenburg dürfte gerade in Hinsicht auf Foucaults Studie aufschlußreich sein, da sie die gleichzeitige Verwendung von zwei Sprachkonzepten zum Ausdruck bringt.

7 Jens Heise, Traumdiskurse. Die Träume der Philosophie und die Psychologie des Traums. Frankfurt a. M. 1989, S. 189, spricht davon, daß in der Romantik das Ich dem »Selbstdenken des Seins« gegenübersteht, dem es als Teil angehört. Mit Foucault kann man diese Position als eine Folge der veränderten Sprachansichten betrachten.

8 Vgl. Axel Goodbody, Natursprache. Ein dichtungstheoretisches Konzept der Romantik und seine Wiederaufnahme in der modernen deut-

hier, einen verbindenden und verbindlichen Zeichenwert zu finden, der nicht nur die Beziehungen zwischen Sprache und Welt (insgeheim) ontologisch aufweist, sondern es generell ermöglicht, Entgegengesetztes zu verbinden – wobei angemerkt sein soll, daß es eine ästhetische Version einer *coincidentia oppositorum* betrifft, der an einer unreflektierten Harmonisierung nicht gelegen ist, sondern eine Gleichheit in der Differenz behaupten will. Novalis spricht von einem »Urbedürfnis Entgegenzusetzen«.[9] Auch Eichendorffs innerhalb der Romantik späte Konzeption des »Geisterblicks« verweist auf dieses Grundmotiv, insofern darin die Einbildungskraft »den verborgenen Zusammenhang des Entlegensten blitzartig aufdeckt, als ob sich das Unerhörte von selbst verstünde«.[10] Ähnlichkeit ist innerhalb einer Opposition von »Buchstabe« und »Geist« das Verfahren der Wahl zur Verbindung von Gegensätzen durch Zauberwörter, die Zusammenhänge nicht im Produkt, sondern, vergleichbar mit alchimistischen Verfahrensweisen[11], im Prozeß der Zusammenführung in einem erleuchteten Jetzt stiften.

Die Anleihen bei Ähnlichkeitskonzepten der Philosophie und Literatur des Mittelalters sowie der Renaissance sind ein gängiges Verfahren der Zeit, um Entgegengesetztes zu verbinden[12]: Schelling

schen Naturlyrik (Novalis – Eichendorff – Lehmann – Eich). Neumünster 1984. Vgl. auch Aleida Assmann, Die Sprache der Dinge. Der lange Blick und die wilde Semiose. In: Hans Ulrich Gumbrecht und K. Ludwig Pfeiffer (Hrsg.), Materialität der Kommunikation. Frankfurt a. M. 1988, S. 237–250.

9 Novalis, Schriften. Die Werke Friedrich von Hardenbergs, begründet von Paul Kluckhohn und Richard Samuel, hrsg. von Richard Samuel in Zusammenarbeit mit Hans-Joachim Mähl und Gerhard Schulz. Stuttgart 1960 ff., Band II, S. 119. Im folgenden zitiere ich im fortlaufenden Text nach der 2. bzw. 3. Auflage mit Angabe der Sigle NS, des Bandes und der Seitenzahl.

10 Joseph von Eichendorff, Neue Gesamtausgabe der Werke und Schriften in vier Bänden. Hrsg. v. Gerhart Baumann in Verbindung mit Siegfried Grosse. Band IV, Stuttgart 1958, S. 334.

11 Alchimie zielt nur vordergründig auf die Verwandlung materieller Stoffe, wichtiger ist die Betonung der Reaktionsprozesse; vgl. Robert Stockhammer, Vom Kot zum Gold. In: Daidalos 56, 1995, S. 56–60.

12 Zur Signaturenlehre vgl. auch Wolf Peter Klein, Am Anfang war das Wort. Theorie- und wissenschaftsgeschichtliche Elemente frühneuzeit-

beruft sich auf Bruno, Friedrich Schlegel stellt Jacob Böhme als Romantiker vor[13], E. T. A. Hoffmann arbeitet mit kabbalistischen Quellentexten[14]; Novalis' Rückgriff auf Ähnlichkeitsmodelle dient dazu, die Gleichheit in der Differenz von Musik, Sprache, Mathematik, Chemie usw. darzulegen, wobei der Rückgang auf das geschichtlich andere, in diesem Fall Vorgängige des Vernunftzeitalters eine vom Bild des »finsteren Mittelalters« abweichende Vorstellung entwirft, das Zeitalter der Aufklärung aber nicht nach rückwärts überwinden will.[15] Vielmehr ist der Blick zurück als eine Ästhetisierung der Vergangenheit und als ästhetische Interpretation historischer Positionen zur Gestaltung des Weges zum Goldenen Zeitalter lesbar, der einer abgeschlossenen Archivierung und Historisierung natürlicher Zeichen folgt. Die ›Sprachen‹ der Ähnlichkeit werden hier in symphilosophischer und sympoetischer Absicht erkundet.

Die Frühromantiker sind durch die Aufklärung von der vergangenen spirituellen Ordnung getrennt. Ein unmittelbares Zurück wird nicht erwogen, vielmehr auf eine (transzendentale) Aufklä-

lichen Sprachbewußtseins. Berlin 1991, S. 121–144. Vgl. zur Analogie bei Herder: Hans Dietrich Irmscher, Beobachtungen zur Funktion der Analogie im Denken Herders. In: DVjs 55, 1981, S. 64–77. Ähnlichkeit als Prinzip der Sprachphilosophie im 18. Jahrhundert behandelt auch Erich Kleinschmidt, *Um*schreibungen – Um*schreibungen*. Sprachphilosophische Selbstreflexivität im 18. Jahrhundert, in: DVjs 71, 1997, S. 70–91, hier: S. 75 ff.

13 »[...] seine Philosophie ist offenbar Idealismus der unbedingten Ichheit«, Kritische Friedrich Schlegel Ausgabe. Hrsg. v. Ernst Behler unter Mitwirkung von Jean Jacques Anstett und Hans Eichner. München, Paderborn, Wien 1958 ff., Band XII, S. 237. Im folgenden zitiere ich im fortlaufenden Text mit Angabe der Sigle KFSA, des Bandes und der Seitenzahl.

14 Vgl. Detlef Kremer, Romantische Metamorphosen. E. T. A. Hoffmanns Erzählungen. Stuttgart, Weimar 1993; Ders., Alchemie und Kabbala. Hermetische Referenzen im *Goldenen Topf*. In: E. T. A. Hoffmann-Jahrbuch 2, 1994, S. 36–56; zu Tieck vgl. Edwin Lüer, Aurum und Aurora. Ludwig Tiecks *Runenberg* und Jacob Böhme. Heidelberg 1997.

15 Vgl. zur Analogie als Methode bei Novalis zuletzt Andreas Göbel, Naturphilosophie und moderne Gesellschaft. Ein romantisches Kapitel aus der Vorgeschichte der Soziologie. In: Athenäum. Jahrbuch für Romantik 5, 1995, S. 253–286, hier: S. 267–286.

rung über die Aufklärung spekuliert. Ausgangspunkt ist wiederholt die ausdrückliche oder implizite Inanspruchnahme der Kritik Jacobis an Kant, wonach zwar kein vollständiges Wissen von den Dingen an sich möglich sei, dennoch in der Sinnlichkeit der Gegenstand so erscheint, daß ihm ein Gefühl zumindest korrespondiert, wie auch Sinnlichkeit und Verstand über die Ahnung des einen im anderen gefaßt sind[16]: »Mit seiner Vernunft ist dem Menschen nicht das Vermögen einer *Wissenschaft* des Wahren; sondern nur das Gefühl und Bewusstseyn seiner *Unwissenheit* desselben: *Ahndung* des Wahren, gegeben.«[17] Ein vollständig explizierbares Wissen ist so kaum mehr zu erreichen, jedoch eine implizite Vertrautheit aus einem ›Gefühl‹, das im Unbedingten gründet, zu Bewußtsein aber nur in relationalen Aussagen (und damit unter erheblichen Verlusten für den Wahrheitsgehalt des Ausgesagten) kommen kann.[18]

Ein relationales Denken ohne Gewißheiten aus unbedingtem Grund erfordert neue Konzeptionen des Verhältnisses von Ich und Natur sowie der Verhältnisse zwischen Sinnlichkeit und Verstand im Ich, in denen sowohl die jeweiligen Verschränkungen der Pole aufeinander wie auch die begründende, transzendentale Leerstelle (des Absoluten, des Nichts oder Chaos) innerhalb der Pole bewußt gehalten werden. In (sprach-)ästhetischer Hinsicht heißt dies, das Sagbare aus dem Unsagbaren zu ergründen. Zur ästhetischen wie philosophischen Erkundung einer solchen ungesicherten Sprachansicht und offenen Epistemologie beruft man sich um 1800 verstärkt auf Einsichten aus Ähnlichkeitsmodellen, die unter dem Begriff der »Sympathie«[19] in der theologischen Tradition des Mit-

16 Ich folge bei der Darstellung Jacobis der Arbeit von Wolfram Hogrebe, Ahnung und Erkenntnis. Brouillon zu einer Theorie des natürlichen Erkennens. Frankfurt a. M. 1996, S. 54–59.

17 Brief an Fichte. In: Friedrich Heinrich Jacobi, Werke. 3. Band, Leipzig 1816, S. 1–57, hier: S. 32.

18 Vgl. zum Einfluß Jacobis: Manfred Frank, Philosophische Grundlagen der Frühromantik. In: Athenäum. Jahrbuch für Romantik 4, 1994, S. 37–130, hier: S. 39ff. und Manfred Frank, Einführung in die frühromantische Ästhetik. Vorlesungen. Frankfurt a. M. 1989, S. 241–247.

19 Vgl. zur Geschichte der Sympathie: Jürgen Richter, Die Theorie der Sympathie. Frankfurt a. M., Berlin, Bern, New York, Paris, Wien 1996.

telalters sowie der Renaissance zur Dechiffrierung der Sprache Gottes und der Natur entwickelt wurden, um den ›Riß im Sein‹ zu kitten.

Um 1800 können drei Verwendungsweisen von »Ähnlichkeit« unterschieden werden. Aus Gründen der Eindeutigkeit sollen sie im folgenden als »logische«, »theosophische« und »ästhetische« Ähnlichkeit bezeichnet werden (auch wenn die Textbefunde eine eindeutige Unterscheidung nicht in jedem Fall zulassen). Sie sind aus der Geschichte des Analogiebegriffs ableitbar.[20] Eine »logische« betont den Aspekt von partiellen Übereinstimmungen bei Gegenständen oder Sachverhalten, beispielsweise schreibt Kant über den produktiven Witz: »Es ist angenehm, beliebt und aufmunternd, Ähnlichkeiten unter gleichartigen Dingen aufzufinden und so, was der Witz tut, für den Verstand Stoff zu geben, um seine Begriffe allgemein zu machen.«[21] In einem anschließenden Vergleich mit der Urteilskraft weist Kant dem Witz das spielerische Auffinden bloßer Ähnlichkeiten, der Urteilskraft aber das Streben nach Einsichten zu.[22] Ähnlichkeit ist hier im Gegensatz zu frühromantischen Positionen ein Mittel, naive Hypothesen zu formulieren, und wird innerhalb einer Hierarchie der Erkenntnismöglichkeiten des Menschen als trivial eingeschätzt.

Die »theosophische« Verwendungsweise bezeichnet vorrangig eine metaphysisch fundierte Ähnlichkeit, häufig zwischen Zeichen und Bezeichnetem (auch wenn man sich nicht immer ausdrücklich auf den Begriff beruft oder ihn verwendet). Für sie kann Gotthilf Heinrich Schuberts *Symbolik des Traumes* ein Beispiel sein. Methodisch vermittelt bei Schubert zwischen der sichtbaren Welt

20 Vgl. Harald Holz, Analogie. In: Handbuch philosophischer Grundbegriffe. Hrsg. Hans Michael Baumgartner, Hermann Krings, Christoph Wild. Band 1, München 1973, S. 51–65.

21 Immanuel Kant, Anthropologie in pragmatischer Hinsicht, § 52, zit. nach der Ausgabe von Wilhelm Weischedel, Immanuel Kant, Werkausgabe, Band XII, Schriften zur Anthropologie, Geschichtsphilosophie, Politik und Pädagogik. Band 2, Frankfurt a. M. [7]1988, S. 539.

22 Vgl. zur Ähnlichkeit im Witz: Andrea Gnam, »Und Gott tanze vor«: Der Sprung in die Subjektivität im Modus des Traums. Jean Pauls Konzeption gewitzten Schreibens im *Schulmeisterlein Wutz*. In: Athenäum. Jahrbuch für Romantik 5, 1995, S. 57–70.

und der zugrundeliegenden höheren Ordnung der Dinge ein Denken, das man als »physiognomischen Strukturalismus« bezeichnen kann. Was ist die eigentliche (dinglich-göttliche) Bedeutung der Wörter, fragt Schubert, und wie kann sie erfahren werden? Seine physiognomischen Beschreibungen einer metaphysischen Präsenz des Bedeuteten im Zeichen führen vor, was mit dem Rekurs auf ein ternäres Konzept von Ähnlichkeit intendiert ist: »Zuerst zeigt sich häufig, daß die Worte, welche ganz entgegengesetzte Begriffe bezeichnen, aus einer und derselben Wurzel hervorgehen, als wenn die sprechende Seele anfangs mit den Worten nicht die äußerlichen, einander entgegengesetzten Erscheinungen, sondern das (doppelsinnige) Organ bezeichnet hätte, das zum Auffassen dieser Klasse von Erscheinungen geeignet ist.«[23] Sprache ist dem Menschen als Organ unmittelbar und selbstbezüglich gegeben, er hat aber verlernt, es zu nutzen. Allein im Traum würde der Mensch noch unmittelbar mit dem Sprachorgan verbundene Bedeutungen erfahren. Der Traum nihiliert die Differenz von Wörtern und Dingen unterhalb einer bewußten (Zeichen-)Wahrnehmung und ermöglicht so eine Ahnung von der adamitischen Ursprache.[24]

Nach Schubert sollte die Sinnenwelt eigentlich Symbol »des Gegenstandes unserer geistigen Neigung sein. Durch eine optische Täuschung ist aber der Schatten zum Urbilde, dieses zum Schatten seines Schattens geworden: jene Sinnenwelt, die für uns Region der ruhigen, kalten Reflexion und eine Bildersprache sein sollte, deren

23 Gotthilf Heinrich von Schubert, Die Symbolik des Traumes. Mit einem Anhang: Die Sprache des Wachens. Leipzig [4]1862 (zuerst Bamberg 1814), S. 102. Vgl. zu Schuberts impliziter Sprachtheorie auch: Volker Roelcke, Kabbala und Medizin in der Romantik: Gotthilf Heinrich Schubert. In: Eveline Goodman-Thau, Gert Mattenklott und Christoph Schulte (Hrsg.), Kabbala und Romantik. Tübingen 1994, S. 119–142, hier: S. 135 ff.

24 Für die Zeit des Wachens hingegen scheint die besondere Pointe Schuberts in einer humoristischen Konzeption einer Welt des Ähnlichen zu liegen; für das Lesen des Buches der Natur z. B. gilt: »So findet sich denn auch anderwärts in der Natur dieselbe (ironische) Zusammensetzung der entferntesten Extreme«. Über dieser Verähnlichung der Extreme waltet zwielichtig und zweideutig der Traumgott Dionysos: Schubert, Symbolik, a. a. O. S. 41.

Bedeutung sich auf den Gegenstand der höhern Neigung blos bezogen, ist nun für uns der Gegenstand jener Neigung selber, und Region der Liebe, des Gefühls: dagegen ist uns die geistige Sphäre Region der kalten Reflexion geworden. Die sinnlichen Eigenschaften jener (symbolischen) Gestalten erscheinen uns als ihre Bedeutung, der ursprüngliche Sinn derselben ist uns erloschen; umgekehrt sehen wir dagegen die Gegenstände der geistigen Region zum Bilde und Symbol der Gegenstände unserer sinnlichen Neigung herabgewürdigt [...]«.[25] Die Reduktion des Wahrgenommenen auf sinnliche Qualitäten beeinträchtigt, nach Schubert, die Fähigkeit, die symbolisch sich offenbarende wesenhafte, ›eigentliche‹ Bedeutung der Dinge in den Horizont der Wahrnehmung treten zu lassen. Eine einstmals ›natürliche‹ Verbundenheit von Wörtern und Dingen scheitert demnach an dem Blick auf das Faktische (des in der Wahrnehmung Gegebenen). Dagegen setzt Schubert auf die Unmittelbarkeit der Begegnung mit Zeichen im Traum und das daraus resultierende Gefühl einer differenzlosen Dichte.

Davon weicht eine Vorstellung von Ähnlichkeit ab, die auf Proportionslehren von Boethius oder Thomas von Aquin rückbeziehbar wäre und in der Tradition Meister Eckharts[26] sowie Jacob Böhmes steht, im Gegensatz zu ihnen jedoch eine unmittelbare Offenbarung natürlicher oder göttlicher Bedeutungen ausschließt. Es werden ontologische Proportionslehren erforscht, die nach seinsbezogenen Ähnlichkeiten fragen und in der Literatur eine Möglichkeit suchen, diese wenn schon nicht unmittelbar, so doch zumindest symbolisch oder allegorisch auszudrücken. Diese Ähnlichkeit soll als »ästhetische« bezeichnet werden. In der Vorstellung einer »ästhetischen« Ähnlichkeit wird die Sprache als den Dingen entgegengestellt akzeptiert, dennoch aber nach einer Überwindung des ›Risses‹ gesucht.

Schlegel hat in der *Lehre von der Analogie* aus dem Jahr 1805 festgehalten, daß alle Sätze nur »Annäherungen zur höchsten Wahrheit« (KFSA XIII 314) seien und entsprechend der Wert der Analogie im Vergleich etwa zum Syllogismus von größerer Bedeutung

25 Schubert, Symbolik, a. a. O. S. 101 f.

26 Vgl. Heribert Fischer, Meister Eckhart. Freiburg/München 1974, S. 116–129.

sei[27]: »Alle höhere Wahrscheinlichkeit oder philosophische Analogie beruht auf den Grundsätzen und Prinzipien [...] der Idee der unendlichen Einheit und Fülle, und dem Grundsatze eines allgemeinen organischen Zusammenhanges aller Dinge« (a. a. O. 316). Ähnlichkeit ist dabei eines der Gesetze »natürliche[r] Verknüpfung« von Gedanken durch »Ideenassoziation« (a. a. O. 290). Als »äußere Ähnlichkeit« gründet sie in der Sinnlichkeit (a. a. O. 291). Erst die Einbildungskraft kann die äußere Ähnlichkeit in eine »innere wesentliche Verwandtschaft und Gleichartigkeit« (a. a. O. 294) der Dinge überführen, indem sie »in das Gegenteil überspringt« (a. a. O. 293), vorausgesetzt, die Vorstellung ist bis zum Äußersten gegangen. Schlegel sucht im folgenden die »innere Gesetzmäßigkeit« der scheinbaren Regellosigkeit der Ideenassoziationen zu erkunden, also das Verfahren einer »intuitiven Dialektik« des Seins zu bestimmen, das eine autogene Form annehmen kann, ohne trivial zu werden. Er zielt auf ein »ontologische[s] Gesetz«, das die »Verknüpfung des Verwandten aber Ungleichartigen« klären soll (a. a. O. 294).

Deutlich ist für Schlegel, daß die Relation des Eigenen zum Fremden »durch Aneignung und Aufnahme des Fremden in das eigene Wesen, durch Verwandlung der Gestalten, *durch Übergang aus einer Form in die andere*« (ebd., Herv. W. F.) in einem analogischen Verfahren der Verbindung des Entgegengesetzten geleistet werden kann. Unklar hingegen ist, auf welchen Regeln diese Transformationen beruhen. Anthropologisch betrachtet, untersucht Schlegel Formen des Rausches, der Ekstase und der Liebe, Formen also, die Grenzerfahrungen ansprechen und ambig sind. Doch ist er weit davon entfernt, einen so engen Geltungsbereich für die Lehre von der Analogie zuzulassen, da er die Überlegenheit der Analogie gegenüber anderen philosophischen Erkenntnismethoden sichern will. Ähnlichkeit wird als ein Verfahren vorgestellt, das der Natur des Denkens entspricht. Für das Verfahren der Analogie

27 Schlegel verwendet den Begriff »Analogie« im Sinne von »Ähnlichkeit«, wie sie in diesem Beitrag diskutiert wird. In den Kölner Vorlesungen schreibt er über die »analoge Schlußart«, daß sie »auf der Idee der unendlichen Einheit und unendlichen Fülle, und dem Grundsatze eines allgemeinen Zusammenhangs aller Dinge« basiert (KFSA XIII 316). Die analoge Schlußart sei ein »Enthymema«.

ist ein »Wechselerweis« (KFSA XVIII 521) grundlegend, der das Eigene am Fremden erst sichtbar werden läßt[28], wie es auch Novalis im Traktat über »unsinnliche Erkenntnis« vergleichbar formuliert: »Ich kann etwas nur erfahren, in so fern ich es in mir aufnehme; es ist also eine Alienation meiner selbst und eine Zueignung oder Verwandlung einer andern Substanz in die meinige zugleich« (NS II 551). Schlegel korrespondiert in der Einschätzung des »Wechselerweises« mit Novalis, der »eine Art von Wechselbestimmungssatz, ein reines Associationsgesetz« (NS II 177) zum obersten Grundsatz des Denkens wählt. Beide zielen auf relationale Bestimmungen des Eigenen durch das Andere und umgekehrt.[29] Erst dieser Wechsel macht den Geist lebendig, weswegen Novalis auch schreiben kann, daß die Seele dort sitzt, wo außen und innen sich durchdringen (NS II 419).

Vor der Entgegensetzung von Ich und Natur ist in der frühromantischen Spekulation das Ich schon durch Entgegengesetztes gekennzeichnet (Nicht-Ich/Ich).[30] Aus einem unbestimmten »Seyn«

28 Vgl. dazu die Arbeit von Guido Naschert, Friedrich Schlegel über Wechselerweis und Ironie (Teil I). In: Athenäum. Jahrbuch für Romantik 6, 1996, S. 47–90.

29 Das Prinzip der Verbindung von Entgegengesetztem gestaltet auch das persönliche Verhältnis von Novalis und Schlegel. Novalis notiert: »Je länger wir mit einander umgehn, desto mehr werden wir uns auf einander besinnen und des Geheimnisses unsrer Entzweyung immer theilhaftiger werden.« (NS IV 263)

30 Vgl. zur grundlegenden Funktion der Entgegensetzung um 1800: Friedrich Wilhelm Joseph Schelling, System des transzendentalen Idealismus. In: Ausgewählte Werke, Schriften von 1799–1801, S. 327–634, hier: S. 626 (Nachdruck Darmstadt 1967): »Die Philosophie geht aus von einer unendlichen Entzweyung entgegengesetzter Thätigkeiten; aber auf derselben Entzweyung beruht auch jede ästhetische Produktion [...]«. Weiterhin: Friedrich Hölderlin, Urteil und Sein. In: Sämtliche Werke und Briefe. Hrsg. von Günter Mieth. Band I, München ^{4}1984, S. 840–841, hier: S. 841: »Wie ist aber Selbstbewußtsein möglich? Dadurch, daß ich mir mich selbst entgegensetze [[...] und] mich im Entgegengesetzten als Dasselbe erkenne.« Ebenso Novalis in den Fichte-Studien: »Entgegensetzen ist stricte – vereinigen – indem beydes durch ein Drittes sich entgegen gesetzt – aber dadurch in Einem Bewußtseyn vereinigt wird [...]« (NS II 240, u. ö.). Schlegel notiert: »Alles was etwas werth ist, muß zugleich dieß sein und das Entgegengesetzte« (KSFA XVIII 82).

oder Chaos herkommend (NS II 107), vermittelt sich der Grund allen Selbstbewußtseins über ein Gefühl in eine bewußte Form, die den absolut uranfänglichen Grund in der Erscheinung verfehlt. Die Rückwendung der Reflexion auf den Grund ist die Methode der Wahl, mit der die Fremdheit des eigenen Ichs in eine unendlich dauernde Annäherung an den ›Ursprung‹ der Selbst- und Fremdwahrnehmung überführt werden soll. Die Erkundung einer Reflexion der Reflexion[31] dient dem Ziel, einen differenzlosen Zustand literarisch-symbolisch anzudeuten, den man mit Geoffrey Hartman als Anti-Selbstbewußtsein betrachten kann.[32] Novalis verwendet zur Beschreibung dieses Zustandes den Begriff »Gesang«: »Vom vollkommensten B[ewußt]S[ein] läßt sich [sagen], daß es sich alles und nichts bewußt ist. Es ist *Gesang* [...]« (NS II 611). Der »Gesang« ist dem Erkennen vorgeordnet, ohne daß er positiv explizierbar wäre: ein unbestimmtes »Seyn«, das im sprachlichen Zeichen nicht erscheint. Um es dennoch anzudeuten, soll eine Verlebendigung der Schrift durch Analogiebildung erreicht werden bzw. durch das »Kalkül der Analogie«, das als eine Kunst vorgestellt wird, durch Gleichnisse zu bestimmen (NS III 425), um dadurch die Relation zum unbestimmten »Seyn« wiederaufzunehmen.[33]

In den »Stufen der Sprache und Musik« entwickelt Friedrich Schlegel eine Anordnung, die einen vorbegrifflichen Anfang der Rede vergleichbar zu Novalis bei der Musik aufnimmt: »1ste [Stufe] Musik / 2te Musik / 3te Buchstabe / 4te Silben – Metrum – (Göttlicher Ursprung der Sprache) / 5te Grammatik [...] / 6te Musik [...] / 7te Sylben (Bildlichkeit-Poesie)« (KFSA XXIV 146). Aufschlußreich ist die Verdreifachung der Musik in der Rangfolge, die keinesfalls irritierend ist, wenn man die Rede von der Musik der Sprache in transzendentale Verhältnisse überträgt. Erst ab der vierten Stufe werden Verstand und Sinnesorgane notwendig. Der vor-

31 Vgl. zum *ordo inversus*: Manfred Frank, Einführung in die frühromantische Ästhetik. Vorlesungen. Frankfurt a. M. 1989, S. 248 ff.

32 Geoffrey H. Hartman, Romanticism and »anti-self-consciousness«. In: Harold Bloom (Hrsg.), Romanticism and consciousness. Essays in criticism. New York 1970, S. 46–56.

33 Vgl. dazu ausführlicher vom Vf., Inspirierte Ähnlichkeit. Überlegungen zu einem poetischen Verfahren des Novalis. In: DVjs 71, 1997, S. 559 bis 588.

sprachliche Ursprung der Rede begleitet Einbildungskraft, Denken und Wahrnehmung wie eine Musik, zugänglich wird er aber nicht (und deswegen erst kann Schlegel in subtiler Ironie die erste und zweite Stufe identisch beschreiben und sich über seinen eigenen Ordnungswillen amüsieren). Anfang und Ende der Skala bilden Musik und Sprache der Poesie. In dieser entschiedenen Entgegensetzung erst werden sie – Schlegels Analogielehre gemäß – aufeinander beziehbar und im »Wechselerweis« handhabbar, was hier heißt: Das Sagbare ist aus dem Unsagbaren darzustellen. In dieser entschiedenen Entgegensetzung ist oder soll die Sprache auch bei Novalis »ein musicalisches Ideen Instrument« (NS III 360) sein, für das eine »Sympathie des Zeichens mit dem Bezeichneten« (NS III 266) erwogen wird.

Den Verlust eines natürlichen Zeichens kompensieren die Autoren der Romantik durch eine intermediale Strategie. Im Zuge der Rekonzeptualisierung wird das natürliche Zeichen in eine Musik der Sprache transformiert, die eine Sprache der Natur in einem neuen Medium ermöglichen soll, das nicht mehr nur in der Schrift liegt, sondern ihr Abwesendes mitbedenkt.[34] Gemäß dem »Urbedürfnis Entgegenzusetzen« (NS II 119) wird Sprache von der Musik aus relationiert und in einem Wechselerweis mit ihr wahrgenommen. Die Sprache soll dazu auf eine Weise zum Tönen gebracht werden, die eine mimetische Angleichung an das Unsagbare versucht, auch wenn diese Musikalisierung der Sprache nicht der »Gesang« ist. Er ist das Unerreichbare, das die Musik der Sprache andeuten soll. So notiert Schlegel, daß der Begriff »unendliche Einheit« zugleich Begriff und Gefühl ist und die Musik die Aufgabe hat, an diese Tiefendimension von Begriffen zu erinnern (KFSA XII 382).

Gewinne und Einbußen der Medialisierung von Sprache können E. T. A. Hoffmanns *Kreisleriana* entnommen werden: »[...] vergeblich ringen wir danach, diese [sc. die Musik als allgemeine

34 Die Betonung der Metapher von der Musikalität der Sprache zeitigt in der Folge weitere Rekonzeptualisierungen; vgl. Friedrich Kittler, Musik als Medium. In: Bernhard J. Dotzler und Ernst Müller (Hrsg.), Wahrnehmung und Geschichte. Markierungen zur Aisthesis materialis. Berlin 1995, S. 83–99.

Sprache der Natur, W. F.] in Zeichen festzubannen, und jenes künstliche Anreihen der Hyroglyphe [sc. den Buchstaben der Schrift, W. F.] erhält uns nur die Andeutung dessen, was wir erlauscht«.[35] Das Sein verhält sich dem Denken gegenüber autonom, ein Umstand, der auch bei Wackenroder zu einer weniger euphorischen Stimmung als bei Novalis und Schlegel führt: »Ach was streb' ich Thörichter, die Worte zu Tönen zu zerschmelzen? Es ist immer nicht, wie ich's fühle. Kommt ihr Töne, [...] und errettet mich aus diesem schmerzlichen irdischen Streben nach Worten.«[36]

Sowohl ästhetische als auch theosophische Positionen verhandeln die Unmittelbarkeit des Vernehmens von Zeichen. Der Ort, an dem die Frühromantik vom »Gesang« oder der Musik der Natur spricht, ist für die theosophische Tradition der Ort, an dem sie vom Vernehmen göttlicher Worte spricht. An diese Möglichkeit glauben die Frühromantiker nicht. Wenn auch die Tonkunst für Wackenroder und Tieck noch ein unmittelbares »Land des Glaubens« (WSW I 206) ist, in den Sprachansichten unterscheiden sie sich deutlich von der theosophischen Richtung, denn die Worte sind ein »allzu irdisches und grobes Werkzeug« (WSW I 98), ein »Wort- und Sprachengeschnatter, [...] Gewirr von Buchstaben und monströser Hieroglyphenschrift« (WSW I 206). In der theosophischen Tradition ist die Möglichkeit eines unmittelbaren Vernehmens glaubhaft, in der ästhetischen Auslegung unwahrscheinlich, aber theoretisch aus einer Differenz als mittelbar zu begründen. Theosophische Positionen beschwören nach rückwärts gewandt eine kabbalistisch geprägte Einheit von Wort und Gefühl des unmittelbaren Vernehmens. Ästhetische Positionen verschieben die Unmittelbarkeit in das goldene Zeitalter und konzentrieren sich auf eine symbolisch-allegorische Erfassung von (Un-)Mittelbarkeit. Jacobi notiert hintersinnig: »Niemand kann von nun an [sc.

35 E. T. A. Hoffmann, Werke. Neu durchgesehen und revidiert von Herbert Kraft und Manfred Wacker. Band I, Frankfurt a. M. 1967, S. 276.

36 Wilhelm Heinrich Wackenroder, Sämtliche Werke und Briefe. Historisch-kritische Ausgabe. Hrsg. v. Silvio Vietta und Richard Littlejohns. Band I, Heidelberg 1991, S. 223. Im folgenden zitiere ich Wackenroder im fortlaufenden Text mit Angabe der Sigle WSW, des Bandes und der Seitenzahl.

nach Kant und Fichte, W.F.] mehr mit dem Verstande, *verzeihlich*, schwärmen; Niemand mehr hoffen, wohl endlich doch noch die *wahre* Kabbala zu finden, und mit Buchstaben und Ziffern, Wesen und lebendige Kräfte hervorzubringen.«[37] Die frühromantische Rede von der Musik der Sprache zielt schließlich auf die symbolische Offenbarung einer unmittelbar verwehrten Selbst- oder Fremderkenntnis. Die Musik der Sprache gibt Takt und Rhythmus des Erkennens vor. Für sie war nur noch eine angemessene Zeichenart zu finden.

II.

Die Musik scheint um 1800 jene Kunst zu sein, die eine künstlich-natürliche Darstellungsform mystischer Selbsterfahrung durch Zeichen zuläßt.[38] Die Rede von der Musik der Sprache illustriert im frühromantischen Kontext, was Literatur leisten soll, aber nicht kann.[39] Die Sprache wird aus diesem Grund in ihrer Leistungsfähigkeit an der Musik geschult. Da die Idee, Musik und Sprache aufeinander zu beziehen, in hohem Maße von Ähnlichkeitsvorstellungen geprägt ist, sollen im folgenden ergänzende Hinweise dafür gegeben werden, wie innerhalb der als »ästhetisch« bezeichneten Position Ähnlichkeit im Detail gedacht und inszeniert wird.

Charles Taylor entwickelt in der Studie *Quellen des Selbst* eine Konzeption von »subtileren, expressiven Sprachen« aus einer Gegenüberstellung von Korrespondenzlehren der Renaissance und modernen Lehren des subjektiven sprachlichen Ausdrucks und Empfindens.[40] Taylor nimmt an, daß die Literatur der Moderne

37 Jacobi, Brief an Fichte, a.a.O. S. 31.

38 Vgl. ausführlicher: Christine Lubkoll, Mythos Musik. Poetische Entwürfe des Musikalischen in der Literatur um 1800. Freiburg i.Br. 1995.

39 Zum Moment der ›defizitären Sprache‹ vgl. u.a. Barbara Naumann, »Mit Musik versteht sichs von selbst«. Friedrich Schlegels Reflexion des Musikalischen im Kontext der Gattungspoetik. In: Eberhard Lämmert und Dietrich Scheunemann (Hrsg.), Regelkram und Grenzgänge: von poetischen Gattungen. München 1988, S. 72–94, hier: S. 73.

40 Charles Taylor, Quellen des Selbst. Frankfurt a.M. 1995.

durch verschiedene Epiphanie-Entwürfe geprägt ist, die er anhand von Transfigurationen untersucht:

1. Epiphanien des Seins durch Transfiguration der Natur (Romantik)
2. Transfigurationen von Realität im Sinne ihrer Entspiritualisierung oder Entschleierung (Realismus)
3. autotelische Epiphanien in Form einer Transfiguration der Natur in eine künstliche Welt qua Verneinung und Tilgung (*abolition* bei Mallarmé)
4. Transfigurationen bzw. Aufhebungen des Willens / des Ich durch die Kunst (Schopenhauer, Nietzsche[41])
5. »indirekte Epiphanien« des Unsagbaren aus der Differenz zwischen Wörtern, zwischen Wörtern und Dingen, wobei Taylor eine (paradoxe) Grundfigur von Verinnerlichung und Dezentrierung des ›Ich‹ als Erbe der Romantik postuliert (zwanzigstes Jahrhundert).

Gemeinsam ist den Epiphanien ein Moment von »bedeutungsvoller Erfüllung oder Vollendung« durch Herstellung einer Beziehung zu etwas Größerem[42], als es das Subjekt ist (Natur, Realität, Nichts, Leere, Sprache).[43] Die Transfigurationen in den Texten der genannten Literaten und Philosophen, die eine authentische Konzeption von Subjektivität ablehnen, beruhen nicht selten auf Prinzipien der Ähnlichkeit.

Für den Kontext dieser Arbeit interessieren innerhalb der Epiphanien des Seins besonders die Transfiguration von Sprache und Musik in Natur sowie die damit verbundenen literarischen und ästhetischen Intentionen. Um 1800 scheint Musik jenen Zustand zu verbürgen, den der Sprecher innerhalb eines ternären Sprachsystems innegehabt haben könnte (bzw. in der historischen Spekula-

41 Taylor bezieht sich vermutlich auf den frühen Nietzsche.

42 Vgl. Charles Taylor, Das Unbehagen an der Moderne. Frankfurt a. M. 1995, S. 101.

43 Vgl. Taylor, Quellen des Selbst, a. a. O. S. 740, vgl. auch S. 836. Eine kritische Auseinandersetzung mit den Kontextualisierungen dieser Abschnitte bei Taylor wäre hier notwendig, würde aber zu weit vom Thema wegführen.

tion der Frühromantiker innegehabt hat): ein Sein im Zeichen.[44] »Unsere Sprache«, notiert Novalis, »sie war zu Anfang viel musicalischer und hat sich nur nach gerade so prosaisiert – so *enttönt*« (NS III 284). Welchen Anfang Novalis auch meint, auf Wackenroders Musik als »die Sprache der Engel« (WSW I 207) spielt er zumindest an. Musikalische Zeichen werden innerhalb dieser Zeichenträume im Sinne einer »universalen Sprache«[45] betrachtet, mit paradigmatischer Kraft für jedes Zeichen: »Die Musik ist doch immer das, was wir Harmonie und Ruhe in allen drey andern Künsten nennen. So muß in einer schönen Dichtung durch Worte Musik seyn, wie auch Musik seyn muß in einem schönen Bilde, und in einem schönen Gebäude, oder in irgend welchen Ideen, die durch Linien ausgedrückt sind.«[46] Musik waltet in den Künsten grundlegend und verbindlich, sie hat eine dem Mythos vergleichbare Position eingenommen.[47] Über die Musik (der Natur) wird ein verbindendes Moment zwischen Wörtern und Dingen hergestellt. Vergleichbar zu Schelling, bei dem der Klang eine »Ursynthesis der Natur« gibt[48] und Kommunikation so allererst ermöglicht wird, geben Ton und Rhythmus Anlaß zur Gewißheit über eine vorsprachliche Verständigungsform, aus der Sprache sich dann ableiten lassen sollte. In Novalis' *Lehrlingen zu Sais* etwa ist die Laut-Sprache der Natur ebenso Musik[49] wie auch die Stimmen der

44 Hatte im 18. Jahrhundert noch die Sprache eine leitende Funktion bei der Untersuchung der Musik, wird danach die Musik zur erkenntnisleitenden Metapher für die Explikation poetischer Sprache eingesetzt; vgl. Lubkoll, Mythos Musik, a. a. O. S. 11.

45 Vgl. Barbara Naumann, Nachwort. In: Dies. (Hrsg.), Die Sehnsucht der Sprache nach der Musik. Texte zur musikalischen Poetik um 1800. Stuttgart, Weimar 1994, S. 245–273, hier: S. 252.

46 Philipp Otto Runge, Hinterlassene Schriften. Hrsg. v. Daniel Runge. Band I, Hamburg 1840, S. 43 (Nachdruck Göttigen 1965), Brief an den Vater vom 6. April 1803.

47 Dies die These von Lévi-Strauss, Mythos und Bedeutung, S. 58 ff., der andeutet, daß die Musik und der Roman den Mythos abgelöst haben.

48 Manfred Frank, Einführung in die frühromantische Ästhetik. Frankfurt a. M. 1989, S. 209; vgl. Andreas Käuser, Klang und Prosa. Zum Verhältnis von Musik und Literatur. In: DVjs 68, 1994, S. 409–428.

49 Vgl. Klaus Hartmann, Die freiheitliche Sprachauffassung des Novalis. Bonn 1987, S. 158 ff.

Romanfiguren musikalisch sind, sofern sie auf ihre Natur zurückgehen.

Die Rede von der Musik der Natur ermöglicht es, eine Lehre vom angemessenen Proportionieren zu erkunden und eine Balance zwischen Ausdruck und Ausdruckslosigkeit herzustellen. Die Anwendung der Musik auf Literatur wiederum dient dem »Ver[such] *bestimmt* durch die Musik zu sprechen« (NS III 283), also ein unbedingtes und referenzloses »Spiel der Töne« (WSW I 133) sprachlich bedingt mitzuteilen.[50] Die Frage aber, wie das Setzen durch Zeichen eine außersprachliche Qualität enthalten soll, für die die Rede von der Musik der Sprache einsteht, muß als offene Problemstellung der Frühromantik betrachtet werden.[51] Was kann am Zeichen »wahr« sein, überlegt etwa Novalis in den *Fichte-Studien*, denn »wahr« umschreibt lediglich die abwesende und zunächst nur theoretisch beglaubigte Vorhandenheit dessen, wovon Sprache spricht. Einerseits ist man sich in der frühromantischen Ästhetik der Möglichkeit einer doppelten Buchführung von Sagbarem und Unsagbarem poetologisch gewiß, poetisch aber muß mit Unkalkulierbarem experimentiert werden. Was in letzter Konsequenz der Darstellung bezeichnet werden soll, befindet sich in einem unbestimmten Modus, so daß die Bestimmungen des Signifikats es notwendig verfehlen. Die Vorhandenheit des Abwesenden der Schrift ist in der romantischen Spekulation allein qua Negativität verbürgt, kann aber Bücher füllen, da die Sprache über die Ahnung unendlich auf die Fülle des Abwesenden verweisen kann, ja sich von ihm aus erst als bedeutungsvolle Rede erfüllt.

Eine solche Sprachansicht schwächt die *bezeichnenden* Funktionen der Schrift. Wie schon in den Appellen der Neuplatoniker an die Leser, das Geheimnis des Glaubens bei sich zu evozieren[52], übergibt die Schrift in der Frühromantik vom Autor an den Leser Sekundäres. Der Autor evoziert sein nicht mitteilbares ›Wissen‹ le-

50 Vgl. zum Thema Referenzlosigkeit: Lubkoll, Mythos Musik, a.a.O. S. 119f.

51 Vgl. auch Käuser, Klang und Prosa, a.a.O.

52 Vgl. z.B. die Formulierung Plotins: »Wer es aber geschaut hat, der weiß, was ich sage«, zit. bei Dirk von Petersdorff, Mysterienrede. Zum Selbstverständnis romantischer Intellektueller. Tübingen 1996, S. 35.

diglich und empfiehlt dem Leser, dasselbe Wissen – oder eben ein ähnliches – bei sich hervorzurufen (man vergleiche etwa Novalis' Beschreibungen der Sprache im *Monolog*). Plotin vertraut auf die Universalität des Geheimnisses in Gott, die Frühromantiker vertrauen darauf, daß ihr Bewußtseinsmodell genügend Evidenz beanspruchen kann, um in der fragmentarisch narrativen Inszenierung zu wirken. In den *Lehrlingen zu Sais* empfiehlt Novalis den Lesern, das »Büchelchen« zur Seite zu legen, sobald es seine Aufgabe erfüllt hat.[53] Wenn ein »ächtes« Lesen im Buch der Natur erreicht wird, benötigt man die Schrift allenfalls noch, um Nichteingeweihte zum Geheimnis hinzuführen, nicht aber, um sie zu überzeugen, zu belehren oder zu unterhalten. Die Schwächung der Schrift wird mit einem erweiterten Geltungsbereich von »Sprache« verbunden: »Der Mensch spricht nicht allein – auch das Universum spricht – alles *spricht* – unendliche Sprachen« (NS III 267). Diese Metasprache der Natur ist umfassend genug, um Korrespondenzen zwischen den entlegensten Dingen zuzulassen. Entsprechend ist im Menschen das Verständnis der Metasprache bereits angelegt. Es ist bei Hardenberg als physischer »Sinn der Seele« gedacht (vgl. NS II 546). Der Anlaß universeller Korrespondenzen, der mit Hans Blumenberg als Beziehungswahn zu klassifizieren wäre[54], leitet sich von einer Ahnung her, die organisch im Menschen schon angelegt ist bzw. ein organisches Korrelat hat, das künstlich-natürlich zu entfalten ist.

Bei Jacobi kommt der Sinnlichkeit eine Erkenntnisfunktion zu[55], da im »Gefühl« eine Koinzidenz zwischen Subjekt und Objekt gegeben ist.[56] Zwischen Wahrgenommenem und Wahrnehmung ver-

53 Vgl. Peter Pfaff, Natur-Poesie. Zu den *Lehrlingen zu Sais* des Novalis. In: Gerhard vom Hofe, Peter Pfaff, Uwe Timm (Hrsg.), Was aber bleibet stiften die Dichter? Zur Dichtertheologie der Goethezeit. München 1986, S. 89–103.

54 Hans Blumenberg, »Die Welt muß romantisirt werden«. In: Ders., Die Lesbarkeit der Welt. Frankfurt a. M. 1986, S. 233–266.

55 Ich folge wiederum der Darstellung von Hogrebe, Ahnung und Erkenntnis, a. a. O.

56 Jacobi bewegt sich damit in erstaunlicher Nähe zu Maurice Merleau-Pontys phänomenologischer Analyse der Wahrnehmung, in der eine Koinzidenz zwischen Wahrnehmung und Wahrgenommenem vor dem

mittelt das »Schauen der Ahndung – welche wir *Gefühle* in edlerer Bedeutung nennen«.[57] Die »unsichtliche(n) Gesichte« leiten Erkenntnis intuitiv. Die Frage, die sich wohl nicht nur für Novalis in Anschluß an Jacobi ergeben hat, war: Wie ist mit den »Ahndungen« künftigen Wissens zu verfahren und wie ist ihr Gehalt sinnvoll zu eruieren? Jacobis »Ahndung« verstehen die Frühromantiker als Sympathie.[58] Wie die Musik führt sie zur sowohl äußerlichen wie innerlichen Natur. Sie gibt im Gefühl genügend Evidenz, um sicherzustellen, daß keine »mühselige Mechanik« am Werk ist, sondern in besonders glücklichen Augenblicken der Rezeption und Produktion eine unsagbare Einheit in der Durchdringung von Außen und Innen. »Wir wissen nicht, was ein Baum ist«, notiert Wackenroder zunächst kantisch, um dann fortzusetzen: »dennoch hat der Schöpfer in das Menschenherz eine solche wunderbare Sympathie zu diesen Dingen gelegt« (WSW I 98), daß er sie erkennen kann, und dieses »dunkle Gefühl« (ebd.) kann Sinne und Geist zu einem »neuen Organ« zusammenschmelzen (a. a. O. 99). Ebenso ist den musikalischen Tönen »von Anfang her eine Sympathie zur menschlichen Seele verliehen« (WSW I 141).

Vor aller Vernunft ist schon die sympathienahe Einbildungskraft natürlicherweise vernünftig, auch wenn sie ihres assoziativen Stils wegen kaum zu steuern ist. Berglinger, Wackenroders Hauptfigur

Hintergrund des Fleisches beschrieben wird: »Sich berühren, sich sehen bedeutet, von sich selbst einen [...] spiegelhaften Extrakt zu erhalten. D. h. Spaltung zwischen Erscheinung und Sein – eine Spaltung, die schon beim Berühren stattfindet [...] nur tiefere Selbstverhaftetheit bedeutet. Die visuelle Projektion der Welt in mir ist nicht als intra-objektive Beziehung Dinge – mein Leib zu verstehen. Sondern als Beziehung Schatten – Leib, als Gemeinsamkeit des (verbalen) Wesens und schließlich als Phänomen der ›Ähnlichkeit‹ der Transzendenz.« In: Das Sichtbare und das Unsichtbare. Gefolgt von Arbeitsnotizen. Hrsg. und mit einem Vor- und Nachwort versehen von Claude Lefort. München 1986, S. 322. Vgl. zu Merleau-Ponty den Beitrag von Christina Scherer in diesem Band.

57 Friedrich Heinrich Jacobi, Von den Göttlichen Dingen und ihrer Offenbarung. Werke, 3. Band, Leipzig 1816, S. 247–460, hier: S. 437.

58 Vgl. Barbara Naumann, »Musikalisches Ideen-Instrument«. Das Musikalische in Poetik und Sprachtheorie der Frühromantik. Stuttgart 1990, S. 53 f. und: Lubkoll, Mythos und Musik, a. a. O. S. 146 ff.

in *Das musikalische Leben des Tonkünstlers Josef Berglinger*, plagt sich mit der unkalkulierbaren Flucht aus dem »Käfig der Kunstgrammatik«, ähnlich artistisch wie Schlegel und Novalis, deren Fragmente günstigstenfalls »Sämereien« sind, die eine Mechanik der Seele autogen verhindern sollen.[59] »Musik« ist hier das leitende Bild für sympathetische Ahnungen. Sie betont körperzentrierte Aspekte dessen, was in der Materialität des Zeichens nicht aufzulösen ist und in das Zeichen nicht eingeht (wobei der Körper – in der Entgegensetzung – Analogon des Geistes sein soll). Detlef Kremer betont in diesem Zusammenhang zu Recht die romantischen »magische[n] Rituale der Versprachlichung des Körpers«[60], aus der eine Ästhetik der Performanz ›musikalischen‹ Schreibens durchaus abgeleitet werden kann, denn Körper und Universum verhalten sich analog zueinander[61]: Der Körper »drückt schon die Selbstständigkeit, die Analogie mit dem Ganzen [...] aus [...]. So viele Sinne, so viele Modi des Universums – das Universum völlig ein Analogon des menschlichen Wesens in Leib – Seele und Geist. Dieses Abbreviatur, jenes Elongatur derselben Substanz« (NS II 651).

Sympathie ist eine interaktionistische Form, die unsagbaren Momenten hinreichend Platz läßt, um zu wirken. In der romantischen Literatur bezieht besonders die Liebe wesentliche Impulse daraus. Die Liebe ist eine wichtige Form für die Darstellung von Ähnlichkeiten, sie steigert die Verwiesenheit des Ich an die geliebte Person in einer Auflösung des Entgegengesetzten. Das Ich existiert in der Sympathie durch den anderen. Der Rekurs auf das Außen macht das Ich transparent für sein Inneres, so daß das Ich in dem ist, was nicht zum Ich gehört. Solche undurchsichtigen Verhältnisse gleichen dem Ausgangspunkt frühromantischer Symphilosophie durchaus. Dem Diskurs der Selbstbehauptung stehen die Romantiker hier fern, denn romantische Selbstbehauptung sucht den pathologischen Zustand der Transparenz und Durchsichtigkeit

59 Vgl. dazu ausführlicher vom Vf., »Geheimnis der Entzweyung«. Zur Ästhetik des Fragments in der Frühromantik. Erscheint in: Euphorion.

60 Kremer, Alchemie und Kabbala, a. a. O. S. 51.

61 Vgl. Hartmut Böhme, Der sprechende Leib. Die Semiotiken des Körpers am Ende des 18. Jahrhunderts und ihre hermetische Tradition. In: Ders., Natur und Subjekt. Frankfurt a. M. 1988, S. 179–211.

von Außen und Innen auf. Eine Möglichkeit, die Zweideutigkeit der Liebe literarisch zu inszenieren, ist der Rollentausch[62] als imaginierte Ähnlichkeit. In der »Dithyrambische[n] Phantasie« der *Lucinde* läßt Schlegel Julius über den Rollentausch schreiben: »Ich sehe hier eine wunderbare, sinnreich bedeutende Allegorie auf die Vollendung des Männlichen und des Weiblichen zur vollen Menschheit« (KFSA V 13). Die »Heftigkeit des Mannes« und die »anziehende Hingebung des Weibes« (a.a.O. 12) werden als das Eigene und das Fremde nach einem autogenen Ähnlichkeitsprinzip verbunden: »[...] dein Wesen ist eins und unteilbar. Darum bist du so ernst und freudig; darum nimmst du alles so groß und so nachlässig [...]. Durch alle Stufen der Menschheit gehst du mit mir von der ausgelassensten Sinnlichkeit bis zur geistigsten Geistigkeit [...]« (a.a.O. 11). Die Einheit der Gegensätze (ernst/freudig, sinnlich/geistig) wird durch eine »bezaubernde Musik der Gefühle« gewährleistet (ebd.), die der Schrift, in der sie mitgeteilt wird, freilich abwesend bleibt. »Die Liebe ist Musik« notiert Schlegel an anderer Stelle (KFSA XVI 213) und insistiert so auf einer anti-mechanisch konzipierten ›Verflüssigung‹ des Ich in der Sympathie, für die die Rede von der Musik der Natur Bürge ist. Die Verhältnisse der Liebenden aber sind zweideutig. Sofern sie über die »sympathetische Fähigkeit der Analogie« verfügen[63], werden sie in Liebesbeziehungen als Individuen uneindeutig.

Die Rede von der Musik der Sprache dient nicht zuletzt kryptotheologischen Exkursen über die Verfaßtheit des Ich beim Schreiben.[64] Musik als das Andere der Sprache wird dort eingesetzt, wo

62 Vgl. dazu ausführlicher: Lubkoll, Mythos und Musik, a.a.O. S. 163. Lubkoll verweist auf die musikalische Idee des Wechselgesangs, der als metaphorisches Vorbild zum Rollentausch dient. Neumann spricht im Zusammenhang mit Brentanos Poetologie von einem »gender crossing«, freilich nicht ohne die aus der »Transvestierung« entstehende Uneindeutigkeit zu betonen. Gerhard Neumann, Erzählweg und Gedächtnisraum. Ein poetologisches Modell der Narration in Brentanos *Geschichte vom braven Kasperl und dem schönen Annerl*. In: Ders. (Hrsg.), Romantisches Erzählen. Würzburg 1995, S. 121–139.

63 Detlef Kremer, Prosa der Romantik. Stuttgart, Weimar 1996, S. 73.

64 Zimmermann, Ästhetische Erfahrung und die »Sprache der Natur«, a.a.O. S. 239, weist auf eine Zweideutigkeit im traditionellen Sprach-

das Semiotische und das Symbolische durch die poetische Sprache sich so trennen, daß eine Semantisierung der Affekte eingeleitet werden kann (die wiederum in der Entgegensetzung auf Vernunft bezogen bleiben).[65] Musik wird zum Vorbild einer Sprachästhetik der Unbegrifflichkeit, die man von seiten der Autorenpoetiken als ästhetische Theorie der Performanz mit unbekanntem Grund beschreiben kann; die Rede von der Musik der Sprache wird vorrangig für die prozessualen, impliziten Dimensionen der Rezeption und Produktion von Literatur eingesetzt. Musik als das Andere der Sprache erfaßt das Verhältnis von Sprache und Subjektivität *in actu*.[66] Sie steht modellhaft ein für ein ›reines‹ Bedeuten. Damit setzen sich die Frühromantiker deutlich von der Aufklärung ab, indem sie diese über ein medial begabtes Subjekt destabilisieren: Die Rede von der Musik der Sprache beruht auf synästhetischen, analogischen Modellen der Integration der Gesamtperson in einen Prozeß von Korrespondenzstiftungen. Musik als das Andere der Sprache verweist auf die Grenzen der Repräsentation in der Sprache – in dem Sinne, daß das sprachliche Zeichen in der Literatur mit der Dimension der Inkommensurabilität ›aufgeladen‹ wird. Daraus folgt eine Poetik der Unbegrifflichkeit als provozierte Unverständlichkeit, deren sprachmagische Dimension mit Ähnlichkeitsmodellen unterstützt wird.[67]

begriff hin: Sprache bezieht sich danach »gleichermaßen auf den ›inneren‹ Vorgang der *monologischen Vergegenwärtigung* von Vorstellungen, Anschauungen und Gefühlen im Bewußtsein des jeweiligen Subjekts wie auf den ›äußeren‹ Vorgang der *intersubjektiv gültigen Mitteilung* jener Bewußtseinsinhalte mithilfe allgemeinverständlicher Zeichen.« Die folgende Analyse der ästhetischen Verwendung sprachlicher Zeichen um 1800 zielt sowohl auf die monologische Vergegenwärtigung des Schreibenden als auch auf die Mitteilung der Vergegenwärtigung.

65 Begriffe nach: Julia Kristeva, Das Subjekt im Prozeß: Die poetische Sprache. In: Jean-Marie Benoist (Hrsg.), Identität. Ein interdisziplinäres Seminar unter der Leitung von Claude Lévi-Strauss. Stuttgart 1980, S. 187–221.

66 Transzendental gewendet: »Die Musik, die ganz zeitliche Kunst, entspricht der Flüssigkeit des substanzlosen Ich am besten«. In: Frank, Philosophische Grundlagen, a. a. O. S. 124.

67 Musik gewährleistet in der Frühromantik, es sei nochmals betont, keine »Identität zwischen Naturform und Sprachform«, wie Käuser, Klang

Eine projektierte Technik, Sprache musikalisch aufzufassen und sie den behandelten Themen ähnlich zu machen, skizziert August Wilhelm Schlegel.[68] Zwar ist Sprache konventionellerweise »fast nichts anderes als wie eine Sammlung durch Übereinkunft festgesetzter Zeichen«[69], diese ›arbiträre‹ Sprache kann aber »durch die Art des Gebrauches beinah in natürliche und an sich bedeutende Zeichen« umgearbeitet werden. Dazu müssen Silbenmaß und Rhythmus ähnlich abgestimmt werden wie die Abfolge von Tönen in der Musik. Vorausgesetzt ist bei einer solchen Poetik, die mathematisch-musikalischen Zahlenverhältnissen folgt, daß Musik, Sprache und Tanz ursprünglich eins waren und erst die Ausdifferenzierung in einzelne Systeme den gemeinsamen Ursprung verdeckt hat.[70] Auf eine transzendentale Beigabe wird aber auch hier nicht verzichtet, denn der Rhythmus ist zunächst eine Verzeitlichung und Ausdifferenzierung, und sofern er (lyrische) Form wird, läßt er den Ursprung von Sprache und Musik ahnen, auch wenn er ausdrücklich nicht manifest wird.

Eine andere projektierte Technik der Korrespondenzstiftung folgt einer Desemantisierung der Rede (um Höheres zu sagen) am Leitmotiv des Klangs.[71] Die Klangrede beruht auf einer Entgegensetzung von Laut- und Wortbedeutung.[72] Transversal zur habituel-

und Prosa, a. a. O. S. 420, zu Recht annimmt. Sie restituiert Identität als abwesende von einer grundlegenden Differenz aus.

68 Naumann, Musikalisches Ideen-Instrument, a. a. O., hat Gemeinsamkeiten und Unterschiede einer musikalischen Poetik um 1800 hinreichend differenziert, im folgenden sollen deshalb die poetologischen Unterschiede zwischen A. W. Schlegel, Friedrich Schlegel und Novalis nicht eigens zum Thema werden, sondern vielmehr die *techne poetica* insgesamt betrachtet werden.

69 August Wilhelm Schlegel, Brief über Poesie, Silbenmaß und Sprache. In: Kritische Schriften und Briefe I. Hrsg. v. Edgar Lohner. Stuttgart 1962, S. 148.

70 Schlegel spielt hier vielleicht auf griechisch *mousike* an, das ursprünglich eine multimediale ›Performance‹ meinte. Etymologie nach Eric Havelock, Schriftlichkeit: das griechische Alphabet als kulturelle Revolution. Weinheim 1990, S. 16.

71 Ein ausführliches Beispiel gibt Manfred Frank, Einführung, a. a. O. S. 380–462.

72 Dies ist noch das Verfahren in Ernst Jüngers früher Sprachästhetik: Lob der Vokale. In: Ders., Geheimnisse der Sprache. Hamburg 1934, S. 5–46.

len Bedeutung der Worte bilden Vokale und Konsonanten eine eigene Klang- und ›Bedeutungsqualität‹ aus – ein eigenes Bedeutungsuniversum, das am Wort die affektive Dimension *in der Sprache* mimetisch-physiognomisch eröffnet (so etwa, wenn Schlegel behauptet, daß Begriffe zugleich Gefühl und Begriff sein können, KFSA XII 382).[73] Diese Deutung geschieht unabhängig von der lexikalisierten Bedeutung der Worte. Eine solcherart verfaßte Wort- oder Sprachmusik ist autonom, da sie mit der Deutung des Klangs eindeutigen Bezügen zwischen Signifikat und Signifikant entgeht und ›reine‹ Stimme wird. Sie ist aber auch unmittelbar gegeben, da sie das sinnliche Material der Zeichen meint, das in der Sprachwahrnehmung gegeben ist, ohne es in einer Doppelung von Zeichen und Bezeichnetem sagen zu müssen. In der Entgegensetzung zur Wortbedeutung wiederum stiftet die Lautbedeutung Anlaß zu Korrespondenzen zwischen dem Sagbaren und dem Unsagbaren. Die Lautbedeutung ist im Gegensatz zur Wortbedeutung unendlich unbestimmt. Sie entsteht im Wechselerweis von (sinnlicher) Imagination und (bewußter) Abstraktion im Produktions- bzw. Rezeptionsprozeß. Novalis notiert:

»Jedes Wort sollte eine acustische Formel seiner Construction, seiner Aussprache seyn – die Aussprache selbst ist ein Höheres, *mimisches Zeichen* einer höhern Aussprache – *Sinnconstruction* des Worts. Alles dies hängt an den Gesetzen der *Association*. Die sog[enannten] willkührlichen Zeichen dürften am Ende nicht so willk[ührlich] seyn, als sie scheinen – sondern dennoch in einem gewissen Realnexus mit dem Bezeichneten stehn. Instinktartige Sprache – Ausartung des Instinkts – conventionelle Sprache – diese soll wieder instinktartige, aber gebildete Sprache werden.« (NS III 305 f.)

In dem Zitat sind Theorie und Technik der Musikalisierung im Detail zusammengefaßt: Wie schon A. W. Schlegel rekurriert Novalis auf eine natürlich-organische Grundlage musikalischer Sprache[74], das Sprechen verweist über den (emotional gewerteten) Ton auf einen höheren Bedeutungswert, der bei einer schriftlichen Fixierung in der Verbindung des Entgegengesetzten von Laut- und Wortbe-

73 Bei Novalis findet man auch die abwertend gemeinte Bemerkung, daß Konsonanten den Ton in Schall verwandeln (NS III 284).

74 Vgl. Naumann, Musikalisches Ideen-Instrument, a. a. O. S. 147.

deutung konstruiert werden soll. Die Konstruktion hat zur Grundlage, daß die Aussprache lediglich ein mimisches Zeichen einer allgemeineren (höheren) Sprache ist, wofür oben die Rede von der Musik der Sprache einstand.

Die Konstruktion ist dreigliedrig und – wie häufig bei Novalis – zugleich als Konkretion und Verallgemeinerung, also wiederum in einer Verbindung des Entgegengesetzten, gedacht: Die Aussprache verhält sich mimisch zur Musik der Sprache und kann diese nicht direkt aussagen, in der buchstäblichen Fixierung (d. i. die akustische *Formel*) soll aber die höhere Musik der Sprache – als lautlich-physiognomisch gedeutete – mit enthalten sein. Daß die komplexe Vernetzung von den Gesetzen der Assoziation abhängt, ist die Crux der Spekulation auf diese neue Zeichenart. Wie bei Schlegel, der die Gesetze der Assoziation nach Ähnlichkeitsprinzipien gestaltet hat, muß in der Konstellation ausgewiesen sein, daß Assoziationen nicht zufällig, sondern natürlich und sinnvoll sind, denn dann erst ist die »Sinnkonstruktion der Worte« tatsächlich gelungen. Den bloß heuristischen Wert der Überlegungen bemerkt allerdings auch Novalis: »Die sogenannten willkührlichen Zeichen dürften am Ende nicht so willkührlich seyn, als sie scheinen – sondern dennoch in einem gewissen Realnexus mit dem Bezeichneten stehn.«

III.

Die frühromantische Symbolik dient laut Barbara Naumann der Übersetzung einer inneren Vorstellung in ein anderes Medium.[75] Die Annahme einer Musik der Natur sichert, so kann dem hinzugefügt werden, ästhetisch die Übertragbarkeit des einen in das andere. Frühromantische Symbole sind aber nicht nur ein Ergebnis eines Wechsels des Mediums, sie konzentrieren in der wechselseitigen Bezogenheit von Symbol und Symbolisiertem auf eine Gleichheit in der Differenz, mit der auf ein unbedingtes Metamedium verwiesen sein soll. Ähnlichkeit ist demnach auch in der

75 Naumann, Nachwort, a. a. O. S. 266.

frühromantischen Symboltheorie aufzufinden. Besonders deutlich erscheint das Verhältnis in einer allegorisch oder symbolisch konstruierten Offenbarung[76] oder Epiphanie, in der Selbst- und Fremdvernehmung jeweils vom Entgegengesetzten abhängen, ohne eins zu werden.[77]

Schlegel versteht seine Zeit als »die Epoche des Symbols« (KFSA XII 13), da in ihr der Verstand dazu rät, zum Unendlichen zurückzukehren: »Das Bewußtseyn muß wieder in sich selbst zurückkehren, und so erst seine Sphäre schließen.« (ebd.) Er beruft sich dabei auf eine Tätigkeit, die die Reflexion passiv begleitet und prinzipiell die Möglichkeit enthält, in mystischer Manier die Herkunft der Reflexion aus einem absoluten Grund durch einen Rückgang zu ihm zu erkunden. Schlegel interessiert die Spekulation als intuitive Synthesis (KFSA XII 19), er sucht ontologische Gesetze, die Gedanken ihrer genetischen Herkunft nach beschreiben können. Ähnlich Novalis: Ein Gesetz ist laut den *Blüthenstaub*-Fragmenten eine »Mischung von Kraft und Gedanken« (NS II 449). Man kann sich, heißt es weiter, eines Gesetzes nicht »als solchen« bewußt werden, da im Gedanken ein »Vermögen« wirkt, das einer anderen Ordnung angehört. Um die »Kraft« des Gesetzes zu erkunden, bedarf es eines Sinnes. Er soll den unsagbaren Anteil an Gedanken plausibel konstruieren helfen. Das Selbstgefühl gibt dazu durch »Belebung« eine Hilfestellung, sofern angenommen wird, daß dieses Selbstgefühl – unabhängig davon, ob das Ich oder die Welt betrachtet wird – erstes Produkt bei der genetischen Herkunft von Gedan-

76 Symbolische Offenbarung heißt hier die Kenntnis vom Selbst und Anderen, die sich aus einem dunklen Wissen herleitet, das der Sinnlichkeit als affines Korrelat (des Wahrgenommenen) eingeschrieben ist. Es handelt sich um eine im geistigen Gefühl autogen stattfindende »Alienation« (NS II 551) des Eigenen im Fremden. Diese Kenntnis ist kein Ergebnis gesuchten, aktiven Erkennens, ihr gehört ein Gewahrwerden an, das den Kontemplationslehren der Zeit bereits eigen ist, in frühromantischer Verwendungsweise aber Kennzeichen des Selbstdenkens des Seins ist. Lubkoll unterscheidet vergleichbar zwischen rezeptiver und produktiver Einbildungskraft, Mythos und Musik, a. a. O. S. 134.

77 Zur Vorgeschichte vgl. auch Christine Zimmermann, Unmittelbarkeit. Theorien über den Ursprung der Musik und der Sprache in der Ästhetik des 18. Jahrhunderts. Frankfurt a. M. 1995.

ken ist. Die »Belebung« ist die dazugehörige »sichtbare und fühlbare Unsterblichkeit« (NS II 460) oder in anthropologischer Wendung: »eine wahrnehmbare Unzulänglichkeit des irdischen Körpergebildes zum Ausdruck und zum Organ des inwohnenden Geistes« (ebd.). Der unsagbare, inwohnende Geist ist lediglich symbolisch oder allegorisch auszudrücken. Von ihm aus korrespondiert alles mit allem, und er kann deshalb durch alles symbolisiert werden, vorausgesetzt, man erzeugt bewußt (in der Reflexion der Reflexion) einen Rückverweis auf ihn. Unmittelbar kann dies nicht geschehen, wohl aber kann es konstruiert und an einer daraus folgenden »Belebung« auf seine Plausibilität hin befragt werden.[78] Symbolisch wäre demnach jede Reflexion, die auf die Belebung der Gedanken zurückgeht und auf den Geist im Zeichen spekuliert, ohne den ›Riß‹ dazwischen zu überspringen.[79]

Die wechselseitige Bestimmung von Gedanken und Belebung führt zu einer Universalisierung des Symbol-Begriffs (»Alles kann Symbol des Andern seyn«, NS III 398). Deutlich wird etwas nur durch geglückte symbolische Repräsentationen des Eigenen im Fremden und umgekehrt: »So versteht man das Ich nur insofern es vom N[icht] I[ch] repraesentirt wird. Das N[icht] I[ch] ist das Symbol des Ich, und dient nur zum Selbstverständniß des Ich.« (NS III 246) Der Beginn jedes Verstehens ist daher »*symbolisch* und *analogisch*« (ebd., auf die Mathematik bezogen), ein Nachvollzug des Eigenen am Fremden und *vice versa*. Frühromantisches Denken in Ähnlichkeiten will den unsagbaren Anteil an Gedanken durch die symbolische Gestaltung dessen, was mit dem bewußten Anteil mittelbar ähnlich ist, zum Ausdruck bringen. Die Form dafür ist die

78 Dies mag auch der Grund dafür sein, warum Fragmente bloß Sämereien sind, die auch manches »taube Körnchen« (NS II 463) enthalten. Die »Kraft« oder »Belebung« ist bewußt nicht zu erzeugen.

79 Novalis notiert: »Auf Verwechslung des *Symbols* mit dem Symbolisierten – auf ihre Identisierung – auf den Glauben an wahrhafte, vollst[ändige] Repraesentation – und Relation des Bildes und des Originals – der Erscheinung und der Substanz – auf der Folgerung von äußerer Aehnlichkeit – auf durchgängige innere Übereinstimmung und Zusammenhang – kurz auf Verwechslungen von Subj[ect] und Obj[ect] beruht der ganze Aberglaube und Irrtum aller Zeiten, und Völker und Individuen.« (NS III 398).

symbolische oder indirekte Konstruktion.[80] Sie soll die Idee der Kunst sichtbar werden lassen, was zunächst heißt, die problematische Struktur der Erkenntnis, das In- und Gegeneinander von Ich und Nicht-Ich, Gefühl und Verstand, von Teil und Ganzem literarisch zur Anschauung zu bringen. Sie soll aber auch das intuitiv Vertraute – das, was (sich) im Subjekt von selbst einleuchtet und in einer autogenen Selbstzeugung mit allem verwandt ist – erfassen.

Als Konstruktion unterscheidet sich das romantische Symbol von der romantischen Allegorie allein durch die Perspektive auf die ›Dialektik‹ des Entgegengesetzten (weshalb manche Frühromantiker keine explizite Unterscheidung zwischen Allegorie und Symbol vornehmen)[81]. Symbolisch ist die Konstruktion vom unsagbaren Grund aus, da sie als Ergebnis eines Gedankens auf ein ihm vorausliegendes »Seyn« nicht nur abzielt, sondern es *ex negativo* bereits enthält (das ist die Position des Novalis). Allegorisch wiederum ist eine Gedankenkonstruktion in der Rekonstruktionsbewegung zurück zu ihrer Herkunft. Als sprachliches Artefakt verweist die *Konstruktion* lediglich allegorisch auf ihren unsagbaren Kern, der auch unter Berücksichtigung der Vernetzung von Sprache und Musik nur angedeutet werden kann (das ist die Position Schlegels). Selbstbezüglich formuliert: Indem ich mich bestimme, bestimme ich nur jenen Teil, der die Differenz zum »Seyn« ausdrückt. Ich bestimme mich in der Defizienz[82] und verweise auf mich, indem ich von mir absehe. Um das Ich auszusagen, muß allegorisiert werden, denn Teil und Ganzes oder Individuelles und Allgemeines sind gegeneinander abgeschlossen und nur indirekt aufeinander zu beziehen. Da das Ich sich aber als Denkendes und Fühlendes zugänglich wird und sich als Produkt der eigenen Tätigkeit in Hinsicht auf die Defizienz erfahren kann, heißt Erkennen

80 Vgl. zur symbolischen Konstruktion: Gerhard Neumann, Ideenparadiese. Untersuchungen zur Aphoristik von Lichtenberg, Novalis, Friedrich Schlegel und Goethe. München 1976, S. 398.

81 Vgl. Markus Schwering, Symbol und Allegorie in der deutschen Romantik. In: Helmut Schanze (Hrsg.), Romantik-Handbuch. Stuttgart 1994, S. 366–379, hier: S. 369.

82 Zur Defizienz-These vgl. Jochen Hörisch, Die fröhliche Wissenschaft der Poesie. Der Universalitätsanspruch von Dichtung in der frühromantischen Poetologie. Frankfurt a. M. 1976, S. 180 ff.

symbolisieren. Das Individuelle *ist* dann unterschwellig (unterhalb der Reflexion) das Allgemeine. Wissend verhalte ich mich zu mir allegorisch, nicht-wissend[83] aber symbolisch. Die gegenläufigen Denkbewegungen sollen auch das Wissen in der Entgegensetzung zum Nicht-Wissen für eine höhere Wahrheit plausibel machen: »So gut, wie alle Kenntnisse zusammenhängen, so gut hängen auch alle Nichtkenntnisse zusammen [...] wer etwas begreiflich zu machen weis, muß es auch unbegreiflich zu machen wissen [...]. Wenn der Caracter des gegebenen Problems Unauflöslichkeit ist, so lösen wir dasselbe, wenn wir seine Unauflöslichkeit darstellen« (NS III 376). Indirekte oder symbolische Konstruktionen betonen das intuitiv in Ahnung und Sympathie Gegebene, das sich im Prozeß der Bewußtwerdung entzweit, in der Entzweiung aber rückläufig verbinden soll, was entzweit worden ist. Dieses intuitiv Gegebene läßt sich nicht auf den Begriff bringen. Walter Benjamin hat treffend von der »unanschaulichen Intuition des Systems« der Frühromantiker gesprochen, das Schlegel in der Sprache findet.[84] Das Wesentliche bleibt ohne Anschauung. Deshalb soll nicht mit der Sprache, sondern in der Sprache nach dem Wesentlichen gesucht werden.

In der *Entwicklung der Philosophie in zwölf Büchern* gibt Schlegel drei notwendige Eigenschaften des Ich an: Sinn, Vernunft und Wille, wobei der Sinn als »leidender Behälter der Ichheit« gedacht wird (KFSA XII 326). Die drei Bedingungen von Bewußtsein ermöglichen Anschauung: »Anschauung ist nämlich der Zustand des Ich, wo es einen äußern Gegenstand empfängt, sich in ihn verliert (dies Verlieren heißt Sinn). Der Sinn ist das, was da anschaut; Wille und Vernunft sind die negativen Bedingungen, ohne welche die Anschauung nie zum Bewußtsein käme.« (a.a.O. 327) Die Anschauung als solche ist blind und enthält kein Wissen, wohl aber enthält *der Sinn* als Bedingung der Anschauung bereits »den Stoff, die Veranlassung zu künftigem Wissen« (a.a.O. 331, Herv. W.F.). Dieser

83 Vgl. zum unbegrifflichen Wissen: Olaf Hansen und Jörg Villwock, Einleitung. In: Volker Bohn (Hrsg.), Romantik. Literatur und Philosophie. Frankfurt a. M. 1987, S. 9–24, bes. S. 11 ff. Eine ausdrückliche »Philosophie des Nicht-Wissens« liefert auch Jacobi, Brief an Fichte, a. a. O. S. 44.

84 Walter Benjamin, Gesammelte Schriften. Hrsg. v. Rolf Tiedemann und Hermann Schweppenhäuser. Frankfurt a. M. 1974, Band I/1, S. 47.

Stoff aber ist als konkrete Entität »nichts in der Anschauung. Das, was ihr allein Realität gibt, ist das Wesen, die Bedeutung, *der Sinn* desselben, ist *die Sprache*, die uns dunkel anspricht.« (a. a. O. 338, Herv. W. F.).

In der sinnlichen Wahrnehmung verliert sich das Ich im Gegenstand, im Denken verliert es den Gegenstand, so Schlegel weiter. Erst das »Bild« verbindet beides (KFSA XII 344). Die Verwendung der Sprache für das im Bild Konstruierte sichert die Überlegenheit des Bewußtseins vor der Übermacht des sinnlichen Eindrucks (ebd.), denn: Das Wort allein »ist dem Menschen die Bestätigung, daß er bei der Anschauung doch nicht ganz der Tyrannei der Dinge unterliege«. (ebd.) Die Sprache enthält – in der oben skizzierten musikalischen Dimension – ein nicht explizierbares ›Wissen‹, das den Sprecher »dunkel anspricht«. Darin erst wird sie symbolisch, indem sie auf ihre Freiheit nicht nur verweist, sondern vom Sprecher in ihrer Freiheit gesprochen wird. Sie gibt dem Sprecher eine Ahnung davon, was in seinem *Sinn* für sich selbst gelegen haben mag, als er sich anschickte, über sich oder die Welt zu sprechen. Mit dem Begriff »selbstreferentiell« ist diese Sprachansicht noch nicht hinreichend beschrieben. Unter Berücksichtigung der »Belebung« offenbart sich die Sprache dem Sprecher magisch, indem sie sagt, was er sagen will. Sie ist kalkulierte Unverständlichkeit: kalkuliert von den konventionellen wissenschaftlichen und literarischen Diskursen aus betrachtet und unverständlich von ihrer Eigentätigkeit aus.

Ein weiteres Beispiel für die »unanschauliche Intuition« der Sprache ist die folgende Notiz von Novalis: »Aber eine Idee läßt sich nicht in einen Satz fassen. Eine Idee ist *eine unendliche Reihe* von Sätzen – *eine irrationale Größe – unsetzbar* (musik[alisch]) – incommensurabel. Das Gesetz ihrer Fortschreibung läßt sich aber aufstellen« (NS II 570). Ähnlichkeit erlaubt die Fortschreibung von Inkommensurablem, indem die Sprache von ihrem Anderen her, der Musik, gesprochen wird (auch hier aber in der Verbindung des Entgegengesetzten von Wort- und Lautbedeutung). Die Sprachverwendung ist »symbolisch und analogisch« unter der Maßgabe des Wissens, sofern parallel ein Nicht-Wissen mitkonstruiert wird (das die Gesetze der Assoziation in der frühromantischen Spekulation von sich autogen bereitstellen, läßt man sich auf die Assoziationen ein). In der Rede erscheint das Nicht-Wissen jedoch nur im Bild der Musik und der Rhetorik der Ironie. Was man weiß, ist nicht das, was man wissen will (Defizienz-Argument), also muß die behauptende Rede relativiert und in eine wechselseitige Bestimmung aufgelöst werden. Ironie zeitigt dann aber eine kaum mehr aufhebbare Zweideutigkeit (oder Vieldeutigkeit) der Rede.[85] Bei Novalis und Schlegel ist sie eine immer auch ironisch zu lesende Anspielung auf ein Medium, in dem sich Ich und Welt wie eine zusammengehörige Partitur lesen ließen, wären Zeichen etwas anderes als »Nicht-Sein, Nicht-Identität, Zeichen« (NS II 104). Manfred Frank schreibt zu Recht, daß das »Ideal des im höheren Wortsinn ironischen Schreibens […] die *Musik*« ist.[86]

Die Öffnung der Sprache für ihr Anderes ist nur um den Preis der Uneindeutigkeit zu haben. Gleichwohl wird die ironische Rede zunehmend erschreckend, besonders deutlich vielleicht in Kleists Cäcilien-Novelle, wo in der Erstfassung das *gloria in excelsis* nicht ohne »musikalischen Wohlklang, aber durch […] Geschrei gräßlich« intoniert wird.[87] In der Endfassung bleibt davon allein eine »entsetzliche, gräßliche Stimme« übrig.[88] Die Nachtseite der Ähnlichkeit heißt innerhalb der konventionellen Verwendung sprachlicher Zeichen Unverständlichkeit, von der Schlegel (konsequent ironisch) klagt: »Welche Götter werden uns von allen diesen Ironien erlösen können?« (KFSA II 369) Die frühromantische Ironie provoziert den Verlust von Stabilitäts- oder Ordnungskriterien aus ästhetischen Gründen. Da die Literatur aus frühromantischer Sicht lediglich ›Kryptogramme‹ des Ich enthält und das wahre Ich nur in einer verkehrten Version zur Erscheinung kommt, kann und darf auf transzendentalphilosophischem Niveau gelacht werden; Lachen, Witz und Ironie sind Mittel (unendlicher) Selbsterkenntnis.

85 Ich verwende den Begriff »Zweideutigkeit« hier in der von Peter V. Zima aufgezeigten Weise: Ders., Ambivalenz und Dialektik: von Benjamin zu Bachtin – oder: Hegels kritisches Erbe. In: Volker Bohn (Hrsg.), Romantik. Literatur und Philosophie. Frankfurt a. M. 1987, S. 232–256.

86 Frank, Einführung, a. a. O. S. 368.

87 Heinrich von Kleist, Sämtliche Werke und Briefe. Hrsg. v. Helmut Sembdner. Band III, München 1982, S. 297 (Sonderausgabe nach der 6. Auflage von 1977).

88 a. a. O. S. 223.

Die Differenz zwischen erwünschter Unmittelbarkeit und erhaltener Mittelbarkeit reizt zum Lachen, aber kaum, weil die Situation bloß komisch zu nennen wäre. »Das Lachen entstellt, indem es über das Entsetzen vor der Entstellung lacht.«[89] Witz und Ironie sind Mittel, um mit der Zweideutigkeit der sprachlichen Zeichen umzugehen, die versprechen, was sie nicht halten können. Als zweideutige Figurationen oder Hieroglyphen entstellen sie natürliche Zusammenhänge um der Natürlichkeit willen. Das Lachen reagiert auf das ›Stottern‹ und auf die Fragmentierung der Texte angesichts eines unsagbaren Themas.

89 Hans-Jost Frey, Sprachentstellung. In: Mimesis, Bild und Schrift. Ähnlichkeit und Entstellung im Verhältnis der Künste. Köln, Weimar, Wien 1996, S. 125–137, hier: S. 126. Frey weist auf Baudelaire hin, bei dem das Lachen eine Reaktion auf die Entstellung von positiven »Zusammenhängen« sei. Romantische Entstellung hingegen wird nicht manifest als ein Ergebnis – etwa in einem assoziativ verfaßten Text –, sondern in einem von der Reflexion forcierten Lachen über Ordnungskriterien im Text.

Gerald Funk

Zusammenklänge
Zur Geschichte der Poetik des Ähnlichen bei Baudelaire

Weiß

Spätestens ab Mitte des neunzehnten Jahrhunderts geht das Zeitalter der geographischen Entdeckungen endgültig seinem Ende entgegen. In der ersten Jahrhunderthälfte reihen sich die Forschungsreisen in Jahresabständen. Annähernd alle Leerräume der Weltkarten werden jetzt beschriftet, alle Erdteile kartographiert. Im Jahr 1900, so weist es die Statistik aus, waren etwa 95 % der gesamten Erdoberfläche erschlossen.[1] »Mutter Erde« ist entschleiert, zeigt ihr endgültiges Gesicht, sie ist – zumindest was die Topographie betrifft – vollständig lesbar geworden.

Für das Jahr 1800 dagegen wird die bekannte Landoberfläche nur auf 60 % geschätzt, die der Meere auf 92 %. Eine Karte der Welt, die die Geschichte der Erdentdeckungen in der Reduzierung ihrer weißen Flächen kenntlich machte, würde für das beginnende neunzehnte Jahrhundert allerdings nur mehr Leerräume im Inneren der Kontinente zeigen, ihre Umrisse dagegen verzeichnen, bis auf die der Antarktis, jener letzten großen, kontinentalen *terra incognita* des Jahrhunderts. Diese wird nach vielfachen Anläufen in den Jahren zwischen 1839 und 1843 von dem Amerikaner James C. Ross (1800–1862) umsegelt und – noch vom Schiff aus – erforscht. Der letzte geheimnisumwitterte Erdteil geht damit in die Hand der Geographen über und wird so für die Menschheit unter ›Ha-

1 Vgl. dazu das Stichwort »Entdeckungsgeschichte« in: Das moderne Lexikon in zwanzig Bänden. Gütersloh/Berlin/München/Wien 1972, Bd. 5, S. 256 f.

ben‹ verbucht, auch wenn es noch bis 1911 dauern wird, bis auch das Innere des eisbedeckten Festlandes durchquert werden kann.[2]

Parallel indes zu diesem Prozeß universaler Erschließung werden in der Literatur Phänomene bemerkbar, die offensichtlich entgegengesetzt wirksam sind oder werden sollten. Literarische Simulationen des Numinosen und der Leere erlangen eine Attraktivität und Verbindlichkeit, die traditionsbildend wird.[3] In das große Weltbuch, jener Metapher, von der Hans Blumenberg in seiner Schrift über *Die Lesbarkeit der Welt* handelt, jenem Gegenüber des Menschen, in das all das eingetragen wird, was »man haben zu können glaubt«[4], das »Ganze von Natur, Leben und Geschichte«[5], werden jetzt im neunzehnten Jahrhundert literarisch Leerseiten eingebunden. Provokativ, im Zeichen ästhetischer Selbstermächtigung, wird der sich ausbreitenden Intelligibilität der Welt – die geographischen Entdeckungen sind nur der historische Ausdruck dieses Prozesses –

2 Welche Resonanz die Erforschung der Südsee und der Antarktis bei den lesenden Zeitgenossen gefunden hat, macht eine Vielzahl von Veröffentlichungen zum Thema deutlich. Vor allem die Schriften des Marineoffiziers Jeremiah N. Reynolds – *Report to the Commitee of Naval Affairs* (1836), *Address on the Subject of a Surveying and Exploring Expedition to the Pacific Ocean and South Seas* (1837) und *Mocha Dick, or The White Whale of the Pacific: A leaf from a Manuscript-Journal* (1839), die ersten beiden Quellentexte zu Poes *Arthur Gordon Pym* (1838), das dritte zu Melvilles *Moby Dick* (1851) – fanden breites Interesse. Des weiteren: Benjamin Morells *Narrative of Four Voyages to the South Sea, North and South Pacific [...]* (1832), R. Thomas' *An Authentic Account of the Most Remarkable Events* (1836) und schließlich Coopers allegorische Satire *The Monikins* (1836), die auch von einer Fahrt in die Antarktis erzählt. Was die Publizität von Entdeckungsreisen in der deutschen Literatur betrifft, mag man an Chamissos *Reise um die Welt* von 1815–1818, an Humboldts dreißigbändiges Reisewerk *Voyage aux régions équinoctiales [...]* (1808–1834) oder an seinen *Entwurf einer physischen Weltbeschreibung*, den *Kosmos* (1845–1862), diesen Abgesang auf die enzyklopädische Naturerfassung, denken.

3 Marianne Kesting hat als erste ausdrücklich auf diesen Zusammenhang aufmerksam gemacht. Vgl. dazu: Marianne Kesting, Entdeckung und Destruktion. Zur Strukturumwandlung der Künste. München 1970. Hier vor allem: Der Schrecken der Leere, S. 94–119; und Hans Blumenberg, Das leere Weltbuch. In: Ders., Die Lesbarkeit der Welt. Frankfurt a. M. 1981, S. 300–324.

4 Hans Blumenberg, Die Lesbarkeit der Welt, S. 10.

5 ebd.

entgegengearbeitet, deren Selbst-Verständlichkeit unterbunden. Es wird reiner Tisch gemacht, um – das ist der Traum – im Leeren, im Schweigen oder im Geheimnis ein neues poetisches Selbstbewußtsein zu konstituieren. In dieser literarischen Provokation liegt denn auch nicht zuletzt der Ursprung einer Ästhetik des Ähnlichen in einem Jahrhundert der Entdeckungen. Der Farbe Weiß kommt bei einem solchen Neubeginn besondere Bedeutung zu.

Ein Jahr vor der oben erwähnten Expedition in die Antarktis von Ross veröffentlicht Edgar Allan Poe, angeregt durch die Berichte des Marineoffiziers Jeremiah N. Reynolds, der schon 1836 im Auftrag der Vereinigten Staaten eine Antarktis-Expedition unternommen hatte[6], seine Erzählung *The Narrative of Arthur Gordon Pym* (1838). In dieser seiner längsten und geheimnisvollsten Erzählung schickt Poe den Protagonisten Arthur Gordon Pym auf eine Entdeckungsreise in die Südsee. Doch diese Reise endet *nicht* dort, wo die Reise- und Forschungsberichte der Zeitgenossen geendet hatten: in der Eroberung, also auch Versprachlichung des Unbekannten. Die Entdeckungsreise Pyms führt aus einer sich langsam, aber stetig auflösenden zivilisatorischen Bindung – Meuterei, Mord und Kannibalismus werden in grauenhaft sich steigernder Eindringlichkeit beschworen – in das in Form eines gigantischen Schriftzugs angelegte Labyrinth einer mysteriösen Insel, das zwar noch als Schrift erkannt, jedoch nicht mehr gelesen werden kann. Die Buchstaben sind von Witterung und Erdrutschen fragmentiert. Die Funktion der Mitteilung kommt hier nicht mehr zum Tragen, Bedeutung bleibt aus.[7] Nach glücklichem Entkommen führt die Reise dann in eine Region, wo sich alle Konturen auflösen, wo ein weißer Aschenregen wie ein Vorhang über der Szene liegt und weiße Vögel seltsame Laute von sich geben, bis schließlich die letzten Worte der Erzählung unter dem Anblick einer riesigen weißen Gestalt ersticken. Sprache hat hier keinen Ort mehr, wo die Metaphorik einer weißen, konturlosen Leere nur mehr Raum für den Schrecken läßt. Unsichtbare, aber mitgedachte typographische Auslassungszeichen beenden die Erzählung. Der Text geht über in beredtes Schweigen.

6 Vgl. Anm. 2.
7 Erst in der Nachschrift der Erzählung werden Spekulationen über die Bedeutung der Zeichen gegeben.

Dreizehn Jahre später wird Melville seinen Kapitän Ahab auf die Jagd nach dem weißen Wal schicken, jener nächsten großen Metapher einer Leerseite im Buch der Natur. Man muß die Fabel nicht ins Gedächtnis rufen, seit dem Film mit Gregory Peck in der Rolle des Ahab gehört sie in Form cineastischer Prägung zum Bestand ästhetischer Erinnerung. Doch was der Film nicht gibt, ist das Eigentliche des Romans. Ahab ist nicht nur Waljäger, Moby Dick nicht nur Wal.

Melville hat Fabel und Protagonisten mit einem dichten Netz von Allegorien umsponnen. Aber er hat diese allegorisierenden Verweise so verwoben und verschlüsselt, daß nicht – wie vielfach versucht – eindeutig aufzulösen ist, ob es der Teufel Mensch, jener Nachfahre des Miltonschen Satans, ist, der der grausamen Gott-Natur auf den Leib rückt und den Garaus machen will, oder ob die Fabel nicht diametral entgegengesetzt ein Stück Naturgeschichte des Menschen spiegeln soll, der in seiner erhabenen Größe das Mysterium der Natur jenseits von Gut und Böse zu ergründen versucht. So wie Moby Dick am Ende des Romans seinen Jäger, umwickelt von den eigenen Fangwerkzeugen, in die Tiefe reißt, und die weißschäumende See das »Leichentuch« darüberdeckt, so sind auch – in der Poetik des Buches selbst – eindeutige Auflösungen und Bedeutungszuordnungen immer wieder in Frage gestellt, gleichsam geweißt. Jener Geschichte des Meßbaren, Wägbaren, des Auflistens von Zahlen, Daten und Fakten beim Schlachten und Funktionalisieren des Walkadavers – von der Vermessung des Skeletts bis zur Literangabe des Tranertrags –, die umfänglichen Raum im Buch einnimmt, wird die erhabene und schreckliche, auf jeden Fall aber *ungreifbare* Weiße von Moby Dick entgegengesetzt. Diesem Weiß wird schon im ersten Drittel des Buchs ein eigenes Kapitel gewidmet. Auf die Grübeleien des Erzählers, warum ›weiß‹ sowohl das Attribut des Heiligen wie auch die nichtfarbliche Krönung des Schrecklichen sei, werden dort wieder nur Fragen gestellt, auf die es keine Antworten mehr gibt, nurmehr das Bewußtsein von einem »unendlichen weißen Leichentuch, das rings alles Sichtbare umhüllt«[8], die weiße Leere, das weiße Rauschen, das Nichts.

8 Herman Melville, Moby Dick. Übertragen von Alice und Hans Seiffert. Frankfurt a. M. 1989, S. 272.

Mit *Moby Dick* hat Melville der Natur- und Entdeckungsgeschichte des neunzehnten Jahrhunderts mit ihrem lettern- und zahlenschaffenden Auswurf die Ungeheuerlichkeit des Unlesbaren einzufügen versucht, zugleich allerdings auch schon darüber nachgedacht, um welchen Preis diese ästhetische Provokation zu haben ist.

Das trostlose Schweigen der unendlichen Räume, von dem schon Pascal gesprochen hatte, kann Bedingung, zugleich aber auch Gefährdung poetischer Produktivität sein. Dieser Doppelcharakter spiegelt sich besonders deutlich im Werk Mallarmés, auf das hier aus diesem Grund noch eingegangen werden soll, bevor Baudelaire und seine Poetik des Ähnlichen zur Sprache kommen wird.

Es gibt eine Logik intertextueller Bezüge, die auf die philologische Einflußforschung verzichten kann, so daß es kaum von Belang ist, wie intensiv und dezidiert die Lektüre Poes oder das Werk Melvilles auf Mallarmés Ästhetik und Poetik eingewirkt haben. Die Seefahrtsmetapher zum Beispiel findet sich bei Mallarmé häufig. *Brise marine*, *Salut* oder *Un coup de dés* sind nur die prominentesten und auch für Mallarmé selbst gewichtigsten Beispiele. Er ist es, der in der Simulation eines Neuanfangs wohl am weitesten gegangen ist. Wo sich die Provokation der Leere, der *Ent*deutung von der Bildebene der Sprache auf ihre grundsätzlichen Zusammenhänge ausweitet, wird der »Schrecken des weißen Papiers«[9] sprachgefährdend. Das Weiß ist dann nicht mehr nur Metapher oder Symbol, das Weiß bedeutet Schweigen. Hatte bei Melville das hinter jener Nichtfarbe verborgene Geheimnis noch gleichen Anteil am Heiligen wie am Nichts, so stellt sich Mallarmé geradezu in den Bann des letzteren. »Et vous serez terrifié d'apprendre«, so schreibt er am 24. September 1867 an Villiers de l'Isle-Adam, »que je suis arrivé à l'Idée de l'Univers par la seule sensation (et que, par exemple, pour garder une notion ineffaçable du Néant pur, j'ai du imposer à mon cerveau la sensation du

9 Von »mon papier implacablement blanc« spricht Mallarmé in einem Brief an Henri Cazalis vom Januar 1865. In: Stéphane Mallarmé, Correspondance 1862–1871. Recueillie, classée et annotée par Henri Mondor. Paris 1959, S. 150.

vide absolu).«[10] Er plant vier Gedichte »sur la conception spirituelle du Néant«[11] und schreibt ein Jahr zuvor an seinen Freund Cazalis: »J'ai rencontré deux abimes, qui me désespèrent. L'un est le Néant.«[12]

Auch Mallarmé hat für ein solches Nichts mit *le blanc* das Schlüsselwort gefunden. Doch will er sich damit nicht zufriedengeben, will »devant le Rien qui est la vérité« jene »wunderbaren Täuschungen« schaffen, aus denen die Literatur besteht[13], will in ästhetischer Souveränität dem Schweigen nicht anheimfallen, sondern ihm das gedichtete Wort entgegenhalten, das, indes nicht mehr unter diskursiver Verfügung, als Gegenschöpfung Schriftspuren in das Weiß legt. So kann im Gedicht *Prose* aus den Worten *Iris*, der Blume, und *idée* ein neues werden: *iridées*. Die neue Ordnung der Sprache wird aus ihrem Material selbst, den phonetischen Eigenschaften des Wortes (Silbenzahl, Lautung) und den rhythmischen Notwendigkeiten des Satzes, abgeleitet – nicht zufällig Begriffe aus dem Bereich der Musik, jener Kunst, die am vollständigsten der Beziehung auf die Dinge entzogen ist.[14]

10 Mallarmé, Correspondance, S. 259. Mit diesem berühmten, aber leider immer wieder mit falschem Wortlaut und Adressaten kolportierten Zitat hat es folgende Bewandtnis: »Und Du mußt begreifen, daß ich die Idee des Universums erfaßt habe durch eine einzige Empfindung (und daß ich z. B., um eine unaussprechliche Wahrnehmung des reinen Nichts zu bewahren, gezwungen bin, mein Hirn der Empfindung der absoluten Leere zu überlassen) […] Ich bin zwei Abgründen begegnet, die mich verzweifeln machen. Der eine ist das Nichts.« So findet sich das Zitat bei Marianne Kesting (Entdeckung und Destruktion, S. 113), so findet sich das Zitat bei Hans Blumenberg (Die Lesbarkeit der Welt, S. 310 f.), und in beiden Texten wird es als Brief an Henri Cazalis erwähnt, ohne Angabe von Quellen. Richtig ist: Es sind zwei verschiedene Briefe, zu verschiedenen Zeiten geschrieben und an verschiedene Adressaten, die hier elegant zusammengefügt wurden. Der erste ist, wie schon im Text erwähnt, an Villiers de l'Isle-Adam gerichtet und stammt aus dem Jahr 1867. Der zweite ist an Henri Cazalis gerichtet und entstammt dem Jahr 1866 (vgl. Anm. 12).

11 Mallarmé, Correspondance, S. 242 (Brief vom 14. 5. 1867).

12 a. a. O. S. 207 (Brief von Ende April 1866).

13 a. a. O. S. 208.

14 Es sind vor allem die Aufsätze zu *Musik und Literatur*, *Verskrise* und *Magie*, die darüber Auskunft geben.

Mallarmé schreibt im Juli 1866 wiederum an seinen Freund Cazalis: »Je te dirai que je suis depuis un mois dans les plus purs glaciers de l'Esthétique – qu'après avoir trouvé le Néant, j'ai trouvé le Beau.«[15] Was hier schon lange vor der Arbeit an *Un coup de dés* anklingt, doch erst dort endgültigen Ausdruck findet, ist nicht nur das bekannte *per aspera ad astra*, sondern auch Kleists Aufsatz *Über das Marionettentheater*, in dem dieser sich bemüht, der Moderne den Weg ins Paradies zu eröffnen, allerdings durch eine Hintertür.[16] Erst die durch den ›Sündenfall‹ höchster Bewußtheit gegangene Kunst findet zurück zur Grazie der ›Reinheit‹. Eine Überzeugung, an der sich auch Mallarmé erschöpft. Ganz der Idee absoluter Notwendigkeit im Umgang mit dem sprachlichen Material verhaftet, einer Art Metaphysik des Materials, scheitert er an seinen anarchischen Eigenschaften, so daß in *Un coup de dés*, seinem *chef d'œuvre* und letzten vollendeten Werk, der Schlußvers resignierend nicht auf das Wort, sondern auf den Gedanken als den davon unterschiedenen eigentlichen Ursprung verweist (Toute Pensée émet un Coup de Dés). Der Meister (Le Maître), und mit ihm das Gedicht, war angetreten, mittels eines Würfelwurfs, der absoluten Tat, den Zufall zu überwinden, »Esprit pour le jeter dans la tempête en reployer la division et passe fier«, doch das Gedicht weiß es schon in seiner durch die Größe der Majuskeln kenntlich gemachten Überschrift besser: UN COUP DE DÉS JAMAIS N'ABOLIRA LE HASARD. Dieser Titel allerdings fügt sich erst im Vollzug des Gedichts zusammen. Was bleibt, ist der Untergang (la perdition) und möglicherweise ein neuer Versuch. Indes nicht der Untergang, auf den gemeinhin verwiesen wird.

15 Mallarmé, Correspondance, S. 220. »Ich sage dir, daß ich seit einem Monat in den reinsten Gletschern der Ästhetik bin und daß ich das Schöne gefunden habe, nachdem sich mir das Nichts offenbart hat.«

16 Kleists Aufsatz wird in einer wie hier skizzierten Geschichte der Moderne nur selten berücksichtigt. Er fristet sein intellektuelles Nachleben zumeist in der Diskussion über das Naive und Sentimentalische, was seiner Bedeutung nur unzureichend gerecht wird. Daß die materialbedingten Bewegungsgesetze der Marionette zur Grundlage einer neuen Ästhetik erhoben werden und auf die Schillersche Kategorie des Sittlichen verzichtet wird, nimmt den medialen Charakter der hier beschriebenen Ästhetiken vorweg.

Um dem Gedicht Mallarmés einen Sinn abzudeuten, sind einzelne Interpreten immer wieder bemüht, einen konsistenten narrativen Hintergrund zu erschaffen:

»Der Meister inmitten des Aufruhrs, zwischen Meer und Himmel, steht auf einem Felsenriff und hält in der geballten Faust die Würfel, um den einmaligen Wurf der Zahl der Sieben zu werfen, die das Ende des Zufalls der irdischen Wirklichkeit bedeutet. Aber er zögert in der Erkenntnis, daß der Wurf, sollte er glücken, auch nur ein Zufall wäre. Für sein höhnisches Lachen wird er von der aus der Tiefe aufsteigenden Sirene bestraft und mitsamt der aufragenden Klippe vom Abgrund verschlungen. Aber während er untergeht, erscheint hoch am Himmel das Siebengestirn des Großen Bären, dem die ersehnte Wurfzahl des Absoluten jenseits menschlicher Möglichkeit glückt.«

So faßt Carl Fischer, einer der bekannteren Übersetzer Mallarmés, die »Handlung« in einer Anmerkung zusammen.[17]

Doch diese Homogenität weist das Gedicht nicht auf. Allein bestimmte Worte suggerieren in ihrem Umfeld eine solche szenische Konsistenz: Gischt, Segel, Mastwerk, Schiff etc., andere sind ganz dem Abstrakten verhaftet: Zahl, Geist, Gedanke. Wieder andere werden im Bewußtsein des Pathos der alten Worte – »l'horizon unanime«, »démon immémorial« – gegeben. Das Wortmaterial des Gedichts zerstört so selbst immer wieder das Bemühen des Lesers um Kontur und Gestalt. Was indes besteht, ist die auch typographisch besonders hervorgehobene Schriftgestalt des Textes, seine sich in das Weiß der leeren Seite einfräsende Schriftspur; jenseits davon wird den Worten die Freiheit gelassen, sich mittels rhythmischer, semantischer oder phonetischer Spiegelungen Sprachraum zu schaffen. Die Sirenen haben zwar aufgehört zu singen, doch sie schweigen auch nicht.

Die Schiffahrtsmetapher wird bei Mallarmé so als das erfaßt, was sie schon – noch ganz im Banne konsistenter bildhafter Wirklichkeit – bei Poe und Melville war, als Entdeckungsreise in das Sprachvermögen. Im Schriftbild, das jenseits des Scheiterns entsteht, hat es hier seine Gestalt und seinen Bezug zur Welt der Dinge neu konsti-

17 Stéphane Mallarmé, Sämtliche Gedichte. Französisch – Deutsch. Heidelberg 1984, S. 333.

tuiert. Der nicht herstellbare Referenzraum der dinglichen Wirklichkeit wird in typographische Wirklichkeit verwandelt.

Diese kurz in Erinnerung gerufene Geschichte einer ästhetischen Provokation ist vielfach erzählt worden, der jeweiligen Gegenwart entsprechend mehr oder weniger kulturkritisch umrahmt. Sie kann bis zum lautsprachlichen Un-Sinn von Schwitters *Ursonate*, bis Sartres *La nausée*[18] oder gar, in seiner neuesten Variation, bis zu den modernen französischen Zeichentheoretikern ausgeweitet werden, wie es George Steiner versucht.[19] Ginge man in der Geschichte zurück, so ließe sich auf eine ähnliche Konstellation von Entdeckung und Verschlüsselung in der italienischen Spätrenaissance verweisen. Gustav René Hocke hat Materialien dazu in Fülle vorgelegt.[20] Doch all das soll hier nicht geschehen. Die Geschichte vom provokativen ›Weißen‹ der Bedeutung als Antwort auf die Illusion intelligibler und transkribierbarer Wirklichkeit soll einzig den Hintergrund deutlich machen, vor dem das Werk Baudelaires und dessen Poetik des Ähnlichen entstanden sind.

Hieroglyphe

Es scheint außer Frage zu stehen, daß Baudelaire es war, der – mißt man es an seiner Wirkung auf die nachfolgenden Generationen – am frühesten, zumindest aber am wirkungsvollsten mit der Provokation ästhetischer Selbstermächtigung auf den – wenn auch selbstgeschaffenen – Schrecken des weißen Papiers reagiert hat.

Allerdings wird bei Baudelaire von Weiß nicht gesprochen. Sein letztes Gedicht der zweiten Ausgabe der *Fleurs du mal* von 1861, *Le voyage*, bemüht – wie Mallarmé und auch Poe, dessen *Arthur Gordon Pym* Baudelaire 1858 übersetzt hatte – die Seefahrt in das Unge-

18 Vgl. Erich von Kahler, Untergang und Übergang der epischen Kunstform [1952]. In: Ders., Untergang und Übergang. Essays. München 1970, S. 7–51.

19 Vgl. George Steiner, Von realer Gegenwart. München/Wien 1990, S. 75–179.

20 Vgl. Gustav René Hocke, Manierismus in der Literatur. Hamburg 1959.

wisse als ein Gleichnis der Poesie. Doch endet die Reise bei ihm weder im unbeschriebenen, allerdings noch als Metapher zu entschlüsselnden Weiß Poes noch in der Manie einer Schriftspur auf weißem Papier wie bei Mallarmé. Die Fahrt soll vielmehr im Unbenannten, in der Tiefe enden, wo es vielleicht das Neue, das Andere gibt. »Plonger [...] au fond de l'Inconnu pour trouver du nouveau«, so heißt es da. »L'Inconnu« groß geschrieben. Vom »rätselvollen Antlitz des Mysteriums« spricht Baudelaire in seinem Aufsatz über Victor Hugo.[21] Unzählige weitere Schlüsselworte für den Rätsel- und Geheimnischarakter der Welt ließen sich aufzählen – nicht nur im Falle Baudelaires. Neben dem Weiß aber war die Hieroglyphe das prominenteste.[22] In ihr hatte die literarische Gegenbewegung zu jener umfassenden Erschließung der Welt im neunzehnten Jahrhundert ein zweites großes Sinnbild gefunden, eines indes, das, anders als die Farbe Weiß, zugleich, geborgen in kalligraphisch verschlüsselten Zeichen der Schrift, ein Versprechen auf Sinn und Bedeutung, auf Sprachfähigkeit enthält.

Daß das Weiß der symbolistischen Tradition mit seinen Synonymen im Nichts auf dem europäischen Festland – sieht man von Mallarmé einmal ab – so recht keine Produktivität entfalten konnte, mag man der bestimmenden Gestalt Goethes zurechnen. Hatte dieser doch mit Blick auf Newtons Lichttheorie vom »ekelhaften Newtonischen Weiß«[23] geschimpft und dem Weiß jegliche Farbqualität abgesprochen, es als Helligkeitsphänomen dem Absoluten zugeschlagen. *Das* indes ist nicht kunstfähig. So läßt Goethe denn auch seinen Faust mit *dem Rücken* zur Sonne, zur Licht- und Helligkeitsquelle ausrufen: »Am farbigen Abglanz haben wir das Leben!«[24] Im Schatten eines solchen Imperativs ist es nicht überraschend, wenn sich in Europa statt der Unfarbe Weiß zur Beschwö-

21 »l'énigmatique physionomie du mystère«. Charles Baudelaire, Œuvres complètes. Texte établi et annoté par Yves Gérard le Dantec. Paris 1961, S. 706.

22 Vgl. dazu Blumenberg, Die Lesbarkeit der Welt, Kap. XVII, vor allem S. 275–279.

23 Goethe, Konfession des Verfassers (Materialien zur Geschichte der Farbenlehre). In: Ders., Gedenkausgabe der Werke, Briefe und Gespräche. Hrsg. v. Ernst Beutler. Bd. 16, Zürich 1949, S. 713.

24 Faust II, 1. Akt, 1. Szene.

rung des Rätselhaften und Geheimnisvollen die Hieroglyphe literarisch etablierte.

Die deutsche Romantik wußte ein Lied davon zu singen. Die Hieroglyphe war ihr Sinnbild einer in den Geheimniszustand erhobenen Welt. Schlegel etwa spricht von der »stummen Bilderschrift«[25] der Natur, schreibt ein *Hieroglyphenlied* (1827) und äußert sich mißtrauisch gegenüber Champollions Entzifferung der Steintafeln von Rosette 1822.[26] Sein Aufsatz *Über die Unverständlichkeit*, 1800 im *Athenaeum* erschienen, gibt schon zuvor das ironisch-philosophische Programm. E.T.A. Hoffmann entwirft unter dem Zeichen der Verrätselung die narrativen Muster seiner Novellen und Romane. Novalis gar erklärt »die erste Kunst« zur »Hieroglyphistik«[27] und glaubt, daß »die goldne Zeit seyn« werde, »wenn alle Worte – Figurenworte – Mythen – und alle Figuren – Sprachfiguren – Hieroglyfen seyn werden«.[28] Das Buch der Welt, dies ist die romantische Überzeugung, muß neu geöffnet und neu gelesen werden. Der Anfang der *Lehrlinge zu Sais* macht das besonders deutlich. »Mannichfache Wege«, so heißt es da, »gehen die Menschen. Wer sie verfolgt und vergleicht, wird wunderliche Figuren entstehen sehn; Figuren, die zu jener großen Chiffernschrift zu gehören scheinen, die man überall«, also sowohl in der organischen wie in der anorganischen Natur, erblickt.[29] Ein Sinnbild dieser geheimen Schrift findet Novalis und finden mit ihm viele andere Romantiker in der Hieroglyphe. In sie transkribieren sie den Rätsel- und Geheimnischarakter der Welt.

Je weiter man glaubte, in die Geheimnisse der Natur einzudringen – Novalis war Bergbauassessor –, desto dringlicher, so scheint

25 Friedrich Schlegel, Philosophie der Geschichte, Erste Vorlesung. In: Ders., Kritische Ausgabe. Hrsg. v. Ernst Behler unter Mitwirkung von Jean Jacques Anstett und Hans Eichner. München, Paderborn, Wien 1958 ff., Bd. 9, S. 30.

26 Vgl. den Brief an August Wilhelm Schlegel vom 27.4.1825.

27 Novalis, Werke, Tagebücher und Briefe. Hrsg. v. Hans-Joachim Mähl und Richard Samuel. Bd. 2, Das philosophisch-theoretische Werk. München/Wien 1978, S. 360.

28 a.a.O. S. 458.

29 Novalis, Werke, Bd. 1, Das dichterische Werk, Tagebücher und Briefe, S. 201.

es, war das Bemühen um poetologische Entsühnung. Möglicherweise aber wird der Außenwelt ihr Rätselcharakter auch nur deshalb zurückerstattet, weil sie so der romantischen Poetik verfügbarer ist. Wer wollte das letztlich entscheiden? Sicher indes ist, daß die »Hieroglyphistik« zugleich in bezug auf eine Verwandlung der Außenwelt wie auch auf die eigene Dichtung angewendet wurde. »Der Vorgang, der sich gegenüber der Außenwelt abzeichnete«, so faßt Marianne Kesting in ihrer Studie über *Hieroglyphe, Musik und Schweigen* die Entwicklung zusammen, »läßt sich noch einmal innerhalb der Dichtung selbst verfolgen. So wie die Außenwelt für das Individuum sich der direkten Erfahrbarkeit und dichterischen Mitteilbarkeit entzieht, genauso verrätselt sich nach Innen die Essenz. Welt und Dichtung werden zu gleicher Zeit zur Hieroglyphe«.[30] Auch wenn man nicht der Überzeugung ist, daß sich die Außenwelt der Erfahrbarkeit entzieht oder entzogen hat, das ist traditioneller soziologischer Jargon, sondern daß ihr in einem ästhetischen Akt der Souveränität ihre zuvor als selbstverständlich akzeptierte Bedeutung entzogen wird, ist die Parallelisierung von Innen und Außen im letzten Satz des Zitats zutreffend und von Bedeutung. Wenn sich Innen und Außen wechselseitig und in geheimer Schrift spiegeln, dann kann der Dichter zum Übersetzer ernannt werden. Er hält die Bedeutung unter seiner Verfügung. Er ist zugleich Hüter des Geheimnisses wie auch Meister seiner Preisgabe. Das ist der zentrale Punkt der ästhetischen Überlegung. Nicht allein in Deutschland.

Die deutsche Romantik wird erst – diese Erkenntnis hat sich zunehmend durchgesetzt – über ihre Rezeption in Frankreich für die Moderne des zwanzigsten Jahrhunderts relevant. Dabei kommt Baudelaire eine besondere und herausragende Rolle zu.[31]

Bei ihm wird denn auch von Übersetzung sehr deutlich gesprochen. In seiner Fragment gebliebenen Kampfschrift gegen einen

30 Marianne Kesting, Vermessung des Labyrinths. Studien zur modernen Ästhetik. Frankfurt a. M. 1965, S. 88.

31 Auf zwei der zentralen Arbeiten zur Rezeption der deutschen Romantik in der französischen Literatur des neunzehnten Jahrhunderts sei hier verwiesen: Werner Vordtriede, Novalis und der französische Symbolismus. Stuttgart 1963; und Albert Béguin, Traumwelt und Romantik. Versuch über die romantische Seele in Deutschland und in der Dichtung Frankreichs. Hrsg. v. Peter Grotzer. Bern/München 1972.

falsch verstandenen Realismus, *Puisque réalisme il y a*, schreibt er: »La Poésie est ce qu'il y a de plus réel, c'est ce qui n'est complètement vrai que dans *un autre monde*. – Ce monde-ci, – dictionnaire hiéroglyphique.«[32] Die Welt ein Wörterbuch. Eines indes, das zugleich die Hieroglyphen wie auch deren Übersetzung enthält? Oder eines, das selbst nicht zu entziffern ist? Baudelaire darauf keine Antwort, seine Poetik schon. Denn weit entfernt davon, poetischem Jenseitsoptimismus das Wort zu reden oder metaphysische Vernebelung zu betreiben, wird hier indirekt die neue Herstellbarkeit von Bedeutung suggeriert, von Umwandlung und erneuter Erschließung der Welt auf ganz diesseitiger Ebene gehandelt, der Ebene sprachlicher Eigenwertigkeit. Sie bestimmt letztlich die Gesetze der *anderen Welt*, einer Welt, in der die Poesie das Wirklichste ist. Der Weg dorthin aber führt über die Transkription dessen, was als Material vorhanden ist, und das ist in erster Linie die Sprache.

In Baudelaires Aufsatz über *Victor Hugo* finden sich weitere Anmerkungen zum Thema. In der Überzeugung, »daß alles hieroglyphisch ist« (que tout est hiéroglyphique), also als ästhetisch fremd und unlesbar erscheint – so zumindest wahrgenommen wird –, wird der Dichter zum Übersetzer oder Entzifferer ernannt und mit folgenden Worten ermächtigt, vom »Urgrund« zu sprechen: »Chez les excellents poètes« – und hier meint Baudelaire zweifelsohne auch sich selbst – »il n'y a pas de métaphore, de comparaison ou d'épithète qui ne soit d'une adaptation mathématiquement exacte dans la circonstance actuelle, parce que ces comparaisons, ces métaphores et ces épithètes sont puisées dans l'inépuisable fonds de *l'universelle analogie*.«[33] Erinnert man sich an das biblische »Im Anfang war das Wort«, dann weiß man, daß der Urgrund, den Baudelaire hier meint, aus Sprache besteht. Die Vorstellung, daß Gott die Welt als ein zusammenhängendes Ganzes aus dem Wort einst ge-

32 Baudelaire, Œuvres complètes, S. 637. »Die Poesie ist das Wirklichste, was es gibt, das, was nur in *einer anderen Welt* ganz wahr ist. – Diese Welt hier, – ein hieroglyphisches Diktionär.«

33 a. a. O. S. 705. »Bei den ausgezeichneten Dichtern findet sich keine Metapher, kein Vergleich oder Epitheton, das dem in Rede stehenden Umstande nicht mit einer mathematisch exakten Anpassung entspräche, weil nämlich diese Vergleiche, Metaphern und Epitheta aus dem unerschöpflichen Urgrunde der universellen Analogie genommen sind.«

schaffen hat, daß die Moderne – ihr Sinnbild ist Babel – notwendig diese universale Homogenität ins Detail zerlegt hat, daß aber aus diesem Detail, diesen der poetischen Konvention nicht bedeutsam erscheinenden Partikeln, deren die Sprache habhaft werden muß, gleichsam ein Brückenschlag zum Anfang zu wagen ist, diese seine Vorstellung von der Möglichkeit des Sich-in-bezug-Setzens findet sich schon in den Sprachtheorien der Kabbala[34], setzt sich fort über die der französischen Illuminaten[35] und läßt sich nicht zuletzt auch in der deutschen Romantik nachweisen. Indes deutet die provokative Emanzipation vom Wort- und damit Weltmaterial aufklärerischer, aber auch romantischer Poetiken, worauf schon Valéry hingewiesen hat[36], gerade in der ästhetischen Konzeption einzelner Gedichte weniger zurück auf die Wurzeln als in die Zukunft ästhetischer Theorie und Praxis des zwanzigsten Jahrhunderts.

Baudelaire hat so nicht nur die internationale Metaphorik von den Leerseiten im Buch der Natur weitergeschrieben, sondern er hat eine solche Gegenbewegung zur zunehmenden Intelligibilität der Welt zur Aufgabe der Sprache selbst erklärt. Sprache, die sich von tradierten Bezügen zur Welt der Dinge, von der Übermittlung von Information lösen muß, um – avant la lettre – im Sinne von Nietzsches »metaphysischer Tätigkeit«, den, der spricht, erneut zum Sachwalter über das Verhältnis vom Sichtbaren zum Unsichtbaren zu küren.[37] Dieser Provokation gibt er einen Namen, den Namen eines Gedichts: *Correspondances*.

Daß es gerade dieses Gedicht ist, in dem Baudelaire sein ästhetisches Programm formuliert, hat seinen Titel zum Schlagwort wer-

34 Vgl. dazu: Kabbala und Romantik. Die jüdische Mystik in der romantischen Geistesgeschichte. Hrsg. v. Eveline Goodman-Thau, Gert Mattenklott und Christoph Schulte. Tübingen 1994.

35 Vgl. dazu: Hugo Friedrich, Die Sprachtheorie der französischen Illuminaten des 18. Jahrhunderts, insbesondere Saint-Martins. In: DVjs 13, 1935, S. 293–310.

36 Vgl. Paul Valéry, Die Situation Baudelaires. In: Jürgen von Stackelberg (Hrsg.), Drei Dichter als Kritiker. André Gide, Marcel Proust, Paul Valéry. Göttingen 1965, S. 156–170.

37 Diese Komponente der Baudelaireschen Ästhetik wird – scheint mir – in den meisten Porträts oder Analysen des Werkes kaum berücksichtigt. Dort ist von dem tragischen Dualismus zwischen Spleen und Ideal

den lassen. Sprachsinnliche Ähnlichkeit, Zusammenklang, wird hier, wie im folgenden zu zeigen sein wird, zum Modus, in dem Welthaltigkeit erneut, und zwar medial hervorgebracht werden kann.

Correspondances

Baudelaires Gedicht gleichen Titels hat immer wieder zum Anlaß dafür herhalten müssen, seinem Autor eine konsistente Philosophie der Ähnlichkeit zu unterstellen, zumindest aber eine dezidierte Kenntnis der Gewährsleute von Plato bis Swedenborg zu suggerieren.[38] Dabei ist noch nicht einmal die Entstehungszeit des Sonetts recht gesichert. Einmal wird 1846/47 angegeben, also die Zeit, in der frühe Gedichte der *Fleurs du mal* zum ersten Mal gesondert veröffentlicht werden, einmal 1855, also zwei Jahre vor Drucklegung des gesamten Zyklus. Schon diese Schwierigkeiten der Datierung machen deutlich, wie fragwürdig es wäre, die Stellung des Gedichts in bezug auf eine – selbst wenn sie denn vorhanden wäre – konsistente philosophische Theorie der Ähnlichkeit bei Baudelaire deuten zu wollen. Stehen die Verse am Anfang oder am Ende von Baudelaires Überlegungen? Sind es erste vage Skizzen oder Merksätze eines endgültigen Programms?

– mit »Trübsinn« und »Vergeistigung« ein wenig schwach und neuklassisch übersetzt von George –, von Satanismus, vom Antagonismus zwischen »spiritualité« und »animalité« die Rede, man liest ihn – wenn auch auf höchstem Niveau – ein in die tragische Geschichte des Klassizismus, wie Benjamin es tut, oder in die der Dekadenz. Tristesse, Melancholie, Ennui, von Baudelaire selbst im Einleitungsgedicht zu den *Fleurs du mal* hervorgehoben, sind die Stichworte.

38 Vgl. z. B. Jean Pommier, La Mystique de Baudelaire. Paris 1932; Friedhelm Kemp, Baudelaire und das Christentum. Marburg 1939 (vor allem Kap. IV); Paul Arnold, Le Dieu de Baudelaire. Paris 1947; Ders., Das Geheimnis Baudelaires. Berlin 1958; Marc Eigeldinger, La Platonisme de Baudelaire. Neuchâtel 1951; Jean Pellegrin, Baudelaire et les Correspondances. In: Revue des Sciences humaines, Jan./März 1966; Joseph Melancon, Le Spiritualisme de Baudelaire. Montréal/Paris 1967. Weitere Titel finden sich in den Anmerkungen zum Gedicht in der von Friedhelm Kemp herausgegebenen deutschen Werkausgabe, Bd. 3, S. 371 f.

Was den Titel des Gedichts, *Correspondances*, betrifft, so läßt er sich zudem nicht nur, wie vorwiegend versucht, auf Swedenborg, die deutschen Romantiker oder Fourier zurückführen, was zum Anlaß wird, den hohen Anteil ernsthafter mystischer Spekulation zu betonen, sondern ebenso auf die literarischen Spielformen intellektueller Poesie des Manierismus und seiner Theoretiker, wie z. B. Gracián und dessen Traktat *Arte de ingenio, Tratado de la agudeza* (1642, erw. 1648), in dessen Überlegungen der Begriff der »correspondencia« eine zentrale Rolle einnimmt[39], was den Blick stärker auf die Spielformen lautsprachlicher Intellektualität lenken würde.[40] Obwohl Baudelaires Äußerungen immer auch deutliche Verweise auf den philosophischen Ernst der Sache enthalten – Swedenborg, de Maistre und Fourier klingen mit –, steht ihm die Souveränität der ästhetischen Intelligenz deutlich an erster Stelle. So schreibt er am 21. Januar 1856 an Alphonse Toussenel: »Il y a bien longtemps que je dis que le poète est *souverainement* intelligent, qu'il est *l'intelligence* par excellence, – et que *l'imagination* est la plus *scientifique* des facultés, parce que seule elle comprend *l'analogie universelle*, ou ce qu'une religion mystique appelle la *correspondance*.«[41] Ästhetisches Spiel also, allerdings mit höchstem Einsatz.

39 Vgl. dazu Gustav René Hocke, Manierismus in der Literatur, S. 123–180, vor allem aber S. 164 ff.

40 Auch wenn Gustav René Hocke, ganz eingenommen vom Phänomen historischer Kontinuität, den von Baudelaire verwendeten Begriff der Arabeske zu frei mit dem Begriff Concetto übersetzt (Manierismus, S. 150), also der im Manierismus favorisierten Spielform intellektueller Poesie, verweist allein die Arabeske, als Form stilisierter Ornamentik, schon auf den von Baudelaire hervorgehobenen lautspielerischen Charakter seiner Poesie. »Le dessin arabesque est le plus spiritualiste des dessins« oder »Le dessin arabesque est le plus idéal de tous«, heißt es in den *Fusées* (Œuvres complètes, S. 1250). – Zum Begriff der Arabeske und seines Umfeldes vgl. auch: Wolfgang Kayser, Das Groteske in Malerei und Dichtung. Hamburg 1960 (rde 107), vor allem: S. 36–41 und S. 60 ff.

41 Charles Baudelaire, Correspondance I. Texte établi, présenté et annoté par Claude Pichois avec la collaboration de Jean Ziegler. Paris 1973, S. 336. »Seit langem schon sage ich: der Dichter ist von höchster Intelligenz, er ist die Intelligenz par excellence – und die Imagination ist von allen Vermögen das wissenschaftlichste, weil sie allein die universale Analogie begreift, oder das, was eine mystische Religion die Korrespondenz nennt.«

Wer von *Correspondances* spricht, der spricht damit nicht zuletzt von einer Strategie der Provokation angesichts einer zunehmend diskursiv und progressiv geordneten und ausgedeuteten Welt, wie sie im Selbstverständnis ihrer Anhänger zumindest das Jahrhundert der Aufklärung und die zwei großen Revolutionen hinterlassen hatten. Und mit einer solchen Provokation läßt denn auch Baudelaire sein Gedicht von den Ähnlichkeiten beginnen: »La Nature est un temple«. Darauf bleibt wenig mehr zu erwidern. Es ist ein Anfang, der sich selber schreibt, ein Anfang voller Pathos. Doch so einfach scheint es sich nicht zu verhalten. Baudelaire wußte, daß diese apodiktisch an den Beginn seines Gedichts gestellte Behauptung den Tatsachen Mitte des neunzehnten Jahrhunderts ganz gewiß nicht mehr entsprach. Schon das christliche *dominium terrae* hatte versucht, die Nymphen von ihren Quellen und alle Götter aus den heiligen Hainen zu vertreiben. Erst mit Linné allerdings war dann der Natur endgültig die Sprache genommen und eine Nomenklatur gegeben worden. Dieser Tatsachen ist sich Baudelaire sehr wohl bewußt. Konnten die französischen Romantiker wie Musset noch die Natur (»Elle qui voit là-haut comme on vit ici-bas«[42]) oder die im Park sich wiegenden Eichen und Kastanien besingen[43], einer Blume oder den Nächten von Mai bis Dezember ihre Gedichte widmen[44] – noch im wesentlichen, wenn auch mit anderen Vorzeichen, der Naturemphatisierung Rousseaus verpflichtet –, so wendet sich Baudelaire von einer solchen, wie er es selbst mit Bezug auf Rousseau nennt, »nature simple«[45] ab. Ihm ist die Natur, wie schon erwähnt, ein Wörterbuch von verschlüsselten Zeichen

42 Alfred de Musset, Rolla. In: Ders., Dichtungen, französisch – deutsch. Übertragen von Friedrich Schäfer. Heidelberg 1960, S. 46.

43 »Les marronniers du parc et les chênes antiques / se berçaient«, heißt es im Gedicht *Lucie* (a. a. O. S. 56).

44 *La nuit de mai, La nuit d'août, La nuit d'octobre* und *La nuit de decémbre* lauten einige der Titel von Mussets Gedichten.

45 Baudelaire, Notes nouvelles sur Edgar Poe. In: Edgar Poe, Nouvelles histoires extraordinaires. Préface et traduction de Charles Baudelaire. Introduction et notes de Léon Lemonnier. Paris 1947, S. 7. Zur Geschichte der Landschaftsdarstellung in der französischen Romantik vgl.: Gerhard Hess, Landschaftserfahrung und Landschaftsdarstellung in der Literatur vor Baudelaire. In: Ders., Die Landschaft in Baudelaires *Fleurs du Mal*. Heidelberg 1953, S. 9–23.

und Symbolen, deren Bedeutung einzig der Dichter zu entschlüsseln vermag und von dessen Fundus er, wie er in seinem Aufsatz über *Le Gouvernement de l'imagination* schreibt, »usages nombreux«, häufigen Gebrauch, macht.[46] »On y cherche«, so heißt es weiter, »le sens des mots, la génération des mots, l'étymologie des mots; enfin on en extrait tous les éléments qui composent une phrase.«[47]

Die Welt ist sprachlicher Natur. Das ist letztlich der Imperativ Baudelaires. Und dieser Imperativ verleiht auch dem Gedicht von den *Correspondances* eine neue Bedeutung. Denn vom Beginn einer Suche im noch unaufgeschlossenen, hermetischen Terrain der Worte und ihrer Bezauberungen, nicht der Dinge, spricht seine erste Strophe:

La Nature est un temple où de vivants piliers
Laissent parfois sortir de confuses paroles;
L'homme y passe à travers des forêts de symboles
Qui l'observent avec des regards familiers.

Der Tempel wird zur Metapher des hieroglyphischen Buches, dessen zu entziffernde Zeichen mit den Wendungen »confuses *paroles*« und »forêts de *symboles*« als geheimnisvoll und mysteriös, zugleich aber auch als intelligibel und bedeutungsvoll bezeichnet werden. Die *geheimen Worte* aber – und das ist es, was hier ganz im Sinne noch der deutschen Romantik suggeriert wird – waren immer auch Schlüsselworte. Zum Schlüssel allerdings werden sie bei Baudelaire erst, wenn sie sich, wie aus *Le Gouvernement de l'imagination* zu entnehmen, um ihr »Werden und Entstehen« bemühen, um ihre »Elemente«. Erst die ästhetische Dekonstruktion also ermöglicht den Zugriff auf Sinn. Da auch die Dinge selbst, wie es das Gedicht *Élévation* ausdrückt, nicht mehr sprachbegabt sind, sich also nicht mehr naiv vermitteln, da die Dinge schweigen[48], müssen die ästhetischen Partikel in einem Denk- und Imaginationsfähigkeit koppelnden

46 Baudelaire, Œuvres complètes, S. 1041.
47 ebd. – »Man sucht dort den Sinn der Worte, ihr Werden und Entstehen, ihre Etymologie; und schließlich entnimmt man ihm Elemente, aus denen ein schöner Satz sich zusammenfügt.«
48 *choses muettes!* lauten die letzten Worte des Gedichts.

Vermögen Welthaltigkeit erneut und medial hervorbringen. Das menschliche Sprachvermögen gewinnt demiurgische Potenz. Davon künden die folgenden Strophen des Gedichts.

So beginnt denn auch alles zunächst wie der Ruf Gottes über den Wassern. Es beginnt mit einem Echo:

Comme de longs échos qui de loin se confondent
Dans une ténébreuse et profonde unité,
Vaste comme la nuit et comme la clarté,
Les parfums, les couleurs et les sons se répondent.

Das Echo ist eine Art Ur- und Naturform des Sprachlichen, die, ohne den Rückgriff auf Sinn und Bedeutung, den Spracherwerb an die Wiederholung lautsprachlicher Partikel bindet. Daß Baudelaire dabei bewußt auf mythologische Reminiszenzen und Bildquellen, wie zum Beispiel auf den antiken Mythos von Narziß und Echo, verzichtet, ist Programm. Es geht ihm nicht um Bilder, es geht ihm um Laute.

Hier werden die panoramatischen Begriffe der ersten Strophe des Gedichts (Natur, Mensch, Symbol) auf die ästhetischen Minimalia reduziert, auf die olfaktorischen, akustischen und optischen Details: »Les parfums, les couleurs et les sons«. Erst von diesen kleinsten ästhetischen Einheiten aus, so suggeriert es diese Strophe, deren Eigenwert vor aller Frage nach Sinn und Bedeutung steht, kann die Rätselwelt neu eingelesen werden in das Buch der Natur. Erst über eine Zerkleinerung der Welt in ästhetische Partikel und ihre Neuordnung nach Mustern der *correspondance* wird Verständigung ermöglicht, Produktivität freigesetzt.

Damit ist möglicherweise eine Frage beantwortet, die Walter Benjamin in seinen *Zentralpark*-Fragmenten gestellt hatte: »Widerspruch zwischen der Theorie der natürlichen Korrespondenzen und der Absage an die Natur. Wie ist er aufzulösen?«[49] Die mögliche Antwort: Je kleiner das Detail gewählt wird, desto geringer wird der Unterschied zwischen dem Natürlichen und dem Künst-

49 Walter Benjamin, Zentralpark. In: Ders., Charles Baudelaire. Ein Lyriker im Zeitalter des Hochkapitalismus. Hrsg. v. Rolf Tiedemann. Frankfurt a. M. 1980, S. 154.

lichen. Ab einem bestimmten Punkt ist nicht mehr auszumachen, ob ein Duft natürlichen oder künstlichen Ursprungs ist, desgleichen ein Geräusch. Die Naturgeschichte hat dafür gesorgt, daß der Mensch im wesentlichen aus denselben Elementen geformt ist wie die unbelebte Natur und daß selbst künstlich hergestelltes Material den gleichen Gesetzen unterliegt.

Wie kann es da verwundern, daß Baudelaire, dem eine Art Naturgeschichte der Poesie vorgeschwebt haben mag, als er die *Correspondances* verfaßte, die Gesetzmäßigkeiten auf das ästhetische Material ausweitet. Angeregt aber von einer solchen Materialität, formuliert das Gedicht einen neuen Begriff der Kommunikation, »Les parfums, les couleurs et les sons se répondent«, einen, der ausschließlich ästhetischen Kriterien verpflichtet ist. »Se répondent«: Sie antworten und reproduzieren sich selbst, die Düfte, Farben und Klänge, und das in einem Raum, dessen Attribute »ténébreuse« und »profonde« zusammen mit »la nuit« und »la clarté« an den kosmischen Raum und damit an den Schöpfungsakt Gottes gemahnen, was gewiß kein Zufall ist, sondern eine subtile poetologische Provokation.

Daß dabei diese zweite Strophe von Baudelaires Gedicht lautsprachlich das vollzieht, wovon es spricht, ist offensichtlich. Es wird über die semantischen Aspekte seiner Worte ein Netz lautsprachlicher Spiegelungen und Echos gebreitet. Daß der Anfang (»Comme de«) auf das Ende (»répondent«) gereimt ist, vollzieht als ästhetischen Akt das, was mit der Wortbedeutung von »répondent« angesprochen wird: das Antwortgeben. Und daß schon in der ersten Verszeile des von Baudelaire verwendeten Alexandriners – üblicherweise durch eine Mittelzäsur aufgespalten – die beiden Halbverse von »Comme de longs é[…]« und »loin se confondent« ineinander gespiegelt werden, so daß die übliche *Antithetik* des alexandrinischen Versmaßes aufgehoben erscheint, das ist ein Akt der in den folgenden Zeilen beschworenen »unité«, in dessen zwischen Dunkelheit und Licht sich ausdehnendem Raum alles seinen Anfang nahm. So wird von der Eigenwertigkeit des ästhetischen Materials nicht nur gesprochen, sie wird vollzogen.

Daß dabei die phonetischen Minimalia nicht nur sich selbst, sondern auch materialfremde, synästhetische Wirkung hervorbringen können, davon spricht die nächste und dritte Strophe des Gedichts:

Il est des parfums frais comme des chairs d'enfants,
Doux comme les hautbois, verts comme les prairies,
– Et d'autres, corrompus, riches et triomphants,

Hier werden aus dem in der zweiten Strophe angekündigten Arsenal unerschöpflicher Sinnesreize – der Düfte, Farben und Töne – die ersteren zum Gegenstand. Der traditionellen Hierarchie der Sinne entgegen, die von den drei genannten den olfaktorischen Sinn an die letzte Stelle setzte, wird er hier – als der Sinn, der am weitesten der Kontrolle des Bewußtseins entzogen ist – in den Vordergrund gerückt und konsekriert. Ihm wird die Fähigkeit zugestanden, Farben und Geschmack zu evozieren, also mehr als sich selbst hervorzubringen, ein Stück Welt zu zaubern. Die Düfte können »frais comme des chairs d'enfants« sein, »doux comme les hautbois« oder »verts comme les prairies«. Daß es dabei Kinder, Wiesen und Oboen sind, die auf der Bildebene des Gedichts nach all den großräumigen Abstrakta (Natur, Symbol, Mensch, Einheit etc.) der vorausgegangenen Verse erscheinen, mag erst einmal überraschen. So schnell läßt sich keine der Logik gehorchende Beziehung von den Düften zu grünen Wiesen oder süßen Oboen herstellen, allenfalls zu dem frischen Geruch von Kinderhaut. Daß das Attribut ›grün‹ dabei der Wiese zugesprochen wird, will noch einleuchten, weniger, daß es auch dem Duft beigeordnet wird. An Stelle der Bildlogik tritt dabei – wie später bei Mallarmé – das suggestive Vermögen und die Imagination.

Auch in anderen Gedichten Baudelaires wird dieses Vermögen betont. So steigen ihm aus dem Geruch von geilen Leibern exotische Erinnerungen auf *(Parfum exotique)*, das Haar der Geliebten wird zum Auslöser der später so von Proust benannten *mémoire involontaire*, in deren fließender Bewegung Vergangenheit und Gegenwart sich mischen *(La Chevelure)*, oder der Dichter macht es möglich, daß durch eine Stimme Düfte schweben *(Tout entière)*. Maler gar werden mit Details aus ihren Bildern als Lager »blühnden Fleisches«, als tiefe, dunkle Spiegel, Spitäler, Karnevalsfeste, als Alpträume oder Blutseen porträtiert *(Les Phares)*. Die absolute Metapher, die magische Verwandlung über das Gleichnis stellt (Goya zum Beispiel malt nicht *wie* ein Alptraum, seine Bilder *sind* ein Alptraum), ist favorisiertes Stilmittel. Korrespondenzen zwischen der sichtbaren materiellen und der unsichtbaren geistigen Welt erst ermöglichen die ›métamorphoses mystiques‹[50], von denen die Gedichte der *Fleurs du mal* erfüllt sind.

Doch auch Baudelaires essayistische Schriften enthalten in Fülle Bemerkungen zum Thema. So spricht er zum Beispiel in seinem Aufsatz *Le Gouvernement de l'imagination* von der Fähigkeit der Farbe, Empfindungen zu erregen, in seinen *Paradis artificiels* beschreibt er, wie im Rausch gesteigerte Wahrnehmungsfähigkeit herrscht, wie sich Töne in Farben kleiden und Farben Musik evozieren, wovon dann sein Essay über Richard Wagner beredte Kunde gibt. Dort heißt es:

»Car ce qui serait vraiment surprenant, c'est que le son *ne pût pas* suggérer la couleur, que les couleurs *ne pussent pas* donner l'idée d'une mélodie, et que le son et la couleur fussent impropres à traduire des idées; les choses s'étant toujours exprimées par une analogie réciproque, depuis le jour où Dieu a proféré le monde comme une complexe et indivisible totalité.«[51]

In direktem Anschluß hieran werden die ersten beiden Strophen von *Correspondances* eingefügt. Daß im Zusammenhang mit der »analogie réciproque« dann sehr häufig von *Klang* die Rede ist, wird nicht verwundern. Hier, im Lautlichen, überschneiden sich die Bereiche von Musik und Dichtung. Die Welt wird dabei, phonetischen Gesetzen folgend, neu geordnet, so daß auch der Vergleich der frischen Düfte mit dem ›Fleisch‹ von Kindern (parfums frais – chairs d'enfants) zumindest ebenso den assonantischen Spiegelungen verpflichtet ist wie der Logik.

Daß es bei einer solchen ästhetischen Selbstermächtigung allerdings Hilfsmittel gibt, zugleich auch die Bedingungen der Verbindung des sprachlichen Materials sehr wohl bedacht sein wollen,

50 Vgl. Baudelaire, Œuvres complètes, S. 40.

51 a.a.O. S. 1213. »Denn wirklich überraschend wäre es, wenn der Ton nicht imstande wäre, die Farbe zu suggerieren, wenn die Farben nicht imstande wären, die Idee einer Melodie zu geben, wenn Ton und Farbe ungeeignet wären, Vorstellungen zu umschreiben, da ja doch die Dinge sich stets durch eine gegenseitige Analogie ausgedrückt haben seit jenem Tage, da Gott die Welt als eine zusammenhängende, unteilbare Totalität erschaffen hat.«

darauf verweisen schließlich die letzten Verse des Gedichts, eines Gedichts, das damit die Bedingungen seiner Existenz – vom Verschlüsseln der Welt über die Sprachwerdung, den Neugewinn an Welthaltigkeit, bis hin zur physiologischen Stimulation – nicht nur formuliert, sondern, in Teilen zumindest, selbst zu vollziehen sucht.

Ayant l'expansion des choses infinies,
Comme l'ambre, le musc, le benjoin et l'encens,
Qui chantent les transports de l'esprit et des sens.

Nach den natürlichen Düften der vorangegangenen Strophe werden hier die künstlichen, die gemachten Aromen, Ambra, Moschus, Benzoe und Weihrauch, gepriesen und in ihren dem Wörterbuch der *décadence* entnommenen Eigenschaften, mit denen die Strophe zuvor geendet hatte (»corrompus, riches et triomphants«), zum Lustobjekt »de l'esprit et des sens«. Daß die hocharomatisierten, orientalischen Düfte, die Baudelaire hier anführt, als berauschende und halluzinogene Substanzen die Verwendung von Rauschmitteln zur Stimulation andeuten, gehört zu den Feinheiten des Gedichts, daß noch einmal das Unendliche beschworen wird, erscheint dagegen als romantische Reminiszenz.

Wirklich bedeutsam aber ist – und damit wird das Gedicht beschlossen –, daß es das Vermögen des Geistes *und* der Sinne in gegenseitiger Verbundenheit ist, welches hier zum Schluß noch einmal hymnisch besungen wird. Es ist das Programm der Baudelaireschen Lyrik überhaupt.

In seinem erst aus dem Nachlaß veröffentlichten Aufsatz *L'art philosophique* heißt es gleich zu Beginn:

»Qu'est-ce que l'art pur suivant la conception moderne? C'est créer une magie suggestive contenant à la fois l'objet et le sujet, le monde extérieur à l'artiste et l'artiste lui-même.«[52]

52 a.a.O. S. 1099. »Was ist die reine Kunst der modernen Auffassung nach? Das Erschaffen einer suggestiven Magie, die zugleich den Gegenstand und das Subjekt enthält, die Welt außerhalb des Künstlers und den Künstler selber.«

Was folgt, ist die Fallstudie einer Kunst, die von »suggestiver Magie« nichts weiß und in diskursiver Überformung Verstand und Bedeutung zuviel Raum gibt: Gedanken-, Ideenkunst, eine, wie es heißt, »monstruosité«[53], die mit Allegorien, Anspielungen, Rebussen etc. Gedanken in bildhafte Wirklichkeit kleidet und anschaulich zu machen trachtet. Was Baudelaire dabei verabscheut, ist weniger das Abstrakte des Gedankens als seine Herabwürdigung zum Gerüst für Metaphern und Allegorien und deren Anbiederung an den Zugriff eines Verstandes, in dem die Exklusivität nicht mehr gewährleistet ist.

Daß allerdings Poesie ohne den Geist oder den Gedanken entstehen könnte, vor einem solchen Mißverständnis muß man Baudelaire nicht mehr in Schutz nehmen. Gelten die *Fleurs du mal* doch – und das im wesentlichen unwidersprochen – als einer der wenigen weltliterarisch bedeutsamen Lyrik-Bände nicht nur des neunzehnten Jahrhunderts[54] und als erstes Erzeugnis der Poesie auf dem europäischen Festland, das – Überlegungen Poes aufnehmend und paraphrasierend – sich selbst reflexiv wird, sich lustvoll und intellektuell über die eigenen Möglichkeiten beugt. Indem, wie Valéry es ausdrückt, der »Dämon der Klarheit, das Genie der Analyse, der Erfindung der neuesten und verführerischsten Kombination von Logik und Phantasie, Mystik und Berechnung; der außergewöhnliche Psychologe, der literarische Ingenieur, der alle Hilfsquellen der Kunst vertieft und nutzbar macht«[55], zum *artifex*, zum Macher der neuen Poesie gekürt wird, wird sie »zur Poesie der neuen Zeit selbst«.[56]

Von einer solchen Machbarkeit der Poesie ist Baudelaires Gedicht über die *Correspondances* gezeichnet; *gesprochen* hat es von der Möglichkeit, einen Eindruck der universalen Weltanalogie über die Evokationskraft der Poesie zurückzuerobern, sich zu erheben und

53 a.a.O. S. 1100.

54 Vgl. dazu: Paul Valéry, Die Situation Baudelaires [1924]. In: Jürgen von Stackelberg (Hrsg.), Drei Dichter als Kritiker. Göttingen 1965, S. 156–170, hier vor allem die ersten fünf Absätze, und den ersten Abschnitt von Benjamins Essay *Über einige Motive bei Baudelaire*. In: Ders., Charles Baudelaire, S. 103–105.

55 Paul Valéry, Die Situation Baudelaires. Hier: S. 157.

56 a.a.O. S. 156.

zu zerfließen, *gesungen* indes haben die Verse von der Produktivität des ästhetischen Materials, von einer poetischen Abbruchleistung an den Begriffen der Wirklichkeit, zugleich aber auch von neuer sprachlicher Würde.

Das möglicherweise bestimmt den heterogenen Eindruck, den das Gedicht macht. Die Auflösung vollzieht sich – der Rahmen des Sonetts macht es deutlich – in strenger Form, so wie auch der gesamte Zyklus der *Fleurs du mal* von Ekel, Überdruß und Aas in durchaus gesellschaftsfähigen Reimen kündet. Damit stellt sich Baudelaires Werk zuletzt noch unter ein Paradox. Es macht deutlich, wie die auflösende Energie der *décadence* Produktivmittel zu werden vermag, wenn – das allerdings ist Bedingung – die Zentrifugalkraft des Materials an die uralte Beharrlichkeit der Form gebunden wird, wenn somit die Moderne als Doppelgesicht das Ewige hat. »Ce soleil qui«, so heißt es in *Notes nouvelles sur Edgar Poe*:

»il y a quelques heures, écrasait toutes choses de sa lumière droite et blanche, va bientôt inonder l'horizon occidental de couleurs variées. Dans les jeux de ce soleil agonisant, certains esprits poétiques trouveront des délices nouvelles; ils y découvriront des colonnades éblouissantes, des cascades de métal fondu, des paradis de feu, une splendeur triste, la volupté du regret, toutes les magies du rêve, tous les souvenirs de l'opium.«[57]

Diese Lust an der Auflösung hat Walter Benjamin in seinen Baudelaire-Interpretationen weitgehend übersehen. Er hat Baudelaire im wesentlichen als einen Melancholiker porträtiert, der – halb auf Tempelruinen, halb im Unrat sitzend – im Zeitalter des Hochkapitalismus in seinen Versen die Rückstände der Aura sammelt.

Doch Baudelaire war – wie nicht nur obiges Zitat belegen kann – als Melancholiker ein Enthusiast. So enden ja auch die Verse aus

57 Charles Baudelaire, Notes nouvelles sur Edgar Poe, S. 2. »Diese Sonne, die einige Stunden zuvor alle Dinge mit ihrem steilen, weißen Licht zermalmte, wird bald nun den Horizont im Westen mit reicher Farbenfülle überfluten. Und in den Farben, in denen diese sterbende Sonne spielt, werden gewisse dichterische Geister neue Entzückungen finden; blendende Säulen werden sie dort entdecken, Kaskaden von geschmolzenem Metall, Paradiese von Feuersgluten, wehmutvollen Glanz, die Wollust des Kummers, alles magische Wunderwerk des Traumes, alle Erinnerungen des Opium.«

Correspondances nicht mit einem grübelnden Blick zurück, sondern euphorisch gedehnt, den Blick in die Zukunft gerichtet, »ayant l'expansion des choses infinies«, wie im übrigen auch viele seiner anderen Gedichte ihren Gegenentwurf zu »Spleen« und »Ennui« mit euphorischen Leerformeln, wie »Idéal«, »Azur« oder »Élévation«, umschrieben haben. Was ihnen damit an gedanklicher Prägnanz abgeht, das erobern sie sich auf lautsprachlicher Ebene, im Reim und im Rhythmus.

Die Schlußstrophe von Baudelaires Gedicht *Correspondances* hebt dies noch einmal besonders hervor. Dort wird das euphorische Ende durch einen lustvollen phonetischen Akt der im Gedicht betont häufig verwendeten und dem rhythmischen Stöhnen nachgebildeten Silben auf -ant oder ähnlichen Nasallauten wie -ion (expansion), am- (ambre) und en- (encens) mit der einzigen Silbe auf i, den »infin*ies*« der ersten Verszeile, in »l'espr*it* et des s*ens*«, den letzten Klängen des Gedichts, vollzogen.

Die erotologische Komponente des Baudelaireschen Gedichts wird so noch einmal offensichtlich: als Kopulation des ästhetischen Materials, als Klangereignis.

Was also mit der *tabula rasa* ästhetischer Provokation angesichts enzyklopädischer Naturerfassung begonnen hatte, endet schließlich – poetologisch fundamentiert durch die romantische »Hieroglyphistik« – mit einer Neu-Organisation der Welt im Gedicht.

Nicht immer, wo zukünftig von solcher Produktivität die Rede sein wird, wird das so lustbetont geschehen, auch wenn Borges, eine genealogische Hauptlinie der Moderne erstellend, die Metapher der Fortpflanzung bemüht, um die Geschlechterfolge von Poe, »der Baudelaire zeugte, der Mallarmé zeugte, der Valéry zeugte, der Edmond Teste zeugte«[58], vor Augen zu führen.

Nicht zufällig steht dabei die Kunstfigur am Ende: nach Baudelaire präferierte man die Zeugungen *im Geiste*.

58 Jorge Luis Borges, Gesammelte Werke. Bd. 3/I, Erzählungen 1935–1944. München 1981, S. 118.

Michael Pauen

Der Dämon der Analogie
Stéphane Mallarmé und die Lehre vom Ähnlichen

Ein etwa 1864 entstandenes Prosagedicht Stéphane Mallarmés berichtet von einer merkwürdigen Obsession. Beim Verlassen seiner Wohnung geht dem Erzähler ein scheinbar sinnloser Satz durch den Kopf: ›La Pénultième est morte.‹ Ein Einfall, der seine Phantasie ebenso unwillkürlich bewegt wie ein Instrument, dessen Saiten zufällig von einem vorüberfliegenden Vogel berührt werden.

Nachdem er eine Weile über jenen Satz sinniert hat, versucht er, sich anderen Gedanken zuzuwenden. Doch vergeblich. Der Satz, der vom Tod spricht, entfaltet ein überraschendes Eigenleben, und er trotzt auch den kleinen Konzessionen, durch die ihn der Erzähler zu besänftigen sucht. Weit entfernt davon, auf diese Weise die ungerufenen Geister loszuwerden, muß dieser nämlich feststellen, daß sie sich längst der Wirklichkeit bemächtigt haben. Plötzlich findet er sich vor dem Geschäft eines Instrumentenmachers wieder, in dem seine Vorstellungen leibhafte Gestalt angenommen haben. An den Wänden hängen alte Instrumente, und auf dem Boden muß er neben einigen vergilbten Palmzweigen auch ein paar Vogelflügel entdecken.

Die zunächst rätselhafte Geschichte offenbart nicht nur das Wirken jenes *Dämons der Analogie*, dem sie ihren Titel verdankt; bei näherem Hinsehen werden an ihr auch Grundzüge einer Ästhetik des Ähnlichen erkennbar. Aufschlußreich ist bereits die enge Verknüpfung zwischen der Vorstellungswelt des Protagonisten und der Realität. Die Grenze zwischen beiden Bereichen ist verwischt, Imagination und Wirklichkeit stehen in einer für das Ähnlichkeitsdenken charakteristischen Wechselbeziehung: Die äußeren Dinge können sich in Gedanken verwandeln, aber auch die Gedanken können unvermittelt wieder reale Gestalt annehmen; beide sind Bestandteil jener universellen Harmonie, die als Netz von Ähnlichkeiten den Kosmos überspannt. So gilt denn auch das Denken hier nicht einfach – wie es neuzeitlicher Vorstellung entspräche – als Produkt bewußter Willensentscheidungen: der ›Dämon der Analogie‹ ergreift vielmehr Besitz vom Geist des Erzählers. Unwillkürlich fliegt dem Helden der Satz ›Penultima ist tot‹ zu, und er scheitert letztlich auch bei dem Versuch, sich von dieser Phrase zu befreien. Die Anstalten, die er zu diesem Zweck unternimmt, zeigen, daß er selbst längst die Kontrolle über seinen Geist verloren hat: »La phrase revint.«[1] Der Erzähler versucht es mit rationalen Erklärungen, doch er demonstriert damit nur die Unterlegenheit der Ratio gegenüber dem Ähnlichkeitsdenken. »La Pénultième« heißt zunächst einfach »die Vorletzte«; als Terminus wird der Ausdruck in der Linguistik für die vorletzte Silbe eines Wortes gebraucht, und der Erzähler erinnert sich hieran vermutlich noch aus seiner ungeliebten Tätigkeit als Schulmeister. Doch die Kraft der Analogie läßt sich durch den Intellekt nicht bändigen. Nicht einmal einen ›vernünftigen‹ Sinn vermag die Ratio dem Satz abzugewinnen, und das, was an diskursiver Bedeutung bleibt, wird fortlaufend widerlegt: Hier ist nichts ›tot‹ – im Gegenteil. Der ›Dämon der Analogie‹ beweist seine ungebrochene Kraft, indem er – in der letzten Szene – Gewalt über die Realität selbst erlangt. Nachdem er durch die Stadt getrieben worden ist wie Poes *Mann in der Menge*, findet sich der Betrachter plötzlich vor einem Schaufenster wieder, in dem er Gegenstände sieht, die denen seiner Obsession ähnlich sind. Offen bleibt allerdings, ob es sich hier nur um Produkte seiner Phantasie handelt.[2] Der Macht jenes Dämons allerdings ist er in jedem Falle unterworfen: Handelt es sich nur um eine Vorstellung, dann erstreckt sich diese Macht nur auf seine Phantasie, handelt es

1 Stéphane Mallarmé, Œuvres complètes. Texte établi et annoté par Henri Mondor et G. Jean-Aubry. Paris [3]1965, S. 272 (Le Démon de l'Analogie).
2 Vgl. dazu Albert Thibaudet, La poésie de Stéphane Mallarmé. Étude littéraire. Paris [4]1926, S. 184–188. Thibaudets psychologisierende Interpretation geht hier von einer reinen Halluzination aus.

sich dagegen um eine Wahrnehmung, dann gehorcht offenbar auch sein Körper der Macht des Dämons, schließlich hat er ihn an diese Stelle geführt.

Entscheidend für die Frage nach der ästhetischen Bedeutung des Ähnlichen ist indessen die Beobachtung, daß jene Korrespondenzen auch in der Faktur von Mallarmés Prosagedicht selbst wirksam sind. Einen ersten Hinweis gibt bereits der Erzähler, scheint doch die Buchstabenfolge ›nul‹ aus Pe-*nul*-tima in ihrem Klang mit dem Ton des Musikinstrumentes zu korrespondieren, von dem zu Beginn des Textes die Rede war.[3] Bedeutsam ist auch die in ›nul‹ enthaltene Anspielung auf das ›Nichts‹, einen Zentralbegriff der Mallarméschen Ästhetik, der im folgenden noch eine Rolle spielen wird. Es kommt hinzu, daß der einfache Satz ›Penultima / ist tot‹, wie ausdrücklich betont wird, auf zwei Zeilen verteilt ist, wobei das Wort ›Penultima‹ in der vorletzten Zeile steht. Die Bedeutung des Wortes – ›Vorletztes‹, ›Vorletzte Silbe‹ – spiegelt sich also in seiner graphischen Anordnung. Besondere Bedeutung kommt auch der gleich zu Anfang erwähnten Vogelschwinge zu. Sie steht für die Kraft, die Produktivität des Dichters; eines der von Mallarmé verwendeten Synonyme, ›la plume‹, bezeichnet gleichzeitig die Schreibfeder. Indem sie das Instrument – eine Anspielung auf die Leier – zum Erklingen bringt, läßt sie das Gedicht überhaupt erst entstehen, dessen einzelne Elemente in einer verborgenen Korrespondenzbeziehung stehen.

Offenkundig, daß Mallarmés Werk hier nicht allein vom ›Dämon der Analogie‹ spricht, sondern selbst die Ansätze einer Poetik des Ähnlichen formuliert, indem es zeigt, wie jene Korrespondenzen den Prozeß ästhetischer Produktion selbst bestimmen: Von nichts anderem spricht schließlich das Gedicht. Thematisiert wird damit ebender Prozeß, dessen Ergebnis das Prosagedicht ist, das ihn – und damit seine eigene Entstehung – thematisiert. Der hier unternommene Versuch, die Poetik Stéphane Mallarmés für das Ähnlichkeitsdenken in Anspruch zu nehmen, kann sich allerdings auch auf recht eindeutige Äußerungen des Autors selbst berufen, der von einer ›parité secrète‹ spricht »entre les vieux procédés et le

3 »Je fis des pas dans la rue et reconnus en le son *nul* la corde tendue de l'instrument de musique.« Mallarmé, Œuvres, S. 272.

sortilège, que restera la poésie«.[4] Mallarmés Postulat für die Dichtung lautet daher: »Évoquer, dans une ombre exprès, l'objet tu, par des mots allusifs, jamais directs.«[5] Auffällig ist zudem Mallarmés Vorliebe für eine besonders exponierte Spielart jener Tradition, die Alchimie. Er bezeichnet die Alchimisten als seine Vorfahren, er verwendet einen Terminus aus dieser Lehre, wenn er von seinem *Opus magnum* spricht[6], und macht Igitur, sein *alter ego* aus dem gleichnamigen Werk, als Alchimisten kenntlich.

Wichtiger indessen, daß auch in anderen Werken Mallarmés an die Stelle des nachahmenden Bezuges auf die äußere Wirklichkeit der Perspektivismus des Ähnlichen tritt, wie er in *Le Démon de l'Analogie* sichtbar wurde. Immer wieder wird in seinen Arbeiten jenes innerästhetische System von Korrespondenzen sichtbar, das vom Spiel mit verschiedenen Bedeutungen über den Klang der Wörter und die Typographie bis zur visuellen Erscheinung des Satzspiegels sämtliche ästhetischen Qualitäten einbezieht: »Les mots, d'eux-mêmes, s'exaltent à mainte facette reconnue la plus rare ou valant pour l'esprit, centre de suspens vibratoire; qui les perçoit indépendamment de la suite ordinaire, projetés, en parois de grotte, tant que dure leur mobilité ou principe, étant ce qui ne se dit pas du discours: prompts tous, avant extinction, à une réciprocité de feux distante ou présentée de biais comme contingence.«[7]

4 a. a. O. S. 400 (Magie).

5 ebd. »Ich behaupte, daß es eine geheime Verwandtschaft gibt zwischen den alten Praktiken und der in der Poesie wirkenden Zauberei. [...] In einem ausdrücklich gewollten Dunkel das schweigende Objekt beschwören mit anspielenden, niemals direkten Worten.« Übersetzung in Anlehnung an Hugo Friedrich, Die Struktur der modernen Lyrik. Von der Mitte des neunzehnten bis zur Mitte des zwanzigsten Jahrhunderts. Hamburg 1988, S. 134.

6 »Mon œuvre, qui est *L'Œuvre*, le Grand Œuvre, comme disaient les alchimistes, nos ancêtres.« Stéphane Mallarmé, Correspondance 1862–1871. Recueillie, classée et annotée par Henri Mondor. Paris 1959, S. 244.

7 Mallarmé, Œuvres, S. 386; vgl. S. 380. »Die Wörter erregen von sich aus sich zu manch einem Facettenschillern, das sich herausstellt als das kostbarste oder für den Geist, dies Zentrum vibrierenden Schwebens, tauglichste; der sie, von der gewöhnlichen Abfolge unabhängig, auf Grottenwände projiziert sieht, für die Dauer ihrer Beweglichkeit, Grundsatz, denn ebendies läßt von der Rede sich nicht sagen: schnell bereit allesamt,

Befremdlich erscheint es da zunächst, daß diese Poetik sich ausgerechnet das ›Nichts‹ als Leitmotiv wählt.[8] Das Ideal von Mallarmés *Poésie pure* ist »le poëme tu, aux blancs«[9], das noch seinen Titel verbergen muß, weil er zu laut reden würde[10]:

»Et, quand s'aligna, dans une brisure, la moindre, disséminée, le hasard vaincu mot par mot, indéfectiblement le blanc revient, tout à l'heure gratuit, certain maintenant, pour conclure que rien au-delà et authentiquer le silence –«[11]

Mallarmés Werke zeigen jedoch, wie beide Motive zusammenwirken: Zu erinnern ist hier an die Silbe ›nul‹ aus dem *Démon de l'Analogie*. Wichtiger noch, daß die das ›Nichts‹ symbolisierende Leere der reichlich verwendeten weißen Flächen im Satzspiegel seiner Werke selbst die Sprache des Ähnlichen spricht. Diese Sprache, eine Geste vollständiger Distanzierung, kommt zustande durch einen radikalen Bruch mit der Tradition, die verlangt, daß ein wie auch immer beschaffenes Gedicht doch aus Worten bestehen muß. Mallarmés leere oder fast leere Seiten brechen mit dieser Tradition. Wenn das Sagen des Nichts nicht nichtssagend wird, dann verdankt es dies der evozierenden Kraft des Ähnlichen, das die weiße Seite über das Schweigen reden läßt: Sie ist nicht Symbol des

vor ihrem Erlöschen, zu einer Wechselbeziehung von Feuern, über Entfernungen hinweg oder schräghin, wie zufällig.« Stéphane Mallarmé, Sämtliche Dichtungen. Mit einer Auswahl poetologischer Schriften. Übers. v. Carl Fischer u. Rolf Stabel. München, Wien 1992, S. 309.

8 Mallarmés idealistischer Nihilismus, so Hugo Friedrich, »entspringt einem beinahe übermenschlichen Entschluß der Abstraktion, das Absolute zu denken als das reine (von allen Inhalten gelöste) Wesen des Seins und ihm versuchsweise eine Dichtung anzunähern, in der die Sprache selber das Nichts so weit gegenwärtig macht, wie dies durch Vernichten des Wirklichen geschehen kann.« Friedrich, Die Struktur der modernen Lyrik, S. 125.

9 Mallarmé, Œuvres, S. 367.

10 a. a. O. S. 387.

11 ebd. »Und wenn in einem ausgebreiteten Zerbrechen, dem zartesten nur, der Wort für Wort besiegte Zufall sich aneinanderreihte, kommt unausbleiblich das Weiß zurück, eben noch unbewiesen, untrüglich jetzt, den Schluß zu ziehen, daß nichts darüber hinaus, und das Schweigen zu beglaubigen.« Mallarmé, Sämtliche Dichtungen, S. 310.

Schweigens, sondern Schweigen selbst – und vollzieht damit selbst noch einmal jene Überwindung der Grenze zwischen Zeichen und Bezeichnetem, zwischen Text und Wirklichkeit, die oben als charakteristisch für die Lehre vom Ähnlichen bezeichnet wurde.

Salut

Es hat daher programmatische Bedeutung, wenn Mallarmé verfügt, daß die Ausgabe letzter Hand seiner *Poésies* mit einem leeren Blatt beginnen soll. Auf dessen Rückseite erst hätte diesem – von den späteren Herausgebern souverän ignorierten – Wunsch gemäß dann das Einleitungsgedicht *Salut* (1893) gestanden. Zunächst scheint es sich bei diesem Werk um eine bloße Gelegenheitsarbeit zu handeln, von Mallarmé als ›Toast‹ – so der ursprüngliche Titel – zur Eröffnung einer Sitzung der Gruppe ›La Plume‹ geschrieben, die unter seinem Vorsitz stattfand. Das Gedicht zeigt denn auch den Sprechenden, der sich, ein Glas mit Sekt in der Hand haltend, an seine – im wesentlichen jüngeren – Kollegen wendet. Sie bilden die Avantgarde, während er im Hintergrund steht, dabei aber das Steuer in der Hand hält. Während das erste Terzett die beginnende Wirkung des Alkohols beschreibt, deutet das zweite in einigen Stichworten das poetische Credo Mallarmés an.

Rien, cette écume, vierge vers
A ne désigner que la coupe;
Telle loin se noie une troupe
De sirènes mainte à l'envers.

Nous naviguons, ô mes divers
Amis, moi déjà sur la poupe
Vous l'avant fastueux qui coupe
Le flot de foudres et d'hivers;

Une ivresse belle m'engage
Sans craindre même son tangage
De porter debout ce salut

Solitude, récif, étoile
A n'importe ce qui valut
Le blanc souci de notre toile.[12]

Es sind nicht zuletzt die versteckten Korrespondenzen, die zeigen, daß es hier nicht um einen bloßen ›Toast‹ geht. Sie können um so stärker hervortreten, als Mallarmé den Fluß der Sprache immer wieder durch Interjektionen und Parenthesen unterbricht und damit die einzelnen, oft nur aufgereihten Gegenstände *(solitude, récif, étoile)* aus ihren gewöhnlichen Zusammenhängen isoliert, um sie statt dessen in neue Konstellationen treten zu lassen. Schon mit dem ersten Wort, *Rien*, greift das Gedicht das von der vorangehenden leeren Seite angesprochene Thema des ›Nichts‹ auf. Es wird im folgenden weitergesponnen in einer Folge von Bildern, die zwar verschiedene Perspektiven einnehmen, dabei aber stets dem ›Nichts‹ ähnlich bleiben: Mallarmé spricht vom ›Schaum‹, dem ›Glas‹, und schließlich dem ›Weiß‹, das auf die leere erste Seite zurückweist: Die letzte Zeile, *le blanc souci de notre toile,* meint nicht nur – wie Carl Fischer übersetzt – »die weiße Sorge um das Segel«, sondern auch »das Weiß, die Absicht [das Bemühen] unsres Bildes.«

Das ›Bild‹ – auch hier stellt erst die Ähnlichkeit den Bezug her – ist das Gedicht selbst, der ›jungfräuliche Vers‹, von dem bereits die

12 Ein Nichts, ein Schaum, keusch ein Gedicht,
dies Glas, ein Augenblick, ein scheuer;
Sirenen stürzen ungeheuer
sich so ins Meer das schäumend bricht.

Wir segeln voller Zuversicht,
ihr Freunde steht, ich nah dem Steuer,
am stolzen Bug der Abenteuer
durch Schneesturm und Gewitterlicht;

In schöner Trunkenheit kein Wanken,
ich fürchte nicht die schrägen Planken
und bringe aufrecht diesen Gruß:

Riff, Einsamkeit, der Sterne Regel
und alles, was uns wert sein muß
die weiße Sorge um das Segel.

(Mallarmé, Sämtliche Dichtungen, S. 9)

erste Zeile gesprochen hatte: Wenn sie denn schon nicht verstummt, so sucht die *poésie pure* rein zu bleiben, indem sie vornehmlich von sich selbst spricht, von ihrer eigenen Poetik, die genau in dem Moment Wirklichkeit wird, wo der Autor sie formuliert. Der Vers, so lautet die zweite Zeile, bezeichnet nichts als das Glas, aus dem der Schaum aufsteigt; dieser bringt dann seinerseits den – auf die Venus Anadyomene verweisenden – jungfräulichen Vers hervor. Der inhaltlichen entspricht auch eine formale Abgeschlossenheit, kehrt das Gedicht doch mit seiner letzten Zeile zu jenem Thema des ›Nichts‹ zurück, dem schon das erste Wort gegolten hatte.

Gleichzeitig kommt es hier zu einer weiteren Anähnelung von Zeichen und Bezeichnetem, ist *vers* doch dem Klang nach identisch mit *verre*, jenem Glas also, das der Vers der zweiten Zeile des ersten Quartetts zufolge bezeichnen soll: *A ne désigner que la coupe.*[13] Offensichtlich, daß sich hier der *Klang* der Worte von ihrer *Bedeutung* emanzipiert und dabei eine eigene, wiederum aus Analogien bestehende Deutungsschicht eröffnet. So kehrt die Silbe *›vers‹* gleich viermal in unterschiedlichen Bedeutungen *(vers-l'envers-divers-d'hivers)*, das Wort *›coupe‹* immerhin zweimal als Reim des Sonetts wieder. Solches Spiel mit Klängen und Bedeutungen gilt der Mallarméschen Poetik nicht als Ausdruck von Willkür, sondern als Produkt der Sprache selbst:

»L'œuvre pure implique la disparition élocutoire du poëte, qui cède l'initiative aux mots, par le heurt de leur inégalité mobilisés; ils s'allument de reflets réciproques comme une virtuelle traînée de feux sur des pierreries, remplaçant la respiration perceptible en l'ancien souffle lyrique ou la direction personnelle enthousiaste de la phrase.«[14]

13 Der klanglichen Ähnlichkeit von ›vers‹ und ›verre‹ entspricht für Mallarmé eine inhaltliche, die sich aus der Durchsichtigkeit des Glases ergibt. Vgl. hierzu Robert Greer Cohn, L'Œuvre de Mallarmé. Un Coup de dés. Traduit du manuscrit anglais inédit par René Arnaud. Édition originale. Paris 1951, S. 398, sowie Ders., Toward the Poems of Mallarmé. Berkeley, Los Angeles 1965, S. 34.

14 Mallarmé, Œuvres, S. 366. »Das reine Werk impliziert das sprechende Hinwegtreten des Dichters, der die Initiative den Wörtern überläßt, den durch den Anprall ihrer Ungleichheit mobilisierten; sie entzünden sich im gegenseitigen Widerschein wie ein virtuelles Gleiten von Feuern über Edelsteine, die im früheren lyrischen Wehen hörbaren Atemzüge

Mallarmé macht hier zum Programm, was bereits dem Erzähler des eingangs zitierten Prosagedichtes widerfahren war: Der Dichter ist dem ›Dämon der Analogie‹ ausgeliefert, er ist selbst – wie es die Lehre vom Ähnlichen behauptet – gleichermaßen Subjekt und Objekt im Spiel der Korrespondenzen, die sich, auch das ist hier von Bedeutung, über die ›Satzführung‹ hinwegsetzen.

Auf die Lehre vom Ähnlichen weist schließlich Mallarmés Bemühen um die ›Ursprache‹ zurück, jene ›erhabenste Sprache‹, die in einer unmittelbaren Beziehung zu ihren Objekten steht.[15] Grundlage dieser Überlegungen ist seine Auseinandersetzung mit den Zusammenhängen zwischen dem Klang und der Bedeutung einzelner Wörter und Buchstaben.[16] Sie verweist nicht nur auf die in der Einleitung skizzierte Antithese von *Ausdruck* und *Mitteilung*,

oder die persönlich-enthusiastische Satzführung ersetzend.« Mallarmé, Sämtliche Dichtungen, S. 285.

15 »[…] les mots qui, sinon se trouveraient, par une frappe unique, elle-même matériellement la vérité.« a. a. O. S. 282. »Möglicherweise hat es vor Babel, vor der Sintflut eine Schrift gegeben, die aus den Zeichen der Natur zusammengesetzt war, so daß diese Charaktere die Kraft gehabt haben, direkt auf die Dinge einzuwirken, sie anzuziehen oder sie abzustoßen, ihre Eigenheiten, ihre Kräfte und ihre Geheimnisse darzustellen.« Michel Foucault, Die Ordnung der Dinge. Eine Archäologie der Humanwissenschaften. Frankfurt a. M. 1974, S. 71. Bezeichnenderweise taucht zumindest in den martinistischen Ursprachenspekulationen bereits die für Mallarmé zentrale Vorstellung des Schweigens in Zusammenhang mit der Ursprache auf: »Langage ist die Sprache der geoffenbarten Geisteinheit mit Gott; […] Diese Ursprache kann sogar stumm sein. Sie ist aktives Bei-den-Dingen-Sein. Sie ist zugleich das Ur-Wissen: Wort und Wesen sind noch so identisch, daß die Ursprache, wenn wir sie wieder hätten, alle Geheimnisse der Welt lösend erklären würde.« Hugo Friedrich, Die Sprachtheorie der französischen Illuminaten. In: DVjs 13, 1935, S. 293–310, das Zitat S. 300; vgl. Julius Ruska, Tabula Smaragdina. Ein Beitrag zur Geschichte der Hermetischen Literatur (= Heidelberger Akten der von Portheim-Stiftung, Bd. XVI). Heidelberg 1926, S. 115.

16 Mallarmés Reflexionen dringen dabei bis zum Bedeutungsgehalt einzelner Buchstaben vor: »Les mots en C, consonne à l'attaque prompte et décisive, se montrent en grand nombre, recevant de cette lettre initiale la signification d'actes vifs.« Mallarmé, Œuvres, S. 940 (Les Mots Anglais). Eine ausführliche, wenngleich zuweilen recht spekulative Auseinandersetzung mit Mallarmés Etymologie findet sich bei Cohn, L'Œuvre de Mallarmé, S. 98–116.

sondern auch auf jene etymologischen Studien über den Zusammenhang zwischen Wortklang und Bedeutung, wie sie bereits Jacob Böhme betrieben hatte. Mallarmé äußert eine tiefe Enttäuschung angesichts der »perversité conférant à *jour* comme à *nuit*, contradictoirement, des timbres obscur ici, là clair«.[17] Die Helle des Tages verlangt – dem Mallarméschen Sprachverständnis zufolge – nach einem ihr *ähnlichen*, eben einem *hellen* Klang. Sein Ziel ist letztlich das ›vollkommene Wort‹, das der Vers aus mehreren Wörtern erschafft:[18] »A quoi bon la merveille de transposer un fait de nature en sa presque disparition vibratoire selon le jeu de la parole, cependant, si ce n'est pour qu'en émane, sans la gêne d'un proche ou concret rappel, la notion pure?«[19] Notwendig ist dazu eine radikale Absentierung von der äußeren Wirklichkeit[20]; nur so kann der Dichter ›mit souveräner Geste den Zufall‹ verneinen[21], dem die Alltagssprache ausgeliefert ist:

Exclus-en si tu commences
Le réel parce que vil
Le sens trop précis rature
Ta vague littérature.[22]

17 Mallarmé, Œuvres, S. 364.
18 a. a. O. S. 368.
19 a. a. O. S. 857. »Wozu überhaupt das Wunder, ein naturhaftes Begebnis in sein, gemäß dem Spiel der Rede indessen vibrierendes Fastverschwinden zu übertragen; wenn nicht dazu, daß, ohne das Hemmnis eines nahen oder konkreten Rückrufs, der reine Begriff daraus hervorgehe.« Mallarmé, Sämtliche Dichtungen, S. 287.
20 »Mallarmé vollendet die seit Baudelaire bekannte Auffassung, daß die künstlerische Phantasie nicht ein idealisierendes Abbilden, sondern ein Deformieren der Wirklichkeit ist. Er vollendet sie, indem er ihr eine ontologische Begründung gibt. Auch die Dunkelheit des Dichtens sowie sein Ausweichen vor einer begrenzenden Verstehbarkeit begründet er ontologisch.« Friedrich, Die Struktur der modernen Lyrik, S. 96.
21 Mallarmé, Œuvres, S. 368.
22 a. a. O. S. 73 (Toute l'âme résumée).
streife ab und immer wieder
was zu sehr als Stoff sich zeigt

daß nicht überlaute Klänge
stören schwebende Gesänge.

(Mallarmé, Sämtliche Dichtungen, S. 115)

Un coup de dés

Jene Geste, die den Zufall verneint, wird zum Thema auch in Mallarmés wohl wichtigstem Werk, der 1897 erstmals veröffentlichten Dichtung *Un coup de dés jamais n'abolira le hasard*, an der sich – besser noch als an *Salut* – seine Poetik des Ähnlichen entziffern läßt. Weit stärker als dort wird hier das Heraustreten der einzelnen Worte und Vorstellungen aus den konventionellen Zusammenhängen sichtbar. Paradigmatisch demonstriert dies der zweimal durch mehrseitige Parenthesen unterbrochene Satz des Titels, um den sich das gesamte Werk rankt. Kein Zufall, daß hier die zentralen Motive jenes Gedichtes wiederaufgegriffen werden: das Nichts, der Schaum, aus dem der jungfräuliche Vers nach dem Vorbild der Venus geboren wird, die Metaphorik von Schiff, Meer und Segel und schließlich auch das Weiß. So bemerkt Mallarmé etwa im Vorwort:

»Les ›blancs‹ en effet, assument l'importance, frappent d'abord; la versification en exigea, comme silence alentour. […] Le papier intervient chaque fois qu'une image, d'elle-même, cesse ou rentre, acceptant la succession d'autres. […] L'avantage […] littéraire, de cette distance copiée […] semble d'accélérer tantôt et de ralentir le mouvement, le scandant, l'intimant même selon une vision simultanée de la Page: celle-ci prise pour unité comme l'est autre part le Vers ou ligne parfaite.«[23]

Tatsächlich geht Mallarmé mit diesem Werk, das vielfach als Vorgriff auf sein nie vollendetes Hauptwerk, das *Livre*, angesehen wird, noch weit über *Salut* hinaus, werden doch auch die Typographie und der Satzspiegel in das Beziehungsgeflecht innerästhe-

23 a. a. O. S. 455 (Vorwort zu *Un coup de dés*). »Das ›Weiß‹ ist tatsächlich von Bedeutung, obwohl es zunächst überrascht; die Versgestaltung verlangt es als eine umgebende Stille. […] Das Papier drängt sich immer dann auf, wenn ein Bild sich von selbst verliert oder zurücktritt, anderen das Kommen überlassend. […] Der literarische Vorteil […] einer solchen auf Distanz bedachten Schreibweise […] scheint darin zu bestehen, daß sie akzentuierend den Fortgang beschleunigt oder verlangsamt und darüber hinaus ein simultanes Bild der Buchseite bietet: diese als Einheit gesehen wie sonst der Vers oder die ganze Zeile.« Mallarmé, Sämtliche Dichtungen, S. 223.

tischer Ähnlichkeiten einbezogen; Mallarmé selbst spricht von einer ›Partitur‹, die sich aus dem Schriftbild ergibt[24]: »La constellation y affectera, d'après des lois exactes, et autant qu'il est permis à un texte imprimé, fatalement une allure de constellation. Le vaisseau y donne de la bande, du haut d'une page au bas de l'autre, etc.; car, et c'est là tout le point de vue [...] le rythme d'une phrase au sujet d'un acte, ou même d'un objet, n'a de sens que s'il les imite.«[25]

So scheinen denn die Verse in ihrer Anordnung auf der Seite die Spur jener Würfel nachzeichnen zu wollen, die das Gedicht im Titel führt. Die visuelle Gestaltung wird zum substantiellen Teil der Inszenierung, sie läßt die Verse in die Tiefe stürzen, wenn vom Abgrund die Rede ist (Seite III), oder wie eine einsame Feder schweben (Seite VII); sie verbannt einen Vers, der von der »Tiefe des Scheiterns« spricht, in die letzte Zeile (Seite II) und stellt umgekehrt einen anderen, der von der Transzendenz berichtet, an den Beginn einer Seite (Seite XI).

Streng spiegelbildlich aufgebaut ist zudem jenes Doppelblatt, das die Mittelachse des Gedichtes bildet; sichtbar nicht nur am symmetrischen Satzspiegel, sondern auch an den durch die Typographie hervorgehobenen identischen Konjunktionen ›*Comme si*‹ am linken oberen und am rechten unteren Rand der Seite, deren einzelne Wörter sich wie ein Wirbel um das gleichermaßen formale wie inhaltliche Zentrum des Satzes, das Wort ›Strudel‹ *(tourbillon)*,

24 »Ajouter que de cet emploi à nu de la pensée avec retraits, prolongements, fuites, ou son dessin même, résulte, pour qui veut lire à haute voix, une partition.« Mallarmé, Œuvres, S. 455. »Darauf hinzuweisen ist noch, daß aus diesem extremen Denkprozeß mit Straffungen, Erweiterungen, Unterbrechungen, oder sogar durch das Schriftbild, sich für den, der laut lesen will, eine Partitur ergibt.« Mallarmé, Sämtliche Dichtungen, S. 223 ff.

25 Mallarmé, Œuvres, S. 1582 (Brief an Gide). »Die Anordnung soll, genau gesetzmäßig und soweit es im Druck möglich ist, die schicksalhafte Erscheinung eines Sternbildes bieten. Das Schiff krängt, es neigt sich seitwärts, von der linken Seite oben bis zur andern unten, usw. Denn hier liegt der Blickpunkt [...] erst dann besitzt eine Satzaussage über ein Geschehen, oder sogar über einen Gegenstand, einen davon kündenden sinnvollen Rhythmus, sofern sie diesen Inhalt nachahmt.« Übersetzung nach Wais, Mallarmé, S. 415.

bewegen, das gleichzeitig das Zentrum des ganzen Gedichtes bildet. Hieraus ergibt sich eine Analogie auch im Aufbau, die noch dadurch betont wird, daß die Entsprechung von Anfang und Ende *(comme si / comme si)* – wie sie bereits aus *Salut* bekannt ist – auch die Makrostruktur des Gedichtes bestimmt: Die ersten vier Worte des Gedichtes, *Un coup de dés*, wiederholen sich am Ende, wobei in beiden Fällen noch einmal eine innere Entsprechung hinzukommt. Im Satz des Titels korrespondieren Subjekt und Objekt nicht nur insofern miteinander, als ein Würfelwurf in der Tat geradezu ein Paradigma des Zufälligen ist; es kommt hinzu, daß sich das Wort ›hasard‹ etymologisch selbst von einem Würfelspiel ableitet.[26] Im letzten Satz wechselt dann die Perspektive. Klangliche Korrespondenzen wie in *Salut* finden sich hier zwischen den Vokalen der ersten beiden und der letzten drei Wörter des Satzes: T*ou*te P*e*ns*ée* émet un C*ou*p d*e* D*é*s. Dieser direkte Bezug von Anfang und Ende führt nicht nur zu einer inneren Abgeschlossenheit des Werkes, gleichzeitig wird hier auch die für das Ähnlichkeitsdenken charakteristische Korrespondenz von Mikro- und Makrokosmos sichtbar: Der dem alchimistischen Ouroboros[27] entsprechenden zyklischen Makrostruktur des Gedichtes selbst korrespondiert im kleinen der Aufbau der Mittelseite, aber auch die Struktur des ersten und des letzten Satzes.

Ein weiteres Moment im System der Analogien stellt die Typographie dar. Besondere Bedeutung kommt ihr schon deshalb zu, weil allererst *sie* die Gliederung des Werkes sichtbar macht, indem sie – in der von Mallarmé selbst akribisch überwachten ersten Edition weit deutlicher noch als in den posthumen Ausgaben – die zentralen Sätze gegenüber den zahlreichen Parenthesen und Appositionen hervorhebt:

UN COUP DE DÉS JAMAIS N'ABOLIRA *COMME SI dans quelque proche tourbillon d'hilarité et d'horreur voltige autour du gouffre COMME SI plume solitaire éperdue* LE HASARD EXCEPTÉ

26 Vgl. Cohn, L'Œuvre de Mallarmé, S. 359; Bertrand Marchal, Lecture de Mallarmé. Poésies – Igitur – Le coup de dés. Paris 1985, S. 272.

27 Alchimistisches Symbol einer Schlange, die sich in ihr eigenes Schwanzende beißt; Zeichen für die Einheit des Alls.

PEUT-ÊTRE UNE CONSTELLATION. Toute Pensée émet un Coup de Dés.[28]

Ein zweiter Aspekt der Typographie besteht darin, daß die verwendeten Schriften zum Ende hin immer kleiner – in der ursprünglichen Fassung auch schwächer – werden und damit jenem Prozeß der ›Reinigung‹ von der Materie entsprechen, den das Werk auch inhaltlich darstellt, indem es die Vernichtung des Körperlichen vorführt. Das Schiff scheitert, und der Meister versinkt zusammen mit der Klippe, auf die er sich gerettet hat – übrig bleibt allein die Möglichkeit einer ›Konstellation‹, die freilich erst jenseits der materiellen Wirklichkeit Gestalt annehmen kann:

»à l'altitude [...] vers / ce doit être / le Septentrion aussi Nord / UNE CONSTELLATION [...] / sur quelque surface vacante et supérieure / le heurt successif / sidéralement / d'un compte total en formation.«[29]

Diese ›Konstellation‹ führt die Metaphorik des Würfelwurfs mit der der Sterne und schließlich mit dem Vers selbst zusammen, der nach der bereits zitierten Behauptung Mallarmés durch die Neuschöpfung eines Ausdrucks den Zufall überwinden kann. Gemeint ist auch hier wieder die *Poésie pure* selbst, also Mallarmés eigenes Werk. Es sucht der Forderung nach Reinheit nicht zuletzt dadurch zu entsprechen, daß es sich vor allem auf sich selbst, auf die eigene Poetik bezieht[30], deren zentraler Punkt wiederum die Distanzie-

28 »EIN WÜRFELWURF NIEMALS JE AUSLÖSCHEN WIRD *ALS OB in einem sich nähernden Taumel von Freude und Schrecken über dem Abgrund schwebt ALS OB eine einsam taumelnde Feder* DEN ZUFALL AUSSER VIELLEICHT EINE KONSTELLATION. Jeder Gedanke wagt einen Würfelwurf.« Mallarmé, Sämtliche Dichtungen, S. 227 ff.

29 »in der Höhe [...] Vers / zu sein / Pol und Polarstern der Sieben des Kleinen Wagens / EINE KONSTELLATION [...] / auf leerer erhabener Fläche / in aufblitzender Folge / sternbildhaft / die Summe der allumfassenden Zahl.« a. a. O. S. 265.

30 »Die Literatur entwirft sich zwar als ein Absolutes, als ein Selbstgeschaffenes, aber, wie Mallarmé immer wieder betonte, ›überschreitet die literarische Aktion nicht das Theater‹, das heißt [...] die Sphäre der

rung vom Prinzip der *imitatio naturae* ist. Die *Poésie pure* hält sich die empirische Realität vom Halse, indem sie den Perspektivismus des Ähnlichen an die Stelle der Nachahmung treten läßt: »Parler n'a trait à la réalité des choses que commercialement: en littérature, cela se contente d'y faire une allusion ou de distraire leur qualité qu'incorporera quelque idée«.[31] Die Poesie bemüht sich, die Gegenstände zu benennen »par des touches y répondant en coloris ou en allure, lesquelles existent dans l'instrument de la voix, parmi les langages et quelquefois chez un.«[32] Entscheidend ist dabei, daß der Emanzipation von der Erscheinungswirklichkeit, jener Abstraktion also, die bei Mallarmé das ›Nichts‹ der weißen Seiten symbolisiert, eine Vielfalt von ›unsinnlichen Ähnlichkeiten‹ gegenübersteht. In der hermetischen Abgeschlossenheit der Mallarméschen Dichtung bilden Bedeutung, Klang und Typographie einen eigenen Kosmos, eine Ordnung, die durch die Korrespondenzen zwischen den einander ähnlichen Elementen des Gedichtes gestiftet wird und dabei jede eindeutige Beziehung, jede Identifikation vermeidet: Die für die alten Ähnlichkeitstheorien charakteristische Auffassung, differente Auslegungen eines Textes seien als Zeichen von dessen Fruchtbarkeit zu betrachten, wird daher auch von Mallarmé vertreten, für den genuine Poesie aus ›hieratischen Formeln‹ besteht, »dont l'étude aride aveugle le profane et aiguillonne le patient fatal«.[33] So bleibt denn auch letztlich offen, ob die Hoffnung nach einer Überwindung der Zufälligkeit des Materiellen in der ›Konstellation‹, auf die der Leser am Ende des Gedichtes verwiesen wird, nicht doch nur eine trügerische Hoffnung ist. Zweifel weckt neben dem hervorgehobenen ›*peut-être*‹, das dem Verweis auf die Konstel-

Literatur selbst.« Marianne Kesting, Entdeckung und Destruktion. Zur Strukturumwandlung der Künste. München 1970, S. 117.

31 Mallarmé, Œuvres, S. 366. »Sprechen hat nur auf kommerzielle Weise Bezug zur Realität der Dinge: in der Literatur begnügt es sich mit einer Anspielung darauf oder ihrer Beschaffenheit sie zu benehmen, die eine Idee verkörpern wird.« Mallarmé, Sämtliche Dichtungen, S. 285.

32 Mallarmé, Œuvres, S. 364. »[...] durch Anklänge, [...] farbliche oder was die Gebärden angeht, die im Instrument der Stimme, unter den Sprachen und manchmal in einer vorhanden sind.« Mallarmé, Sämtliche Dichtungen, S. 282.

33 Mallarmé, Œuvres, S. 257.

lation vorangeht, auch der Kommentar zum *Coup de dés,* den der Autor an anderer Stelle gegeben hat: »Nous savons, captifs d'une formule absolue que, certes, n'est que ce qui est. Incontinent écarter cependant, sous un prétexte, le leurre, accuserait notre inconséquence, niant le plaisir que nous voulons prendre: car cet *au delà* en est l'agent, et le moteur.«[34] So bleibt die Spannung zwischen Zufall und Notwendigkeit, zwischen Identität und Differenz erhalten, in der sich das Spiel der Poesie, und damit auch das Spiel der Ähnlichkeiten vollzieht.

34 a. a. O. S. 647. »Wir wissen, Gefangene einer absoluten Formel, daß, sicherlich, nur ist, was ist. Sofort indessen unter einem Vorwand den Köder aus dem Weg zu schaffen bezichtigte uns der Inkonsequenz, indem wir den Genuß verleugneten, auf den wir aus sind: denn dieses *Jenseits* ist sein Agens und der Motor.« Mallarmé, Sämtliche Dichtungen, S. 274.

Markus Bauer

Ähnlichkeit als Provokation
Zur Funktion der Bildwelten im Surrealismus

Was macht zuletzt Reklame der Kritik so überlegen? Nicht was die rote elektrische Laufschrift sagt – die Feuerlache, die auf dem Asphalt sie spiegelt.

Walter Benjamin, Einbahnstraße

I.

Beschleicht den Leser theoretischer Manifeste künstlerischer Richtungen oft das Gefühl, daß deren Begründung, als Ausgangspunkt ästhetischer Praxis genommen, auch zu ganz anderen Produkten hätte führen können (und üblicherweise auch innerhalb von ›Schulen‹, Gruppen etc. führt), so läßt diese Beobachtung im Falle des Surrealismus zusätzlich an vergangene Kunstformen und -theorien denken, die zu ähnlichen Ergebnissen führten oder sich gleicher Darstellungsformen bedienten. Wenn auch die Provokation der Surrealisten auf die Provozierten als radikale Absage an alle Traditionen erschien, machten die programmatischen Erklärungen wiederholt auf die ›Ahnen‹ ihrer künstlerischen Anstrengungen aufmerksam – am ausführlichsten, was die Nennung der Namen angeht, die Aufstellung von André Breton im ersten *Manifeste du surréalisme* (1924), die von Shakespeare, Dante, Edward Young, Swift, de Sade über Poe, Baudelaire, Rimbaud, Mallarmé zu Saint Pol-Roux, Reverdy, Roussel u. a. führt.[1] Die Anknüpfungspunkte sind dabei eher phantastische, »en quelque chose«[2] korrespondieren sie mit den Surrealisten: »Swift est surréaliste dans la méchan-

1 André Breton, Manifeste du surréalisme (1924). In: Ders., Œuvres complètes. Hrsg. v. Marguerite Bonnet. Bd. 1, Paris 1988, S. 329 und S. 1356.

2 a. a. O. S. 1356; dort auch später erweiterte Listen. Vgl. Hans Holländer, Ars inveniendi et investigandi. Zur surrealistischen Methode. In: Wallraff-Richartz-Jahrbuch XXXII (1970), S. 193–234, hier: S. 193–197 über die zufällige Traditionswahl Bretons, die sich nach Meinung Holländers eher an irrationalen künstlerischen Ergebnissen als an Methoden orientiert.

ceté. Sade est surréaliste dans le sadisme. […] Poe est surréaliste dans l'aventure. Baudelaire est surréaliste dans la morale.«[3] Für Breton selbst und seine literarische Entwicklung wurde das Werk Mallarmés und Rimbauds entscheidend. Die Kunst Mallarmés beeinflußte die »regelrechte Bilder- und Melodiestürmerei«[4] des jungen Spätsymbolisten zur Zeit des Ersten Weltkrieges. Die vom Wort ausgehende Tätigkeit der Phantasie blieb jedoch bei Breton gebunden an das Kriterium einer poetischen Wirkungsweise, deren Reichweite erheblich erweitert wurde. Die frühen Gedichte Bretons vollzogen die Abkehr von der auf Suggestionskraft und Repräsentationsfunktion der Worte und Metaphern bauenden manierierten französischen Stimmungslyrik, deren wuchernde Sentimentalität in einer Form der Montage nun den Erschütterungen und Härten eines Tests ausgesetzt wurde. Jene Materialität der Sprache, die Mallarmés »Erregung der Wörter« nachfolgte, trat aus dem harten Zusammentreffen der weit entfernt liegenden Bedeutungen absurder Sprachbilder hervor. Auch Baudelaire und Rimbaud hatten bereits als Problem dieser Darstellung des Schwebens der Bedeutung in der Sprache die Spannung von einzelnem Wort und Metapher zu Wortkomplex bzw. Bild berührt. Die junge Avantgarde des zwanzigsten Jahrhunderts las aus dieser Konstellation in der Nachfolge Mallarmés als ihr Thema die Integration der leeren Zwischenräume, des Schweigens, der farblichen Nichtwertigkeit in den Bedeutungsrahmen des Kunstwerks heraus. Ihr allgemeinstes Äquivalent fand diese ästhetische Problemstellung in der Anwendung von asymmetrischen Montage- und Collagetechniken in Lyrik, Musik und bildender Kunst.

Über die kubistischen und dadaistischen Konstruktions- und Destruktionsabsichten hinaus begannen die Surrealisten sich methodisch der Frage von Identität und Darstellung zu widmen. Eine wichtige Funktion gewann hierbei ein Konzept der Ähnlichkeit, das unausgesprochen sowohl den umfassenden Anspruch einer die

Holländer möchte das lullistische Verfahren der Kombinatorik als rationale Grundlage des *Surrealistischen Manifests* aufzeigen.

3 Breton, Œvres, S. 329.

4 Elisabeth Lenk, Der springende Narziß. André Bretons poetischer Materialismus. München 1971, S. 13.

»Geheimnisse des Lebens« ergründenden Methode erhob als auch das Movens abgab, das alle surrealistische Kunstproduktion in einem permanenten Austausch der Gattungen erhielt. Dieser Ausprägung antimimetischer Ähnlichkeit soll im folgenden nachgegangen werden. Es zeigt sich, daß dieses Konzept nicht nur die Literatur des Surrealismus, sondern vor allem auch dessen Bildproduktion bestimmte. Ihre Muster gewannen die Künste dabei in den historischen Formen eines voridealistischen Kunstverständnisses, dessen schrittweise Entdeckung das Material für die surrealistische Arbeit gegen das herkömmliche Verständnis der Kunst lieferte.

II.

»Je m'étais mis à choyer immodérément les mots pour l'espace qu'ils admettent autour d'eux, pour leurs tangences avec d'autres mots innombrables que je ne prononçais pas«[5], erinnerte sich Breton an seine Diskussionen mit dem Dichter Pierre Reverdy über die Entstehung eines neuen *lyrisme* im Gefolge Guillaume Apollinaires. In dem auf Rimbauds Deutschlandaufenthalt anspielenden *Forêt-Noire* (1918) läßt Breton in einer auch (typo)graphisch das Weiß der Seite gestaltenden Gegenüberstellung von Zitaten, Gegenständen, Name etc. den Dichter reden:

»Relief du sort
        Où   sans   volets   ce pignon blanc
Cascades
                        Les schlitteurs sont favorisés.«[6]

Die aufeinandertreffenden Wörter bilden Realitäten, zwischen ihnen liegt ein Niemandsland, das den Übergang zwischen den

5 Breton, Œuvres, S. 323; vgl. auch a. a. O. note 5, S. 1331.

6 a. a. O. S. 12. In dem Gedicht *Pour Lafcadio* (a. a. O. S. 13) heißt es: »Des combattants / qu'importe mes vers le lent train / l'entrain / Mieux vaut laisser dire / qu' André Breton / receveur de Contributions Indirectes / s'adonne au collage / en attendant la retraite«.

Wörtern, die Lesegeschwindigkeit unterbricht und den durch sie geschaffenen Bedeutungsfluß stocken läßt. Erst diese, mögliche Bedeutungen nur evozierende Leere zieht von den sie umgebenden Wörtern die Eindeutigkeit ab. Dadurch gewinnen sie eine räumliche Plastizität, eine eigene Gestalt, die nicht nur von ihrem Sinn geformt wird. Den Wörtern Raum zu geben, um ihrer verlorenen Unschuld zur Entfaltung zu verhelfen, machte die auf Diskussionen des neunzehnten Jahrhunderts zurückgehende Absicht André Bretons aus, als er 1924 Marcel Duchamps »Wortspiele« als das bemerkenswerteste Ereignis in der Lyrik der Zeit bezeichnete.[7] Mit dieser Überwindung des Dadaismus eröffneten sich neue Welten der Bedeutung und der Darstellung durch die Arbeit am Wort selbst.

Maurice Blanchot nannte als Merkmal dieser unabhängigen und absoluten Existenz der Sprache, daß sie »ne suppose personne qui l'exprime, personne qui l'entende: il *se* parle et il *s'*écrit. Il est une sorte de conscience sans sujet«.[8] Über die positivistischen Untersuchungen des neunzehnten Jahrhunderts hinaus, ob den Vokalen bestimmte Farben zugeordnet werden können oder sie musikalischen bzw. architektonischen Gesetzen gehorchen, ließ der Surrealismus die Bedeutung der Wörter versuchsweise aufeinandertreffen, um neue Poesie und Schönheit zu produzieren. Das Neue und Wunderbare verdankte sich einer Freiheit der Assoziation und Darstellung, die auf die unsinnliche Ähnlichkeit der Wörter untereinander und ihre Korrespondenzen mit Farben, Tönen, Rhythmen etc. vertraute bzw. sie provokatorisch als künstlerisches Mittel in Szene setzte. Jenseits der nur die syntaktischen und medialen Zwänge aufhebenden futuristischen »Befreiung des Wortes«[9] glaubte der Surrealismus an die Verbindung, ja Identität von Sprache, Wahrnehmung und Denken im Wort als einer methodischen und phantasiegeleiteten Entbindung der in der Sprache angeleg-

7 Vgl. Paul Éluard, Physique de la poésie. In: Minotaure 6 (1936), S. 13; auch in: Ders., Œuvres complètes. Hrsg. v. Marcelle Dumas und Lucien Scheler. Bd. 1, Paris 1968, S. 937: »Les poèmes ont toujours de grandes marges blanches, de grandes marges de silence où la mémoire ardente se consume pour recréer un délire sans passé.«

8 Maurice Blanchot, La part du feu. Paris 1949, S. 48, zit. nach Hans T. Siepe, Der Leser des Surrealismus. Stuttgart 1977, S. 41.

9 Vgl. die Anmerkung in Breton, Œuvres, S. 1313 f.

ten Ähnlichkeit. Die bittere dadaistische Komik wich der ernsthaften Eroberung neuer Welten durch die Macht der Wörter, wie sie Duchamps praktizierte: »jeux de mots, quand ce sont nos plus sûres raisons d'être qui sont en jeu. Les mots du reste ont fini de jouer. Les mots font l'amour.«[10]

Aber auch einen anderen Weg der plastischen Vergegenwärtigung der Wörter verfolgten die Surrealisten. ›Je länger man ein Wort anschaut, desto fremder blickt es zurück‹ – dieser eher kontemplativen Erforschung der Wortgestalt hatten sich Paul Éluard und Jean Paulhan in linguistischen Untersuchungen verschrieben, die sie zur semantischen Analyse von Sprichwörtern trieb, und sie bezogen sich dabei explizit auf eine seit Baudelaire, Rimbaud und Mallarmé in Frankreich virulente Diskussion um die Erneuerung der Sprache.[11] Die Bedeutung des Wortes tritt dem Leser nicht als Substrat einer vorgängigen Idee entgegen, sondern die Eigenschaften des Wortes werden zu einem Material, das besondere Energien speichert. Deren Entbindung ruft im Zusammentreffen mit anderen Energien überraschende Reaktionen hervor. Ihre konvulsivische Wirkung beweist die Wortbedeutung im Traum, dessen alles integrierende Kraft die »Abkürzung von Denkwegen und die Verwirklichung des Gedankens in einem gefühlsbetonten Zeichen« als gleichsam erotischen Akt vollzieht. Im Wachzustand bildet die Metapher das Verfahren des Traumes nach: »Sie ist Bild und Zeichen und ein Ergebnis der endgültigen Synthese von Mensch und Welt. Ihre objektive Analyse macht es also möglich, zu einer andern Sicht der Wirklichkeit zu gelangen, die nicht mehr der hypothetische Beginn eines Gedankenweges ist, sondern ihr Endergebnis.«[12] Literatur läßt sich durch möglichst unkorrigierte Wiedergabe dieser permanenten inneren Metaphernproduktion von jedem herstellen, dessen Phantasie fruchtbar dafür ist.[13]

10 a.a.O. S. 286.

11 Vgl. Siepe, Leser des Surrealismus, S. 39–81.

12 Zdenko Reich. In: Le Surréalisme au Service de la Révolution 6 (Mai 1933), S. 25–27, hier: S. 27.

13 Vgl. das von Breton und Philippe Soupault gemeinsam geschriebene Buch *Les champs magnétiques* (1921) und die Wertschätzung für die erst 14jährige Gisèle Prassinos, die Texte in der *écriture automatique* hervorbrachte, vgl. Minotaure 6 (1935), S. 62–64; zur werkhistorischen Einord-

Tritt die Poesie ins Leben, weil das unzensierte sprachliche Bild an der Konstituierung von Wirklichkeit teilhat, so besitzt es diese Kraft auch, weil es Vehikel jenes *umour* ist, der die surrealistische Haltung zur sozialen Umwelt im Terminus des dandyhaften Freundes André Bretons aus den Tagen des Krieges, Jacques Vaché, umschreibt. *Umour* meint zunächst die Kälte gegenüber den Aufregungen des Tages, die ostentative Beibehaltung gewisser Eigenheiten: »Jacques Vaché était passé maître dans l'art ›d'attacher très peu d'importance à toutes choses.‹ Il comprenait que la sentimentalité n'était plus de mise et que le souci meme de sa dignité, dont Charlie Chaplin n'avait pas encore souligné l'importance primordiale, commandait de ne pas s'attendrir.«[14] Breton interpretierte später den *umour* als »schwarzen Humor«, eine parasurrealistische Haltung aus allen Epochen der Moderne.[15] Der Verfremdungseffekt des *umour* ging mit der surrealistischen Bilder- und Metaphernproduktion konform und gab das unterscheidende Merkmal ab gegenüber den anderen kunstrevolutionären Bewegungen: nicht Verzicht auf Kunst wie beim Dadaismus oder die Maschinenverherrlichung des Futurismus, sondern die selbstbewußte Einübung einer künstlerischen Antihaltung, die der Sprache und den Bildern den Vortritt läßt. Louis Aragon sah darin die Übersetzung des *umour* ins Praktische:

»Das Bild ist übrigens das Vehikel des Humors und in proportionaler Umkehrung macht der Humor die Kraft des Bildes aus. Vergleichen Sie zwei willkürlich gewählte Bilder und Sie werden baff sein. Das erklärt auch ihr Altern, denn der Humor ist nur für eine kurze Zeitspanne an das Bild gebunden, und sobald er sein Motorrad wieder zwischen die Beine nimmt,

nung der *Champs magnétiques* vgl. Siepe, Leser des Surrealismus, S. 56 ff., und Thomas M. Scheerer, Textanalytische Studien zur »Écriture automatique«. Diss. Bonn 1974 (= Romanist. Versuche u. Vorarbeiten 49), S. 11–23. Zur Kritik am Nominalismus Bretons im *Manifeste* siehe Claude Vigée, L'Invention poétique et l'automatisme mental. In: Modern Language Notes LXXV (1960), S. 143–154.

14 Breton, Œuvres, S. 199.

15 Vgl. Bretons Textsammlung *Anthologie de l'Humour noir*. Paris 1950. Mit Beiträgen von Lichtenberg, de Sade, Grabbe, de Quincey, Carroll, Huysmans, Kafka, van Hoddis, Picasso u. v. a.

fängt die Mauer an zu bröckeln. Das ist die Grundlage des Gedankens vom Neuen in der Poesie.«[16]

Dieser Sprung über die Grenzen der scheinbaren Gewißheit von Realität verschärft die Wahrnehmung des einzelnen Wortes im Kontext sprachlicher Bilder. Das »Rauschgift Bild« schafft neue Realitäten in der »lebendigen Metapher«, die nicht nur nachahmt nach dem Kriterium der mimetischen Ähnlichkeit.

Distanz zwischen den Dingen, d.h. auch zu den Wörtern und Bildern, läßt deren Gestalt erkennen – der drohenden Statik und mystischen Kontemplation begegnet das zwangsläufig erscheinende Neue und Wunderbare der immer aktiven Phantasie:

»[…] wir werden nicht zu den abgegriffenen Metaphern zurückkehren, uns die Pantoffeln der Gewohnheit anziehen, wir wollen eine Sprache des Katapults hören, sie soll Decken zum Einsturz bringen und Stiere enthörnen. Die Poesie ist vom Wesen her stürmisch, und jedes Bild muß ein Erdbeben herbeiführen. Das muß brennen!«[17]

Die Geschwindigkeit der *écriture automatique* sollte die Gewähr dafür bieten, daß keines der in das Unbewußte eingedrungenen Bildungsrelikte dominierte und die Möglichkeit zur Identifikation eröffnete. Der *umour* ließ vielmehr die Ungeheuerlichkeit jener Bilder hervortreten, die die Distanz zwischen den Individuen aufrechterhielten. Nicht gänzlich unterschieden vom Verfremdungseffekt des epischen Theaters stand der *umour* für eine Methode der Vergegenständlichung von Verhaltensweisen. In der Distanzierung zu sich selbst setzt der Fluß der Bilder ein, die kühl kommentiert und getestet werden. Nicht die heißlaufende emotionale Identifikation mit moralischen Überzeugungen ist die Ursache der politischen Ausrichtung des Surrealismus, sondern die entsubjektivierende Abkehr von allem, was nach bourgeoiser Kultur aussah. Die Forde-

16 Louis Aragon, Traité du style. Paris 1928; dt.: Abhandlung über den Stil. Surrealistisches Traktat. Hamburg 1987, S. 87f. Vgl. dazu Karlheinz Barck, Stildiskurs und Stilkritik in der Perspektive des französischen Surrealismus. In: Stil. Geschichten und Funktionen eines kulturwissenschaftlichen Diskurselementes. Hrsg. v. Hans Ulrich Gumbrecht u. K. Ludwig Pfeiffer u.a. Frankfurt a. M. 1986, S. 248–268.

17 a.a.O. S. 88.

rung nach dem immer Neuen und Wunderbaren verdeckte hier den eigentlichen Antrieb durch einen Kult der Distanz und Beobachtung. Diese *Impassibilité* der Surrealisten verband sich mit einer rasenden geistigen Mobilität, als müsse die innere Distanz durch ein Höchstmaß an Geistesgegenwart ausgeglichen werden. Wie bei Lautréamont geht poetische Praxis der absoluten Metaphorisierung einher mit einer Bereitschaft für das Neue, dessen Ort die Straßen und Lokale von Paris bilden.[18] Bei Aragon steht im *Traité du style* (1928) dieser vitalistische Impuls des *umour* als Haltung im Vordergrund. Nicht distanzlose Anwendung der *écriture automatique* oder aus Traumbeschreibungen produzierte Poesie, nicht die romantischen Verfahren der Korrespondenzen und Wortspielereien machten den Surrealismus aus:

»Ach, wer beschreibt das Elend, das die Metaphern anrichten, die schlimmen Folgen des Wortes Analogie, das niederschmetternde Gewicht der baudelaireschen Korrespondenzen [...] die vorigen Leben sind keinerlei Erklärungen. Auch nicht das farbige Hören, die Parfümorgeln, die Duftfächer und so weiter.«[19]

Gegen die drohende gesellschaftliche Verharmlosung der surrealistischen Revolte aktivierte Aragon noch einmal den reinen poetischen Elan der Anfangsphase, dessen Festlegung auf die Droge »Ähnlichkeit« nun die Ursache des künstlerischen Niedergangs abgab. Dagegen sollte die enge Verbindung von gelungener Metapher und dadurch veränderter Realität helfen. Allerdings bedeute-

18 Es lag für Philippe Soupault nahe, in der Figur Ducasse in Jules Vallès' autobiographischem Romanwerk *Jacques Vingtras* (1878) einen Hinweis auf die Zugehörigkeit Lautréamonts zu jenen Straßenagitatoren zu sehen, die am Ende des Kaiserreichs auf die Kommune hinarbeiteten, vgl. Soupaults Vorwort zu *Œuvres complètes du Comte de Lautréamont* (Isidore Ducasse). Les Chants de Maldoror – Poésies – Correspondance. Paris 1927, S. 47; dagegen wandten sich die anderen Surrealisten mit großer Heftigkeit; vgl. Lautréamont envers et contre tout. In: Maurice Nadeau, Histoire du Surréalisme II. Documents surréalistes. Paris 1948, S. 77; weiterhin auch Marcelin Pleynet, Lautréamont als Politiker. In: Das Geheimnis des Comte de Lautréamont. Untersuchungen und Essays. Hrsg. v. Klaus Bittermann u. Holger Fock. Berlin 1986, S. 151.

19 Aragon, Abhandlung über den Stil, S. 32 f.

te Aragons vehemente Wendung gegen Rimbaud und Baudelaire und die Abkoppelung von den vitalistischen Folgen ihrer poetischen Voraussetzungen bereits das Einschwenken auf eine Schreibweise, deren Fluchtpunkt für Aragon eine besondere Form der politischen Literatur des Realismus mit dem Credo »Les mots suivent les choses« bildete.

III.

Dennoch blieb der *Traité* ein surrealistischer Text, er baute seine ätzende Kritik am literarischen Betrieb auf die surrealistische Methode:

»Ich trete die Syntax mit Füßen, weil sie getreten werden muß. Sie ist eine Traube. Sie verstehen. Fehlerhafte und schludrige Sätze, Ungereimtheiten zwischen den Satzteilen, das Vergessen des Gesagten, der Mangel an Voraussicht bezüglich des Noch-zu-Sagenden, fehlerhafte Übereinstimmungen, Mißachtungen der Regeln [...], das ist mein Wesen.«[20]

Subtext des furiosen Traktats ist die Auseinandersetzung mit dem Klima, in dem der Surrealismus entstand und gedeihen konnte. Aragon kritisiert die Melancholie des Ursprungs und die Romantik der späteren Praxis. Er wirft dem 1926 aus der Gruppe ausgeschlossenen Soupault vor, mit dem Verb »aufbrechen« Literatur zu machen: »Der Aufbruch, man weiß nicht wohin, warum, wie, aber der Aufbruch. Daher die große Schwäche für Bahnhöfe und Gepäck, für die Plakate der Schiffahrtsgesellschaften usw. Ein Opernchor singt stehend: Lasset uns aufbrechen, lasset uns aufbrechen.«[21] Dieses Weggehen sieht Aragon sich wandeln in eine Flucht, die nur die »zeitgenössische Form des Weltschmerzes« ausmache:

»Da die Flucht unmöglich geworden ist, kann jeder friedlich davon träumen zu fliehen. [...] Wir sind Zeuge einer affektiven Verschie-

20 a.a.O. S. 18.
21 a.a.O. S. 51.

bung allen Lebens zugunsten eines miesen, kleinen, nur fiktiven und individuellen Universums, in dem sich jeder die Welt nach seinem triefäugigen Ebenbilde aufbaut. [...] Wie einfach alles wird, und dann ist ja auch die Hoffnung, die man mit dem ganzen Gesindel der Priester über die Hintertreppe hinausgejagt hatte und die nun durch die weit geöffneten Flügel der Eingangstür zurückkommt. Sie haben sich ein Scheinparadies aufgebaut, das irgendwo in Afrika angesiedelt ist, Mesopotamien unwesentlich verändert. Wie ein x-beliebiges Papasöhnchen hat der Optimismus rimbaudsche Züge bekommen: das fehlte gerade noch.«[22]

Der modische Pessimismus in den Diskussionen um Selbstmord, Religion, Glück, Drogen (»Es ist nichts Poetisches, sich unter Drogen zu setzen. [...] Es ändert einen weniger als ein neuer Anzug.«) sei Teil dieser Historisierung der surrealistischen Neuerungen und lasse das zentrale Problem erkennen: Allein mit der Sprache und auf sich gestellt, gerät auch der surrealistische Künstler in die Gefahr von Illusionen über die Bedingungen der eigenen Freiheit. Die Eigenmächtigkeit des Poeten betrifft in Aragons Selbstbeschreibung nur die soziale Seite der Sprache, ihre Regeln, die Syntax. Die innere Seite der neuen sprachlichen Bilder dagegen, ihr Sinn, ist gekennzeichnet durch die beängstigende Leere des auf sich selbst zurückgeworfenen Autors, der den Spiegel seiner Reflexion zerschlägt. Wo er glaubt, aus der glänzenden Materialität der Sprache immer wieder eine neue Welt zu ›machen‹, ließ die Metaphorik des Glases und Spiegels im Surrealismus die Fragilität dieser unendlichen Beziehung von Ähnlichkeiten und Korrespondenzen erkennen. In der Abkehr von der älteren Dichtergeneration (»Was haben Sie denn zu sagen, manische Schwätzer?«), deren beschränkte Weltsicht im Spiegel ihrer schlechten sprachlichen Bilder zu entdecken seien, erblickt Aragon auch die eigene Praxis.[23] Steckt in

22 a. a. O. S. 53.

23 Aragon läßt in der *Abhandlung* (S. 21 f.) den Federhalter sich gegen seinen Schreiber sträuben: »Was will der [Autor] von mir? Dieses Tier. Ich habe genug von der Vermittlerrolle. Das nennen sie denken. Denken Sie doch! Das sollte man nicht mir überlassen.« Das Instrument wendet sich um zum Schreiber, »wie ein umgeklappter Fingernagel«, um diesen nach seinen Geschichten zu befragen. Nicht nur die unangenehme

dieser Polemik nicht die Kritik an den surrealistischen Kollegen, deren Anwendung von *écriture automatique* und Traumbeschreibungen einer Selbstbespiegelung Vorschub leisteten, die sich als neuentdeckte Objektivität des Lebens brüstete und den Absichten des Surrealismus eher hinderlich war?[24]

Um diese Frage zu beantworten, bietet es sich an, den Gebrauch der Spiegelmetapher und ihren Bezug zur nichtmimetischen Ähnlichkeit im Surrealismus näher zu untersuchen. Das erste surrealistische Werk[25], die von Breton und Soupault gemeinsam in *écriture automatique* verfaßten *Champs magnétiques* (1920), beginnt mit einem weitgehend von Soupault stammenden Kapitel[26], *La glace sans tain*, dessen Titel auf ein gleichnamiges Gemälde von Henri Matisse zurückging. In dieses Geburtsdokument gehen melancholische Erfahrungen von in den großen Städten Umherirrenden ein, deren Leben einen Riß erlitten hat:

»Nous courons dans les villes sans bruits et les affiches enchantées ne nous touchent plus. A quoi bon ces grands enthousiasmes fragiles, ces sauts de joie desséchés? Nous ne savons plus rien que les astres morts; nous regardons les visages; et nous soupirons de plaisir. Notre bouche est plus sèche que les plages perdues; nos yeux tournent sans but, sans espoir.«[27]

Den einzigen Lichtblick eröffnet das Fenster auf das Herz der Erzählenden (»nous«), das wie der »durchsichtige Spiegel« ohne rückwärtige Folie eine einsinnige Perspektive eröffnet, weg von den Wahrnehmungen des verschlossenen Äußeren zu einer durch die *écriture automatique* ermöglichten künstlerischen Befreiung:

äußere Physiognomie stößt den Federhalter von seinem Schreibenden ab, auch die Ausübung des Schreibens scheint ihm »unter moralischen wie physischen Gesichtspunkten eine rohe und abstoßende Sitte zu sein«.

24 Zur Diskussion innerhalb der surrealistischen Gruppe um die *écriture automatique* vgl. Scheerer, Textanalytische Studien, S. 21 f.

25 Zur Einschätzung der *Champs magnétiques* in der Sekundärliteratur vgl. Scheerer, Textanalytische Studien, S. 52, Anm. 1.

26 Vgl. die Anmerkungen von Marguerite Bonnet in: Breton, Œuvres complètes, S.1133–1144. Die *Champs magnétiques* werden nach dieser Ausgabe zitiert.

27 Breton, Œuvres, S. 53.

»La fenêtre creusée dans notre chair s'ouvre sur notre cœur. On y voit un immense lac où viennent se poser à midi des libellules mordorées et odorantes comme des pivoines. Quel est ce grand arbre où les animaux vont se regarder?«[28]

Der Text läßt in immer neuen Gruppierungen der Sprachbilder die wechselnden Assoziationen der Stadtgänger entstehen und führt so gleichzeitig das Eigenleben der Metaphern vor. Durch den Spiegel der Sprache hindurch erschließt sich dem Leser ein Blick auf sprachliche und seelische Vorgänge, die der Referenzfunktion vorangehen, indem die Vermittlung der Wirklichkeit qua semantischer Fixierung von Worten aufgehoben ist. Die Wörter werden »auf den, der sie nennt, hin durchsichtig«.[29] Nicht die durch die sprachliche Bedeutungsstruktur vorgegebene Ausdruckswelt tritt dem Autor als Manifestation des eigenen Ich gegenüber, sondern von der anderen Seite, wo die Welt durch die Wörter ›gemacht‹ wird, kann der automatische Schreiber bei größter Passivität eine Einsicht erhalten, die ›wirklicher‹ sei, als jede sprachliche Nachahmung es je darstellen könnte.[30]

Während die gleißenden Wörter und Sprachbilder als Bedingung ihrer Existenz den Blick auf ihre Entstehung freigeben, lädt im Text des Kapitels *La glace sans tain* »un immense lac« wieder zur Spiegelung ein, wie auch »ce grand arbre où les animaux vont se

28 a. a. O. S. 57.

29 Lenk, Narziß, S. 28. Vgl. auch Harald Weinrich, Semantik der kühnen Metapher (1963). In: Anselm Haverkamp (Hrsg.), Theorie der Metapher. Darmstadt ^{2}1996, S. 316–339.

30 Henri Matisses Gemälde *La glace sans tain* (1913; später in *La fenêtre bleue* umbenannt, vgl. die Abb. im Ausstellungskatalog Matisse 1903–1917. Paris 1993, S. 343) setzt die stark abstrahierende farbliche Materialität der Gegenstände in Beziehung zur Perspektive einer durch ein Fenster sichtbaren, mit Bäumen dicht bestandenen Landschaft, in der das Atelier des Malers erkennbar ist. In der rechten Bildhälfte befindet sich ein quadratischer Rahmen mit brauner Füllung als *glace sans tain* – eine melancholische Chiffre. Ebenso wie die Verlagerung der Imagination in das Material der Farbe hinein auf subtile Weise die Ablösung der Repräsentation thematisiert, kann auch das Motiv des leeren Spiegels den Surrealisten Anlaß gegeben haben, ihre »Befreiung des Wortes« mit diesem doppeldeutigen programmatischen Titel zu versehen.

regarder«.[31] Die *écriture automatique* versprach, sich hinter dem Spiegel bewegen zu können, wie es der von den Surrealisten hochgeschätzte Lewis Carroll in der Epoche Lautréamonts in seiner Erzählung *Through the Looking Glass and what Alice found there* (1872) geschildert hatte – nämlich die Instanzen zu umgehen, die in der Literatur die Unterscheidung zwischen realistischer Nachahmung und absurder Phantastik aufrechterhielten.[32] Daß hinter dem Spiegel die gleichen Mechanismen am Werk waren wie im Traum, ergaben nicht nur die theoretischen Überlegungen zur Metaphernproduktion, wie sie Zdenko Reich u.a. formuliert hatten, sondern bereits bei Carroll ist die Rückkehr aus dem Spiegel wie das Aufwachen aus einem Traum geschildert, ja der Schluß der Erzählung stellt die Frage, »wer eigentlich das Ganze geträumt hat: [...] Denn siehst du, einer muß es ja gewesen sein, entweder ich oder der Schwarze König. Er kam in meinem Traum vor, gewiß – aber ich doch auch in dem seinen! Hat mich der Schwarze König wirklich geträumt?«[33] Der durchsichtige Spiegel steht hier (als eine Metapher) für das rhetorische Verfahren selbst, das kein souverän handelndes Subjekt mehr voraussetzt, sondern Denken und seine Repräsentation ineinander sichtbar macht: »da ja im Traum der Träumende Rezipierender, Autor und fiktiver Held zugleich ist, verschwimmen die Grenzen, welche die Institution Literatur gezogen hat und geraten in Bewegung«.[34] Aber damit die Tropen spiegeln können, muß die Metapher in der Legierung von Differenz und Ähnlichkeit das harte Material abgeben, in dem das Licht des Gedankens zurückgeworfen werden kann. Den Surrealisten genügte diese Reflexion nicht; im *glace sans tain* gibt das durchsichtige Spiegelglas der surrealistischen Sprachbilder den Blick frei auf die Gedanken selbst und vermittelt die Illusion, die Grenze zwi-

31 Breton, Œuvres, S. 57.

32 Vgl. Pierre Mabille, Miroirs. In: Minotaure 11 (1937), S. 14ff.

33 Lewis Carroll, Alice hinter den Spiegeln. Übers. u. hrsg. v. Christian Enzensberger. Frankfurt a. M. 1963, S. 245f.; zur Überblendung von Traumverfahren und Tropologie vgl. Elisabeth Lenk, Der Traum als Konstruktionsprinzip bei Lautréamont und Carroll. In: Dies., Kritische Phantasie. Gesammelte Essays. München 1986 (= Debatte 25), S. 121–147, hier: S. 134ff.

34 Lenk, Gesammelte Essays, S. 142.

schen Phantasie und ihrer Repräsentation aufgehoben zu haben. Die Traverse durch den Spiegel ist Teil jenes *transports*, dem die Metapher folgt – im Kosmos der Ähnlichkeit, deren unbeschränkte Herrschaft die Gegenstände in immer neuen Verbindungen überraschend und wunderbar zusammenführt. Über einen nur reproduzierenden Gebrauch des Mediums Spiegel hinaus erkundeten die modernen Künste die ästhetischen Innovationspotentiale einer manipulierten Spiegeloberfläche und der damit verbundenen neuen Möglichkeiten einer antimimetischen Kunst neuer unsinnlicher Ähnlichkeiten. Die Faszination des Surrealismus und ihn begleitender avantgardistischer Bewegungen für alle Formen des Spiegelnden, Zersplitterten, Durchsichtigen rührt von diesem Zugang zu einem in der vielfach gebrochenen Beziehung zwischen den Reflektoren erkennbaren Reich der antimimetischen Ähnlichkeit und der Möglichkeit, sich in ihm zu bewegen, so daß die Frage nach Realität und Phantasie sich nicht mehr stellte.

Naheliegenderweise konnte von der sprachlichen Ebene diese visuelle Vorstellung in alle bildnerischen Künste wie Film, Fotografie, Malerei wechseln. Ihren Niederschlag fand sie in Brassais Kristallaufnahmen[35], in den Kaleidoskopsequenzen von Jacques Chaumettes Experimentalkurzfilm *Cinq minutes de cinéma pur* und den glitzernden Glasscherben und -kugeln in Germaine Dulacs *La coquille et le clergyman* (1928) nach einem Drehbuch von Antonin Artaud.[36] Die surrealistischen Künstler führten die kubistische Zersplitterung der Repräsentation zur Behauptung, das gläserne Material besitze eine Ähnlichkeit mit der Traumwelt selbst. Die visuellen Künste traten daher zunehmend neben der Literatur in das Zentrum surrealistischer Reflexion über die Kunstproduktion. Jean Cocteau ließ in seinem Film *Le sang d'un poète* (1930–32) den Protagonisten in einen Spiegel fallen, der sich als Wasseroberfläche herausstellt, und stellte so den poetischen Realismus des Films unter eine surrealisti-

35 Minotaure 5 (1934), S. 9–16 als Illustration zu Bretons Text *La beauté sera convulsive*; jetzt auch in dem Ausstellungskatalog Brassai. Vom Surrealismus zum Informel. Salzburg, Kassel 1994, S. 65–70.

36 Vgl. Surrealismus in Paris. 1919–1939. Ein Lesebuch. Mit Abbildungen. Hrsg. und mit einem Essay v. Karlheinz Barck. Leipzig 1985, S. 584–592 und Anm. S. 712 f.

sche Dramaturgie. In Victor Brauners Gemälden sah Pierre Mabille »la volonté de percer le plafond opaque qui limite notre connaissance«, wobei »les cornes serviront à briser le miroir et à pénétrer au-delà de sa surface sur laquelle l'œil s'arrête désespéré«.[37]

Paul Éluard griff 1933 anläßlich eines Baudelaire-Porträts von Matisse nochmals auf dessen *glace sans tain* zurück. Der Dichter sah in dem Unglück seines Vorgängers aus dem neunzehnten Jahrhundert die Quelle von dessen Modernität. Seine letzte Krankheit habe ihn im Spiegel einen anderen erkennen lassen: »Vivant, mais quand il se regarda dans la glace, il ne se reconnut pas et salua. Tout est donc perdu. Baudelaire, en se saluant, se pense un autre. Définitivement.«[38] Die berauschende und halluzinierende Melancholie habe den Spiegel seines Geistes verhext, »tout ce qui s'y reflète profite de l'étrange lumière de toutes les ombres d'une vie infiniment soucieuse d'elle-même créent et fortifient, avec amour«.[39] Die Strichzeichnung Matisses evoziert bei Éluard als eine Erinnerung »l'irrationnel échiquier de couleurs«[40] in Matisses Gemälden. Das Porträt gewinnt seine Evidenz durch eine Ähnlichkeit im Vergleich, aber nicht mit einem früher gesehenen, sondern mit dem Werk des Malers selbst, »dans le jour de l'œuvre de Matisse«. Die Farbgebung und »la bouleversante simplicité des lignes« läßt das Bild »naturelle et nouvelle« erscheinen. Éluard beendet den Text mit einer überraschenden Volte, die aber auf bezeichnende Weise ein ganz anderes Gemälde zur Rede bringt: »Dans *La glace sans tain* du temps, nous reconnaissons toujours Baudelaire, physiquement et moralement, sans l'avoir jamais vu.«[41] Der Blick auf das in Um-

37 Pierre Mabille, L'œil du peintre. In: Minotaure 12–13 (1939), S. 53–56, hier: S. 55; auf die romantischen Wurzeln dieses Motivs verweist Mabille in *Miroirs*. In: Minotaure 11 (1937), S. 17. Zum Mythos des Narziß vgl. Christa Lichtenstern, Metamorphose. Vom Mythos zum Prozeßdenken. Ovid-Rezeption, Surrealistische Ästhetik, Verwandlungsthematik der Nachkriegskunst. Weinheim 1992 (= Dies., Metamorphose in der Kunst des 19. und 20. Jahrhunderts, Bd. 2), S. 51 ff.

38 Paul Éluard, Le miroir de Baudelaire. In: Minotaure 1 (1933), S. 62–64, hier: S. 62; auch in: Ders., Œuvres, S. 953.

39 a. a. O. S. 62; Œuvres, S. 954.

40 a. a. O. S. 64; Œuvres, S. 956.

41 Zitate ebd.

rißlinien eher angedeutete denn plastisch ausgeführte Porträt ist einer durch die Zeit; im durchsichtigen Spiegel des Porträts funktioniert Ähnlichkeit als Gedächtnisinstrument. Ähnlichkeit wird vom Dichter hergestellt, es bedürfte schon besonderer Brillengläser, um das falsche Wiedererkennen zu vermeiden, »cette cécité particulière, amnésie«[42], die es uns unmöglich macht, einen Menschen anders als immer wieder zum ersten Mal zu treffen. Ähnlichkeit bedarf des Vergleichs und der zeitlichen Differenz – aber für Éluard ist Gedächtnis nur eine Funktion der Phantasie und der Ähnlichkeit. »Dans *La glace sans tain* du temps, nous reconnaissons toujours Baudelaire.«

IV.

Die Übertragung der durch Tropen gebildeten Operationen der Phantasie findet sich als Thema auch in den Gemälden René Magrittes. Zu ihren Hauptanliegen gehört das Aufbrechen der spiegelbildlichen Re-Präsentation in irritierenden Störungen der Bedeutungsübertragung realistischer Abbildungsverfahren. Wie die rhetorischen Sprachfiguren legt Magritte die »Aporien der Wahrnehmung« (Werner Hofmann) offen, hinterfragt die visuelle Sinnstiftung in ihrem Verlauf, indem er sie auf einen Mythos zurückführt, der den scheinbar logischen Verfahren zugrunde liegt. Nähert sich Magritte damit den Collage-Romanen Max Ernsts, *La femme de 100 têtes* und *Une semaine de bonté*, so deshalb, weil dieser mythologische Kontext als Emotion noch präsent ist. Ein zentrales ikonographisches Element bildet der Blick *in*, *auf* bzw. *durch* den Spiegel, den zahlreiche Bilder auf frappierende Weise zum Vorwand nehmen. Seit seinem ersten surrealistischen Gemälde *La fenêtre* (1925) lassen sich im *Catalogue raisonné* zahlreiche Gemälde finden[43], die einen Spiegel oder andere reflektierende Repräsentationen (z. B. Bild im Bild) abbilden, darunter so berühmte Gemälde

42 ebd., Œuvres, S. 955.
43 René Magritte, Catalogue raisonné. Ed. by David Sylvester. 4 Bde. Antwerpen, Basel 1992–1994.

wie *La clef des champs* (1936), *La reproduction interdite* (1937), *Les liaisons dangereuses* (1935), *Le faux miroir* (1935) oder *Éloge de la dialectique* (1937). Sie unterbrechen die üblichen logischen Verknüpfungen der Wahrnehmung und lassen damit ganz neue Affektkonstellationen entstehen.

In diesen Gemälden macht die genaue Sichtbarkeit der Dinge bei kleinen, aber entscheidenden Störungen der Anordnung deutlich, daß dieses Sehen eines des Denkens ist und jenseits der Spiegeloberfläche vor sich geht, dort, wo die Gedanken entstehen. Diese werden in der Malerei sichtbar unter der Voraussetzung, daß »das Denken ausschließlich aus sichtbaren Gestalten besteht«.[44] Was wir in den Bildern sehen, sind nicht Dinge, sondern das Denken: »Nur dem Denken ist es eigen, ähnlich zu sein. Es ähnelt, indem es das ist, was es hört, sieht oder erkennt.«[45] Die Dinge sind sich nicht ähnlich, höchstens gleichartig. Die Ähnlichkeit des Denkens entspricht der surrealistischen Wort- und Bildkopulation, nur daß sie bei Magritte an der Ordnung der Dinge im Denken orientiert entwickelt wird. Wie der surrealistische Vorläufer Raymond Roussel beschwört Magritte nach seinen eigenen Worten »die Realität der Welt, die von der Erfahrung und vom Verstand verworren betrachtet werden«.[46] Ihr ironisches Moment verweist auf seine Überzeugung von »der absolut fremden Gegenwart der Welt und uns selbst«[47], auf die Melancholie als dem affektischen Komplement seines Werkes.

Wenn Magritte den Ort der Denkoperationen aufsucht, findet er dort auch die Wörter. Sie sind den Gegenständen gleichgeordnet. In mehreren Arbeiten ersetzte Magritte Gegenstände durch graue umrandete Flächen, in denen ein Wort das Sehen in Lesen übersetzte. Dennoch handelt es sich nicht um simple Substitution, sondern dadurch, daß diese Flächen einen Schatten werfen, ist die

44 Brief René Magrittes an Michel Foucault v. 23. Mai 1966, zit. in: Michel Foucault, Dies ist keine Pfeife. Übers. v. Walter Seitter. München 1972, S. 56.

45 a. a. O. S. 55.

46 Brief Magrittes an Foucault v. 4. Juni 1966, a. a. O. S. 58.

47 a. a. O. S. 55. Zur Entdeckung seiner Verfahren vgl. den Brief Magrittes an Paul Nougé vom November 1927. In: René Magritte, Sämtliche Schriften. Hrsg. v. André Blavier. Frankfurt a. M. u. a. 1985, S. 94, Anm. 36.

Dinghaftigkeit des Wortes im Gemälde betont. »Dans un tableau, les mots sont de la même substance que les images. On voit autrement les images et les mots dans un tableau.«[48] Ihr Zusammenwirken bei der Konstitution von Bedeutung versucht Magritte dadurch zu verdeutlichen, daß er gerade ihre Unterschiede betont. Auch das Wort erfährt Bedeutung hier nur durch seine Ablösung von einer festgelegten Sinnschicht. Die Malerei des belgischen Surrealisten nähert sich in einigen Gemälden, die als Thema bzw. Titel *L'usage de parole* tragen, Wittgensteins zeitgenössischem Diktum von der Bedeutung der Wörter als ihrer Verwendung.[49] In ihnen konterkariert Magritte die Abbildung eines Gegenstandes mit einer völlig gegensätzlichen Beschriftung. Das unentwirrbare Geflecht der Bilder und der Wörter, das mit Kubismus und Dada in die Malerei und bildende Kunst einzog, übte auf die Surrealisten große Anziehungskraft aus, wie eine Dokumentation in *Minotaure* belegt[50], in der verschiedene Weisen des Eingehens von Schrift in Gemälde aufgeführt werden.

Michel Foucault hat in seinem Essay zu Magrittes *Ceci n'est pas une pipe* die tautologische Technik des Kalligramms zur Basis seiner Interpretation gemacht. Wie in Apollinaires Figurengedichten gingen Text und Bild eine verdoppelnde Verbindung ein, die aber bei Magritte »sogleich zunichte gemacht worden ist«.[51] Jenseits der Rhetorik habe Magritte innerhalb tropologischer Verfahren – wie Klee und Kandinsky – die beiden Grundprinzipien der abendländischen Malerei (nämlich einerseits Trennung zwischen figürlicher

48 »In einem Gemälde sind die Wörter von derselben Substanz wie die Bilder. Die Bilder und die Wörter werden in einem Gemälde anders gesehen.« René Magritte, Les mots et les images. In: Révolution surréaliste 12 (1929). Dt. bei Foucault, Dies ist keine Pfeife, S. 34, übers. auch in: Surrealismus in Paris, S. 216; vgl. auch Siepe, S. 203–213.

49 Zur Nähe Magrittes zu Wittgensteins Thesen vgl. auch Jean Clair, Le visible et l'imprévisible. Sept prolégomènes à un petit traité des tropes magrittéens. In: Retrospective Magritte. Bruxelles 1978, S. 21–45, hier: S. 42 ff.; Paul Good, Die surrealistische Semantik im Werk von René Magritte. In: Aachener Kunstblätter des Museumsvereins 50 (1982), S. 172–190, hier: S. 182 und S. 184; Suzi Gablik, Magritte. München u. a. 1971.

50 Minotaure 10 (1936), S. 57–61.

51 Foucault, Dies ist keine Pfeife, S. 12.

Darstellung, die auf Ähnlichkeit rekurriert, und sprachlicher Referenz, die Ähnlichkeit ausschließt[52], sowie andererseits die stillschweigende Annahme, daß die Ähnlichkeit der Gegenstände im Gemälde mit solchen außerhalb des Gemäldes auf ein Verfahren der Repräsentation hinweise) in einem »gebrochenen und auseinanderfließenden Raum merkwürdiger Beziehungen«[53] aufgehoben. »Diese Malerei ist mehr als jede andere darauf bedacht, das Element des Schriftlichen und das Element des Figürlichen sorgfältig, ja grausam voneinander zu trennen.«[54] Gegen die Ähnlichkeit betone Magritte die Gleichartigkeit der bildnerischen und sprachlichen Elemente, die der Wiederholung und nicht der Repräsentation diene. Spätestens hier wird deutlich, daß Foucault den Begriff der Ähnlichkeit auf traditionelle Weise in der Relation Abbildelement – Gegenstand situiert, von wo aus das Original »sämtliche Kopien beherrscht und hierarchisiert«.[55] Magritte spiele dagegen die Gleichartigkeit aus, die sich in Serien entfalte, »die weder Anfang noch Ende haben, die man in dieser oder jener Richtung durchlaufen kann, die keiner Hierarchie gehorchen, sondern sich von winzigem Unterschied zu winzigem Unterschied ausbreiten«.[56] In diesem Tanz der auf Gleichartigkeit beruhenden Affirmation der Dinge verschwinde die Ähnlichkeit und ziehe sich zurück auf den Bereich des Denkens und dessen Bildproduktion. Damit rücke Magrittes Kunst aus dem Zusammenhang des Surrealismus und dessen Übersetzung jener Ursprünge von Sprache und Bildern, in denen die Ähnlichkeit gerade die extremen Unterschiede poetisch und philosophisch fruchtbar macht. Obwohl Magritte seine durchaus vorhandenen Reserven gegenüber der *écriture automatique* und der Person Bretons nicht leugnete[57] und in seiner Betonung der ›Ding-Logik‹ die Affinität zu Foucaults Diskurs der Archäologie der Humanwissenschaften hervorhob, so scheint allerdings dessen befreites Prinzip der Gleichartigkeit ihre bildne-

52 a. a. O. S. 25: »Mittels der Gleichheit wird sichtbar gemacht, durch den Unterschied hindurch wird gesprochen.«

53 a. a. O. S. 31.

54 a. a. O. S. 28.

55 a. a. O. S. 40.

56 ebd.

57 Vgl. Paul Good, Surrealistische Semantik, S. 174.

rische Umsetzung eher in den seriellen, unendlichen Spiegel-Reflexionen des M.C. Escher gefunden zu haben. Dort stört in der Tat die Gleichartigkeit das Verfahren der Repräsentation eines Raumes, dort »läuft das Trugbild auf der Oberfläche umher, in stets umkehrbarer Richtung«[58], während Magrittes ironische »Lektion der Dinge« die Malerei auf jenes inspirierte Denken konzentriert, »das geeignet ist, sichtbar in Erscheinung zu treten«.[59] Von den unsicht-, d.h. nicht zeigbaren Ideen und Gefühlen gereinigt, ist ein solches Denken nicht passiv wie ein Spiegel – es »ist höchst aktiv, es eint – in der Ordnung, die das Mysterium der Welt und des Denkens evoziert – die Formen der Erscheinungswelt: Himmel, Personen, Vorhänge, Inschriften, feste Körper usw.«[60]

V.

Die Anrufung des Mythos im Surrealismus, von Aragons *Bauern in Paris* bis zu Magrittes Gemälden, erhob die Frage nach dessen Präsenz und Abbildbarkeit. Nicht zuletzt der Rekurs auf Freuds Lehre von den psychischen Mechanismen schien die Surrealisten darin zu bestätigen, daß es kein Denken und keine Kunstproduktion außerhalb der den Alltag durchdringenden mythischen Poesie geben könne. Im Verlauf der surrealistischen Bewegung setzten sich dann ganz unterschiedliche Auffassungen von dem erkenntnistheoretischen und programmatischen Status der Kunstproduktion durch: die *écriture automatique* wollte den unverfälschten Ursprung der Literatur in den inneren Bildern möglichst ohne Filter übersetzen und am Leben teilhaben lassen. Sie kam so einer ›realistischen‹ Darstellung des Denkens nahe, dem in der Malerei Dalís die genaue Abbildung der inneren Phantasmagorien entsprach; ganz anders verfuh-

58 Foucault, Dies ist keine Pfeife, S. 41.
59 Magritte, Sämtliche Schriften, S. 469.
60 a.a.O. S. 458. Das Mißverständnis zwischen Magritte und Foucault beschreibt eingehend Karlheinz Lüdeking, Die Wörter und die Bilder und die Dinge. Magritte & Foucault. In: René Magritte, Die Kunst der Konversation. München, New York 1996, S. 58–72.

ren die Ansätze einer experimentellen Wortkunst, die mit reflektierter Ironie die psychischen Konnotationen der Worte in neuen Kombinationen erweiterten und deren visuelle Umsetzung durch Magritte im Ursprung von Denken und Wahrnehmen eine irritierende Surrealität situierte; die Vorstellung von der energetischen Aufladung der Worte schürte ein Interesse an okkultistischen Anschauungen, das die provokative ›Ordnung‹ des Surrealismus und seine aktionistische Lebensmetaphysik mit einer (nicht immer ironischen) esoterischen Suche nach der Weisheit jenseits der Vernunft in Verbindung brachte. Diese Angriffe auf den erkenntnistheoretischen Konsens der Trennung von vorrationaler innerer Bildproduktion und allgemein akzeptiertem Diskursverfahren werden meist dem »romantischen Erbe« des Surrealismus zugeschlagen, einer Übertragung des vorrationalen psychischen Geschehens in die vernunftgeleitete Kommunikation der »Welt außerhalb des Spiegels«. Dabei wird jedoch übersehen, daß die Romantik selbst eine Denktradition beerbte, die in der Auseinandersetzung mit dem Thema Ähnlichkeit auch das Interesse der Surrealisten erregte.

In der Phase, in der André Breton und Paul Éluard die Simulation psychiatrischer Symptome für die surrealistische Schreibtechnik fruchtbar machten, »entdeckte« Salvador Dalí das Verfahren der *critique paranoiaque* für die Umsetzung psychischer Vorgänge in visuelle Kunst. Diese »kritische und systematische Objektivierung von irren Assoziationen und Interpretationen« führt zur Wahrnehmung von Doppelbildern, »das heißt, [der] Darstellung eines Gegenstandes, die ohne die geringste figürliche oder anatomische Entstellung gleichzeitig die Darstellung eines anderen, absolut verschiedenen Gegenstandes ist, auch diese frei von jeder Abweichung oder Anormalität, die irgendeine absichtliche Gruppierung verraten könnte […]«.[61] Dieses Verfahren verknüpft die surrealistische Maxime der extremen Spannung zwischen den Bildelementen

61 Salvador Dalí, L'ane pourri. In: Le Surréalisme au Service de la Révolution 1 (1930), S. 9–12, hier: S. 11, dt. Übersetzung *Eselskadaver* nach: Surrealismus 1924–1949. Texte und Kritik. Hrsg. v. Alain Bosquet. Berlin 1950, S. 103–107, hier: S. 105; auch in: Als die Surrealisten noch recht hatten. Texte und Dokumente. Hrsg. v. Günter Metken. Stuttgart 1976, S. 344–348, hier: S. 345.

mit der Behauptung, dadurch sich der Ursprungspoesie des Denkens und der Wahrnehmung zu vergewissern. Wenn durch das Drehen des Bildes oder durch die Konzentration auf eine andere Perspektive aus dem Porträt einer blondhaarigen Frau die Ansicht eines Negerkrals mit davorsitzenden Bewohnern erscheint, produziert dieses Doppelbild einen jener Effekte, den die surrealistische Kunst von Anfang an beabsichtigte. Neben die Überraschung über das Neue und Provokative des Vorgangs tritt das Gefühl des scheinbar geheimen und unsichtbaren Zusammenhanges der Elemente, der an der Betonung des Wunderbaren im Surrealismus teilhat. Dalí machte über Jahrzehnte hinweg solche Doppelbilder zum Bestandteil der Ikonographie seiner Gemälde[62], wie sie als Strukturelement auch bei Magritte und anderen surrealistischen Malern auftauchen.[63] In diesen Doppelbildern stellt sich die Frage der Ähnlichkeit zwischen Denken und Sehen als das Paradox, das Ludwig Wittgenstein anhand des »Aspektwechsels« reflektierte. Aspektsehen und Denken gleichen sich darin, »daß dieses Sehen nicht die Folgen des Wahrnehmens hat; daß es darin einem Vorstellen ähnlich ist«.[64] Über den visuellen Reiz hinaus vermuteten die Surrealisten etwa in den Kinderrätseln der *Devinettes*, daß »Verstehen heißt, sich vorstellen, sich vorstellen heißt, voraussehen«[65], nur daß dies als surrealistische Berührung mit dem Wunderbaren euphorisch begrüßt wurde. Verstehen ist hier keine Bewältigung logischer Operationen, sondern ein Akzeptieren der phantastischen »geistigen Krise«, die Dalí mit den Doppelbildern auslösen wollte und die darauf hinwies, »daß die realen Erscheinungsformen

62 Vgl. Dalís Gemälde 1929 *The Lugubrious Game*, 1934 *Spanien*; 1935 *Paranoiac Face*; 1936 *Der große Paranoiker*; *The Endless Enigma*; 1938 *The Image Disappears*; 1939 *Impressions of Africa*; *Apparition of Face and Fruit Dish on a Beach*; 1940 *Slave Market with the Apparition of the Invisible Bust of Voltaire*; 1950 *The Madonna of Port Lligat*; 1951 *Raphaelesque Head Exploding* u. a.

63 Vgl. im Katalog *El Surrealismo en España* (Madrid 1995) die Abbildungen der Gemälde *Crimen perfecto* von Angel Planells (1929), *Paisaje* von Joan Massanet (1930), *Las enfermedades de la burguesía* von José Caballero (1937).

64 Ludwig Wittgenstein, Letzte Schriften über die Philosophie der Psychologie. Werkausgabe Bd. 7. Frankfurt a. M. 1987, S. 376.

65 Georges Hugnet, Devinettes. In: Minotaure 11, (1937), S. 34 f. Dt. in: Surrealismus in Paris 1919–1939, S. 218–222, hier: S. 218.

selbst von dem Grad unseres paranoischen Vermögens abhängen, und daß also theoretisch ein mit einem ausreichenden Maß der genannten Fähigkeit begabter Mensch nach Wunsch nacheinander die Gestalt eines aus der Wirklichkeit genommenen Gegenstandes wechseln lassen könnte«.[66]

Dieser Aspektwechsel im Sinne Wittgensteins möchte den Ursprung der die konkrete Realität verdeckenden »Wahrzeichen« offenlegen, um zum »Sturz der Realität« beizutragen. Die Entdekkungen Freuds bieten auch hier das wissenschaftliche Analogon für ein Vorhaben, dessen historische Wurzeln indes nicht zu übersehen sind. Denn Aspektwechsel und paranoische Kritik entsprechen genau einer schon in Renaissance und Barock nachweisbaren Ikonographie der Metamorphose.[67] Seit Dürer zieht sich als ein Strang dieser Mimesis durch die Malerei die Visualisierung des künstlichen Aspekts des Sehens als eines Produzierten, einer durch Operationen der Repräsentation und des Denkens hergestellten Übereinkunft. Bevorzugter Gegenstand dieser Reflexion auf das Sehen war einerseits die anthropomorphe Landschaft, d.h. die Darstellung einer Landschaft, die nach dem Aspektwechsel als menschlicher Kopf oder ganzer menschlicher Körper zu erkennen ist.[68] Ihre Ikonographie der visuellen Allegorie führte andererseits zur komplexeren Struktur der Arcimboldesken, die, nach ihrem namhaftesten Vertreter benannt, die Tropen der Rede in Bildern vergegenwärtigen. Nicht mit der darstellerischen Freiheit Magrittes lizenziert[69], führte ihre Technik dennoch zu gleichen sichtbaren

66 Dalí, Eselskadaver, S. 105. Das verfremdende Vorher-Nachher der Werbeplakate bildete für Aragon »das ganze Geheimnis, das ich hüte« (Abhandlung über den Stil, S. 17).

67 Gustav René Hocke, Die Welt als Labyrinth. Manier und Manie in der europäischen Kunst. Hamburg 1957 (= rde 50/51). Hocke legt die historisch ähnlichen Formen des Surrealismus und der Kunst des Früh- und Hochbarocks seinem ahistorischen Entwurf einer Manierismus und Moderne umfassenden Rätselkunst zugrunde.

68 Vgl. Georges Pudelko, Piero di Cosimo, peintre bizarre. In: Minotaure 11 (1938), S. 19–26; Vittorio Sgarbi, Journey to the end of the face. In: The Arcimboldo Effect. Transformations of the Face from the Sixteenth to the Twentieth Century. London 1987, S. 303–317.

69 Zum höfischen Kontext vgl. Thomas DaCosta Kaufmann, The Allegories and their Meaning. In: The Arcimboldo Effect, S. 89–108.

Paradoxien, die nur scheinbar in der Analogie von Bildelement, Figur und Titelgebung aufgehoben sind. Der ›Witz‹ *(bizzarria, capriccio, ingegno, macchie, grilli)*, der die hinter der scheinbaren Unordnung und Disparatheit verborgene Ähnlichkeit offenbart, lag in der spielerischen Übertragung sprachlicher Tropen auf das Bild. Allerdings halten metaphorische und metonymische Strukturen die Bildelemente und die Allegorie des Titels nur in einer scheinbar einheitlichen Bezugsebene zusammen, weil der Betrachter in Sprüngen die üblichen Verfahren der Bedeutungsstiftung (Perspektive, Kohärenz, Titel) wechseln muß. So mögen die Früchte und Pflanzen an die Jahreszeiten denken lassen, aber daß sie im Aspektwechsel die Allegorie des Sommers oder Winters als Porträt eines Kopfes hervorbringen, erfordert einen erneuten Sprung des Denkens und zugleich auch der Wahrnehmung. Diese mentale Bewegung wird in körperliche umgesetzt, wenn die Entfernung vom Bild den Aspektwechsel begünstigt oder das Bild umgedreht werden muß, um die andere Figur zu erkennen. Der Sinn springt um, »die Metapher kreist um sich selbst, aber in einer zentrifugalen Bewegung: und schleudert endlos Sinn aus sich heraus«.[70] In dieser totalen Metaphorisierung verweist Arcimboldo auf die Möglichkeit in der Malerei, die Einheit jenes Raumes aufzuheben, in dem das gemalte Bild üblicherweise seinen Sinn produziert: die Früchte des Vertumnus sind offensichtlich Früchte, wechseln aber plötzlich in den Zusammenhang eines Kopfes, wo die einzelne Frucht ebenso plötzlich eine Nase, ein Ohr, ein Auge ist – ein Vorgang, der an jenen Moment des ›Nu‹ gekoppelt ist, den Walter Benjamin als Merkmal des mimetischen Vermögens bestimmt hat.[71] Es kann die homogene Zeitform und Kontinuität des Raumes nicht bei der antimimetischen, unsinnlichen Ähnlichkeit geben. Die Ähnlichkeit zwischen Früchten und Kopf ist nicht die einer einheitlichen Vergleichsstruktur und auch die schriftliche Bezeichnung *Vertumnus*

70 Roland Barthes, Arcimboldo oder Rhétoriqueur und Magier. In: Ders., Der entgegenkommende und der stumpfe Sinn. Frankfurt a. M. 1990 (zuerst Paris 1982), S. 136–154, hier: S. 138. Die von Max Ernst gestalteten Umschlagbilder von Heft 11 (1938) der Zeitschrift *Minotaure* erfordern das Umdrehen.

71 Walter Benjamin, Lehre vom Ähnlichen. In: Ders., Gesammelte Schriften II/1, S. 206 f.; vgl. auch Lichtenstern, Metamorphose, S. 67.

kann die verschiedenen Ebenen nicht wirklich zusammenführen, sondern bietet lediglich eine vorläufige Basis, auf der die Brüche der Denk- und Wahrnehmungskonventionen spielerisch rezipiert werden können.[72]

Damit waren einige der Methoden und auch annähernd bereits einige der Ergebnisse antizipiert, die im zwanzigsten Jahrhundert in einem ganz anderen Kontext wieder aktuell wurden. André Masson, Magritte, Dalí, Ernst u. a. griffen auf die Ikonographie des Aspektwechsels zurück, um den Zufall und die Überraschung der Montage als Rezeptionsmodus antimimetischer Ähnlichkeit zu etablieren. Darüber hinaus bildeten gerade in der surrealistischen bildenden Kunst die frühneuzeitlichen Experimente mit Perspektive, geometrischen Formen und Textualisierung ein Bildreservoir, das in wachsendem Maße Verwendung fand. Wenn auch Foucaults These von der *ressemblance*[73] als dem die Vorklassik beherrschenden epistemologischen Nenner zur Erklärung der selektiven Affinität zwischen Avantgarde und ihren Ursprüngen zu kurz greift, so hat doch der Blick der Surrealisten in die Vergangenheit eine Physiognomie der Kunstformen zutage gefördert, deren Familienähnlichkeit nicht nur eine kühne Metapher darstellte.[74] Der Surrealismus konnte so in seiner von Breton erstmals erprobten genealogischen Traditionswahl sich selbst als überzeitliche Haltung gegenüber der Geschichte und als Modus der Wirklichkeitswahrnehmung stilisieren.

72 Zur Funktion der Werktitel im Surrealismus am Beispiel der Readymades von Marcel Duchamp vgl. Holländer, Ars inventionis, S. 205 f.

73 Michel Foucault, Die Ordnung der Dinge. Frankfurt a. M. 1971 (zuerst Paris 1966), 2. Kap.; vgl. auch Lüdeking, Die Wörter, S. 58 f.

74 Auch der Blick in die Vergangenheit läßt sich mit Erich Auerbachs typologischem Verfahren der Figuraldeutung als eine Funktion von Ähnlichkeit beschreiben: nach dieser aus christlicher Geschichtsdeutung entstandenen Struktur der Wiederholung ist »figura etwas Wirkliches, Geschichtliches, welches etwas, ebenfalls Wirkliches und Geschichtliches darstellt und ankündigt. Das gegenseitige Verhältnis der beiden Ereignisse wird durch eine Übereinstimmung oder Ähnlichkeit erkennbar.« Erich Auerbach, Figura. In: Archivum Romanicum 22 (1939), S. 436–489, auch in: Ders., Gesammelte Aufsätze zur romanischen Philologie. Bern, München 1967, S. 55–92, hier: S. 65.

Joachim Renn

Ähnlichkeit und Einheit des Sprachgebrauches bei Ludwig Wittgenstein

Die Sprachphilosophie des »späten« Wittgenstein[1] führt ein Konzept in die Theorie sprachlicher Bedeutung wieder ein, das in der Tradition von Frege, Russell, Carnap und Quine an den Rand gestellt war: die Ähnlichkeit.[2] Die analytische Sprachphilosophie, angeregt durch Freges antipsychologistische Logik, stellte das Problem der Identität sprachlicher Bedeutung (von Termini und *types* gegenüber Morphemen und *tokens*) in den Vordergrund. Die Ähnlichkeit, die zwei verschiedene Ausdrücke oder zwei verschiedene Verwendungen des gleichen Ausdruckes verbindet, war für die logisch analytische Theorie wegen ihrer Zugehörigkeit zum Reich der unscharfen und darum verdächtigen und unzuverlässigen Phänomene eher ein untauglicher Gegenstand.[3] Wittgensteins sogenannte »Gebrauchstheorie« sprachlicher Bedeutung[4] ist dagegen eine »Theorie der Ähnlichkeit« in dem Sinne, daß sie nicht nur dar-

1 Zur Unterscheidung zwischen dem »frühen« und dem »späten« Wittgenstein vgl. Karl-Otto Apel, Transformation der Philosophie. Band 1, Sprachanalytik, Semiotik, Hermeneutik. Frankfurt a. M. 1973.

2 Zu dieser Tradition und zur »Verdrängung« der figurativen Rede, der Rhetorik etc.: Mark Johnson, Philosophical Perspectives on Metaphor. University of Minnesota Press 1981, Introduction.

3 Vgl. Michael Dummett, Ursprünge der analytischen Philosophie. Frankfurt a. M. 1992, S. 19 f.

4 Zu dieser Bezeichnung: Jürgen Habermas, Zur Kritik der Bedeutungstheorie. In: Ders., Nachmetaphysisches Denken. Frankfurt a. M. 1988, S. 105–136.

über aufklärt, was »Ähnlichkeit« sei und wie sie wirke, sondern gleichsam »methodisch« das Prinzip der Ähnlichkeit in Gebrauch nimmt. Daß das so ist und was das bedeutet, will ich im folgenden erläutern.

I.

Die Bedeutung der Worte ist ihr Gebrauch. Damit ist weniger das *Ergebnis* von Wittgensteins *Philosophischen Untersuchungen*[5] ausgedrückt als vielmehr eines ihrer zentralen Probleme beim Namen genannt. Denn der Hinweis auf den Gebrauch der Worte ist keine Definition. Die *Philosophischen Untersuchungen* sind weniger eine Theorie der sprachlichen Bedeutung im Sinne der Sprachanalytik[6] als eine Meditation, die mit ihren Überlegungen zum gewöhnlichen Gebrauch der Sprache immer schon zugleich Überlegungen zu ihren eigenen Möglichkeits- und Geltungsbedingungen anstellt. Sofern die *Philosophischen Untersuchungen* nur nachweisen können und wollen, welches Bild, das man sich von der Sprache gemacht hat, unzutreffend oder verwirrend ist, halten sie den Nachweis zurück, daß die Gebrauchstheorie der Sprache angemessen und notwendig im Sinne einer an rationalen Akzeptabilitätsbedingungen gemessenen Geltung[7] ist. Das bedeutet, wir können die Überlegenheit der »Gebrauchstheorie« z. B. gegenüber dem Augustinischen

5 Ludwig Wittgenstein, Tractatus logico-philosophicus, Tagebücher 1914–1916 Philosophische Untersuchungen. Frankfurt a. M. 1984.

6 Was das bedeutet, wird deutlich bei: Michael Dummett, What is a Theory of Meaning. In: Evans G., McDowell J. (Hrsg.), Truth and Meaning. Oxford 1976; und: Hilary Putnam, Die Bedeutung von »Bedeutung«. Frankfurt a. M. 1990. (Original: The Meaning of »Meaning«. In: Gunderson K., Language Mind and Knowledge. University of Minnesota Press 1975).

7 Zur rationalen Akzeptabilität als Maß der Geltung deskriptiver Aussagen vgl. Hilary Putnam, Repräsentation und Realität. Frankfurt a. M. 1991 (Original: Representation and Reality. MIT 1988); und: Ders., Vernunft, Wahrheit und Geschichte. Frankfurt a. M. 1990 (Original: Reason, Truth and History. Cambridge UP 1981); sowie: Michael Dummett, WH, Wahrheit. In: Ders., Wahrheit. Stuttgart 1982, S. 7–37.

Modell der Bedeutung als Namen der Dinge[8] nicht durch die neutrale Betrachtung einer geschlossenen Argumentation beurteilen, sondern wir müssen mit den *Philosophischen Untersuchungen* in ein Sprachspiel eintreten (dazu weiter unten).

Allerdings ist ein derartiger Nachweis der Geltung gerade dann auch gar nicht möglich, wenn die Gebrauchstheorie der Sprache recht behält, denn sie zeigt ihre Geltung nicht durch die analytische Rekonstruktion einer Ordnung von Begriffen, sondern durch das Gelingen des Sprachspieles, das mit der Durchführung der *Philosophischen Untersuchungen* inszeniert wird. Dabei bedeutet »Inszenierung« weniger die Auswechslung solider Argumentation durch eine vermeintlich unzuverlässige Rhetorik als die Eröffnung eines Dialoges, der eine besondere Rezeption einfordert. Diese Forderung wird trotz des Mediums der Schrift schon durch die grammatische Form der *Philosophischen Untersuchungen* angezeigt, in der Fragen und Adressierungen an die zweite Person dominieren. Der Leser der *Philosophischen Untersuchungen* wird angeredet: »Denk an die Werkzeuge in einem Werkzeugkasten [...]«, »Denk dir, jemand sagte, alle Werkzeuge dienten dazu [...]«, »Bist du nun noch geneigt, diese Wörter Benennung von Gegenständen zu nennen?«, »Aber nimm an, einer sagte [...]«[9], und so geht es immer fort. In der Diskussion des Beispiels der Schmerzen – in der es u. a. um die Differenz zwischen »Glauben« und »Wissen« geht – fingiert Wittgenstein einen regelrechten Dialog: »Aber du wirst doch zugeben, daß ein Unterschied ist, zwischen Schmerzbenehmen mit Schmerzen und Schmerzbenehmen ohne Schmerzen.« – »Zugeben? Welcher Unterschied könnte größer sein!« – »Und doch gelangst du immer wieder zu dem Ergebnis, die Empfindung selbst sei ein nichts.« – »Nicht doch. Sie ist kein Etwas, aber auch nicht ein Nichts!«[10] An den Leser ergeht eine Aufforderung. Er hat nicht einem abgeschlossenen Beweisgang zu folgen, an dessen Ende ein mehr oder weniger unumstößliches generalisiertes Ergebnis zu finden ist, ihm wird empfohlen, selbst zu gehen und in der Skepsis

8 Wittgenstein, Philosophische Untersuchungen, Nr. 1 ff.

9 Als wenige Beispiele unter vielen Fällen können dienen: Wittgenstein, Philosophische Untersuchungen, Nr. 11, 14, 27 und 34.

10 a. a. O. Nr. 304.

gegenüber der Berechtigung eines generalisierenden Vorgehens das Ziel des Weges zu erkennen.

Anders gesagt, die Zurückhaltung gegenüber einer konstruktiven und konstruierenden Theorie sprachlicher Bedeutung ist kein Versäumnis. Die aphoristische Form, das Übergewicht irritierender Beispiele und entblößender Fragen gegenüber klaren Thesen und der Verzicht auf einen Apparat von Axiomen, Definitionen und Paragraphen bezeichnen keinen Mangel an strenger Argumentation, sie sind konsequent. Denn die nahezu mäeutische Form, der evokative Sog der Sprache der *Philosophischen Untersuchungen* entsprechen der tragenden Intuition, daß die Worte der *Untersuchungen* nur dann eine verständliche Bedeutung bekommen, wenn sie in der richtigen Weise gebraucht werden. Die Kritik der *Philosophischen Untersuchungen* an einem falschen Bild der Sprache zeigt an, wie der Gebrauch der Worte dieser Kritik nicht verstanden werden sollte: Falsch ist die Vorstellung, die die Sprache auf das Modell der Beziehung zwischen einem Gegenstand und seiner Bezeichnung festlegt. Falsch ist es, die Worte wie Eigennamen der Gegenstände, auf die sie Bezug nehmen, zu verstehen.[11] Insofern ist die sogenannte Gebrauchstheorie der Sprache nicht der Gegenstand der *Philosophischen Untersuchungen*. Sondern der Gedanke, die Bedeutung der Worte sei ihr Gebrauch, verlangt, um in seiner Bedeutung nachvollziehbar zu werden, nach einem bestimmten Gebrauch.

Diese Selbstbezüglichkeit der Gebrauchstheorie wird bestätigt durch den zweifachen Status des Ausdrucks »Sprachspiel«. Erstens sind Sprachspiele das, was in den *Philosophischen Untersuchungen* betrachtet wird, zweitens sind die Untersuchungen und Betrachtungen selbst ein Sprachspiel.

Sprachspiele gelten als einfache Formen der intersubjektiven, regelmäßigen Sprachverwendung. Aus ihrer Betrachtung soll sich schließlich eine Betrachtung auch der komplexeren Formen und der anspruchsvolleren Leistungen der Sprache zusammensetzen lassen.[12]

11 Vgl. dazu: a. a. O. Nr. 1 ff. Und: Saul Kripke, Wittgenstein über Regeln und Privatsprache. Frankfurt a. M. 1987 (Wittgenstein on Rules and Private Language. An Elementery Exposition. Blackwell 1982).

12 Wittgenstein, Philosophische Untersuchungen, Nr. 7.

An dem Beispiel des Begriffes der Spiele überhaupt wird schon zu Anfang der konventionelle Begriff der Bedeutungsidentität[13] auf die Probe gestellt. Die Einheit eines Begriffes ist eben nicht, wie vielfach vertreten wird, die Allgemeinheit einer oder mehrerer Eigenschaften, die sämtliche logische Individuen[14] einer Klasse, die der Begriffsextension entspricht, miteinander gemein haben. Wir finden kein Merkmal, das alles, was wir ein Spiel nennen würden, mit Rücksicht auf dieses Merkmal identisch erscheinen läßt.[15] Was wir finden, ist indessen die pragmatisch hinreichende Sicherheit, mit der wir etwas als ein Spiel bezeichnen können. Ob »etwas« die Bezeichnung »Spiel« verdient, »wissen« wir sehr viel häufiger, als wir sagen könnten, was genau ein Spiel als solches auszeichnet und mit anderen Spielen verbindet. Diese Sicherheit wird gewährleistet durch ein Prinzip der Verwandtschaft zwischen den einzelnen Fällen der Verwendung des Ausdruckes »Spiel«: die Ähnlichkeit, wohlgemerkt nicht eigentlich, zumindest nicht zuerst die Ähnlichkeit der Spiele, sondern die Ähnlichkeit unserer Verwendungen dieses Ausdruckes.

Nicht zufällig also führt Wittgenstein den Ausdruck »Ähnlichkeit« mit Bezug auf die Spiele ein[16], denn sein Interesse gilt den »Sprachspielen«, und der Weg, diesem Interesse nachzugehen, ist seinerseits ein Sprachspiel. Die philosophische Untersuchung der Sprache ist selbst ein Gebrauch der Sprache, und so wirkt die Problematisierung der Bedeutung von vornherein zurück auf die Bedeutung dieser Problematisierung. Nahm Wittgenstein im *Tractatus logico-philosophicus* noch einen quasitranszendentalen Status in Anspruch (den er indessen schon dort nach dem Durchgang der Analyse mit dem Bild der weggeworfenen Leiter zurückgenom-

13 Das heißt ein für den frühen Wittgenstein noch vorbildliches Konzept sprachlicher Bedeutung wie das Fregesche, in dem die Bedeutung eines Ausdrucks mit seinem Wahrheitswert, und das heißt mit dem Gegenstand oder Sachverhalt, auf den er Bezug nimmt, verklammert ist und durch den »Sinn« eines Ausdrucks vermittelt wird.

14 Dieser Ausdruck wird hier gebraucht im Sinne von Strawsons »logical particulars«, vgl. dazu: P. F. Strawson, Individuals. An Essay in Descriptive Metaphysics. London 1959.

15 Wittgenstein, Philosophische Untersuchungen, Nr. 66.

16 ebd.

men hat)[17], gibt es für die *Philosophischen Untersuchungen* keinen archimedischen Punkt der Betrachtung[18], sondern nur eine praktisch entfaltbare Selbstbezüglichkeit. Darum – und nur soviel wollte ich bisher begründen – ist der Satz, die Bedeutung der Worte ist ihr Gebrauch, keine Definition.

II.

So ist es also nicht schon eine klare Aussage, wenn der Begriff der Bedeutung durch den Begriff des Gebrauches erklärt wird. Bereits die Identitätsbeziehung, die an dieser Stelle durch die Kopula ›repräsentiert‹ wird, ist verwoben mit dem keineswegs aufgeklärten Begriff der Gleichheit. Daß dieser Begriff nicht als geklärt vorausgesetzt werden darf, folgt aus dem Umstand, daß der Satz, die Bedeutung sei der Gebrauch, in der Verwendung der Kopula wegen der Gebrauchstheorie der Bedeutung selbst eben nicht etwas »repräsentiert«, d. h., die Frage nach der Bedeutung dieser Gleichsetzung lautet: Wie gebrauchen wir den Begriff der Gleichheit, während wir Bedeutung und Gebrauch gleichsetzen? Was bedeutet der Satz, die Bedeutung der Worte ist ihr Gebrauch, wenn der Schlüssel zu seiner Bedeutung in unserem Gebrauch des Satzes liegt?

Wittgenstein wirft die Frage ausdrücklich auf, welche Bedeutung wir dem Ausdruck »gleich« beilegen (bzw. welche Bedeutung er einfach »hat«), und er bezieht diese Frage genau auf den Zusammenhang, der eine einfache Deutung des Ausdrucks »Gebrauch« zu versprechen scheint: auf das Prinzip der Regelfolge. In einfachen und deshalb bevorzugt behandelten Fällen erklären wir uns die Fähigkeit einer Person, Worte auf die richtige Weise zu gebrauchen, mit Hilfe einer Übersetzung. Wir sagen dann, die Person ist in der Lage, einer Regel zu folgen. Doch selbst in den simpelsten Fällen ist das eine fragwürdige Auskunft. So stößt der Wittgensteinsche Zweifel selbst dort, wo jemand aufgefordert wird, eine

17 Wittgenstein, Tractatus logico-philosophicus, Satz 6.54.
18 Vgl. Karl-Otto Apel, Transformation der Philosophie, a. a. O.

triviale Zahlenreihe fortzusetzen, auf keine selbstverständliche präskriptive Anordnung, auf die sich eine Erklärung der gelungenen Fortsetzung stützen könnte. Nicht einmal dort, wo sich eine Reihe von Zahlen nach den einfachsten effektiven Verfahren (z. B. durch eine lineare Beziehung zwischen Wert einer Funktion und Argument) konstruieren ließe, ist die Handlung der Testperson ohne Zweifel auf eine Anwendung genau dieses Verfahrens zurückzuführen. Woher wissen wir, einen strengen Begriff des Wissens vorausgesetzt, der Wissen von bloß subjektiver Gewißheit[19] unterscheidet, woher eine Person weiß, wie es weitergeht. Denn, wie Wittgenstein betont, der Glaube einer Person, einer Regel zu folgen, ist kein hinreichendes Kriterium dafür, daß diese Person einer Regel in der Tat folgt.

Diese Ungewißheit in der Interpretation des sprachlichen Verhaltens einer Person spielt auf zwei unterschiedliche Probleme an. Das erste dieser Probleme betrifft die allgemeine epistemische Unzugänglichkeit der privat zugänglichen Erlebnisse, die eine Person mit der Gewißheit, so und nicht anders fortzusetzen oder fortsetzen zu müssen, verbindet bzw. die diese Gewißheit befördern, erzeugen und für die Person selbst transparent machen. Das Gegenüber kann einer Person nicht »in den Kopf schauen«, und die Erklärung der Person, was sie denn da tue, kann nicht hinreichend sein, wenn die subjektive Gewißheit es nicht ist.

Von dieser Problemstellung aus vertiefen sich die Meditationen der *Philosophischen Untersuchungen* in die Richtung des Privatsprachenargumentes sowie der Erörterung von inneren z. B. Schmerzerlebnissen und ihrer Grammatik. Wir können nicht sehen und nicht wissen, wie es im Kopf der Testperson aussieht: Keine Empathie und kein riskanter Analogieschluß erlauben unzweifelhafte Aussagen darüber, *welcher* Regel die Person genau folgt. Saul Kripke hat diese Pointe besonders unterstrichen mit dem exakt phantasierten Beispiel einer komplexen Regel, die bis zu einem bestimmten Punkt die gleichen Ergebnisse herbeiführt wie eine weniger komplexe Regel. Wie ungesichert der Schluß von beobachtbaren Fortsetzungen z. B. von Zahlenreihen auf die Regel prinzipiell ist,

19 Dazu: Ludwig Wittgenstein, Über Gewißheit (On Certainty). Zweisprachige Ausgabe. Blackwell 1969.

zeigt die Möglichkeit, daß unser Schluß sich immer fehlleiten lassen kann. Denn jener bestimmte Punkt, von dem an die effektiv erzeugten Ergebnisreihen an sich voneinander abweichen, muß bisher (also »empirisch« – für uns) noch nicht erreicht und kann deshalb unauffällig geblieben sein.[20]

Dieses Ergebnis kann, muß jedoch nicht, dazu führen, die Dimension eines introspektiv zugänglichen Bewußtseins von Regeln und ihrem Gebrauch vollkommen aus dem Gegenstandsbereich einer linguistisch-philosophischen Besinnung auszuschließen.[21] Wittgenstein legte diesen Schluß scheinbar nahe, wo er die kryptische Empfehlung ausspricht, daß wir bei dem Beispiel des »Käfers in der Schachtel« durch den Käfer kürzen könnten: Der Käfer steht hier als das ganz besondere Tier, das jede Person in einer Schachtel aufbewahrt, ohne es je einer anderen zu zeigen, für eine innere Empfindung. Der sprachliche Ausdruck, der jene Empfindung bezeichnet, ist nun mit den innerlich erlebten besonderen Eigenschaften der Empfindung so wenig verknüpft, daß sein Verständnis durch andere und so seine Bedeutung von diesen Eigenschaften gar nicht abhängen können. Darum, so Wittgenstein, können wir in diesem Sprachspiel durch den Käfer kürzen.[22] Der Bruchstrich, der in der Ausdrucksweise Saussures die Empfindung bzw. den Käfer mit dem Wort, also Signifikat und Signifikant verschweißen würde, wird hier zum Zeichen dafür, daß für die Bedeutung nur ein gemeinsamer Nenner, nicht aber die introspektiven Qualia von Belang sind. Das heißt zwar nicht, daß Wittgenstein die Empfindungen überhaupt streichen will; jedoch: hier funktioniert die Sprache nicht nach dem Modell von Wort und Bezeichnung eines Gegenstandes. Die Bedeutung eines Schmerzausdruckes verwandelt sich für diese Betrachtung von der Bezeichnung eines inneren Erlebnisses zu der Verknüpfung zwischen einem Ausdruck

20 Dieses Beispiel findet sich mit Bezug auf eine verkomplizierte Additionsregel, der »Quaddition«, bei: Kripke, a. a. O. S. 18 ff.

21 Und genau dieser Zug ist für eine formale Semantik bzw. für eine extensionalistische Bedeutungstheorie konstitutiv, was Michael Dummett mit der Formulierung der »Verstoßung der Gedanken aus dem Bewußtsein« zum Ausdruck bringt. In: Michael Dummett, Ursprünge, a. a. O. S. 32 ff.

22 Wittgenstein, Philosophische Untersuchungen, Nr. 293.

und einem nicht länger privaten, sondern offenbaren »Schmerzbenehmen«.[23]

Das zweite Problem, durch das die Ungewißheit der Zuschreibung einer Regelbefolgung erwächst, betrifft den Ausdruck »Regelmäßigkeit« selbst. Es ist nicht nur unklar, ob und wie eine Person, der wir zuhören oder zusehen, eine Regel bewußt anwendet bzw. welche das wohl sein mag; es ist nicht einmal klar, was es für die öffentliche, also sicht- und hörbare Verknüpfung von Redeereignissen heißen soll, daß ihre Struktur einer Regel entspricht. Und das gibt dem Problem der »Regel« eine größere Bedeutung.

Denn das Kriterium des Regel*bewußtseins*, das im Strudel der ersten Problematisierung unzuverlässig geworden ist, ist nicht das einzige denkbare Fundament der (nicht »nur« subjektiven, d.h. täuschungsresistenteren) Gewißheit über Regeln, die die Fortsetzung von Zahlenreihen und Wortfolgen leiten. Denn es ließe sich unter Absehung von mentalen Repräsentationen, wenn man so will behavioristisch, ein extern beobachtbares Sprechverhalten auf seine Regelmäßigkeit überprüfen. So können Standardfragen in Standardsituationen mit einer bestimmten Regelmäßigkeit unter Absehung der Person und ihrer privaten Gedanken, Assoziationen, Bilder und Satz- oder Wortkonstruktionsverfahren vorhersagbare Antworten provozieren. Bezogen auf Theorien der Sprache könnte man sagen: Es wäre keine psychologische Linguistik, etwa eine generative Grammatik, sondern nur eine formale Semantik notwendig.

Aber selbst hier ist es nicht wirklich klar, was Regel oder Regelmäßigkeit heißen sollen. Denn der Begriff der Regel ist mit dem Ausdruck »gleich« »verwoben«, so daß deutlich wird: Die Einheit einer Regel ist genau in dem Maße fragwürdig, wie es der Begriff der Gleichheit ist. Was nämlich, so wurde weiter oben gefragt, bedeutet »gleich«, wenn die Bedeutung eines Ausdruckes sein Gebrauch »ist«? Die Verwobenheit von »Regel« und »gleich« läßt sich übersetzen in die Erklärung, daß wir bei der Anwendung einer Regel in zwei verschiedenen Fällen bei gleichem Vorlauf gleiche Folgen erwarten können. Wenn zwei verschiedene Personen eine vorgegebene Zahlenreihe auf die gleiche Weise fortsetzen, folgen sie

23 a.a.O. Nr. 154, 244, 246, 250.

der gleichen Regel. Man kann einer Regel nicht nur *einmal* folgen, sagt Wittgenstein. Die berechtigte Zuschreibung einer die Folge von Worten oder Sätzen leitenden Regel muß die Form annehmen können: »immer wenn [...], dann [...]«. Damit ist die Verwendung des Begriffs der Regel mit der Verwendung des Begriffes der Gleichheit verwoben, während der Begriff der Gleichheit seinerseits mit dem Begriff der Allgemeinheit verwoben ist. Kann ich einmal der Regel folgen, muß, wenn es eine Regel ist, im Prinzip jeder immer der Regel folgen können. Verwobenheit meint dabei, daß wir den einen Begriff nicht verstehen können, ohne den anderen zu verstehen. Die Anwendung einer Regel scheint demzufolge von einem Prinzip der Allgemeinheit durchdrungen zu sein. Zwar wurde es zuvor verworfen, die Einheit der Bedeutung aus der extensionalen Allgemeinheit von Gegenstandseigenschaften oder -prädikaten zu destillieren. Aber ist nicht die vergleichsweise einfach zu bestimmende Allgemeinheit der Charakteristika einzelner Anwendungsfälle ein unverfängliches Kriterium der Einheit der Regel? Hieraus, so scheint es, ließe sich folgern, daß eine einzelne Anwendung einer Regel stets die Form annehmen müßte: »[...] ein Fall von [...]« zu sein. Soweit drängt sich der Schluß auf, daß die Bedeutung, und d.h. der Gebrauch, von »Regel« eine Unterstellung strenger Identitätskriterien erzwingt und vor allem immer noch ermöglicht. Die Zuschreibung einer Regelbefolgung baut demnach auf der klaren Verwendung von exakten Kriterien der Subsumtion eines beobachtbaren Falles der Verwendung eines Ausdrucks unter eine allgemeine Regel auf.

Warum sollte unter dieser Bedingung die Zuschreibung einer Regel in einem Anwendungsfalle dann problematisch sein? Scheinbar können wir doch die Erscheinung eines Satzes als Fall einer Regel unter die Merkmale, die eine relevante Regel aussortieren, subsumieren. Wenn nämlich klare Kriterien der entsprechenden Subsumtion zur Verfügung stehen, ist an der Verwobenheit von »Regel« und Gleichheit nichts Geheimnisvolles. Die *Philosophischen Untersuchungen* wollen uns jedoch zeigen, daß solche Kriterien eben nicht vorliegen.

III.

So einfach ist die Subsumtion nämlich nicht, sobald ein Charakteristikum des Sprachgebrauches in Betracht gezogen wird, das in den *Philosophischen Untersuchungen* zur Geltung gebracht wird: eine bestimmte Unschärfe des Verstehens wie der Verwendung von Sprache.[24]

Ein verbreitetes Beispiel für die Grenzen einer semantischen Rekonstruktion, die sich strenger Identitätskriterien bedient, ist der Gebrauch von Metaphern. Wir verwenden sie ständig, verstehen sie recht gut und können doch nicht sagen, was sie genau bedeuten, da, wie manche komprehensive Metapherntheorie nahelegt, sie buchstäblich bzw. wortwörtlich betrachtet eben schlicht Regelverstöße darstellen.[25] Es gibt den Versuch, dem Phänomen der Metapher das Beunruhigende (bezogen auf Kriterien der Subsumtion unter Regeln) zu nehmen, indem die Bedeutung einer Metapher mit der Bedeutung gleichgesetzt wird, die ihre regelkonforme Paraphrase hat. Doch dieser Versuch kann nicht überzeugen: Die metaphorische Aussage nimmt auf »etwas« Bezug, doch dieses Etwas ist kein Gegenstand einer wörtlichen Darstellung, sondern es ist in einer Weise gegeben, die eine Interpretation zweiter Stufe erfordert. Es wird nicht nur eine Interpretation des dargestellten Inhaltes, des propositionalen Gehaltes und seiner Referenz, verlangt, sondern es wird darüber hinaus gefordert, die Angemessenheit der deskriptiven Verwendung von Ausdrücken, der Darstellung eines konstatierbaren Sachverhaltes, zu problematisieren.[26]

Der metaphorische Sprachgebrauch ist ein performativer Kommentar zur Aussageform bzw. zur gewöhnlich unproblematisch

24 Hier spielt herein die Differenz zwischen den Pionieren der Sprachanalyse, Frege, Russell und dem »Wiener Kreis«, und der »ordinary-language«-Fraktion.

25 Vgl. dazu und zum folgenden: Paul Ricœur, Die lebendige Metapher. München 1986; und: Nelson Goodman, Languages of Art. An Approach to a Theory of Symbols. Indianapolis ^{2}1976.

26 Die Unterscheidung zwischen Interpretationen erster und zweiter Stufe entspricht, bezogen auf die Referenz, dem Unterschied, den Arthur Danto zwischen einfacher und künstlerischer Identifikation macht. Danto, Die Verklärung des Gewöhnlichen. Frankfurt a. M. 1984, S. 184.

unterstellten Referentialität von Aussageakten. Die Metapher sagt nicht nur etwas über das »Worüber« der Aussage, sondern auch etwas über das Aussagen aus. Sie fordert zur Interpretation des Verhältnisses von Sprache und Welt heraus und legt sich zudem darauf fest, daß das »Etwas« des »Worüber« der metaphorischen Aussage nicht direkt darstellbar ist. Daraus folgt natürlich, daß erstens die Metapher nicht paraphrasierbar ist und daß zweitens die Wahrheitsbedingungen der Metapher nicht die Wahrheitsbedingungen ihrer oder einer der möglichen Paraphrasen sind[27], sowie drittens, daß die Funktion der Metapher weder in der Erweckung der Aufmerksamkeit für eine bestehende Ähnlichkeit noch in der Neuschöpfung einer Ähnlichkeit aufgeht. Denn entweder wird die Ähnlichkeitstheorie der Metapher so verstanden, daß die Angabe einer Ähnlichkeit der Paraphrase der Metapher durch die Angabe der spezifischen Hinsicht des implizierten Vergleichs gleichkommt. Dann wäre die Ähnlichkeit der Inhalt einer Paraphrase, die eine »wörtliche« Aussage wäre. Oder der Hinweis auf eine Ähnlichkeit bliebe leer, da keine Kriterien zur Verfügung stünden, die es entscheidbar machten, welche Ähnlichkeit bzw. welcher Vergleich aus einer prinzipiell unabschließbaren Reihe von möglicherweise gemeinten Ähnlichkeiten oder Vergleichen[28] die angemessene wäre. In diesem Falle erklärt die Vergleichstheorie gar nichts, sondern führt zu der Einsicht, daß ein Vergleich, dessen Hinsicht nicht spezifiziert ist, selbst eine Metapher ist. Die Metaphern sind also ein gleichermaßen allgegenwärtiges wie irreduzibles Phänomen, das den Bereich der Nutzbarkeit strenger Identitäts- bzw. Subsumtionskriterien sehr eingeschränkt wirken läßt.

Diese Unschärfe des ebenso alltäglichen wie offenbar verständlichen Sprachgebrauches, ein Übergewicht von pragmatischer Selbstverständlichkeit über die kognitive Transparenz des Selbstverständlichen[29], läßt sich ausgerechnet mit der berühmten Aussa-

27 Vgl. John Searle, Metapher. In: Ders., Ausdruck und Bedeutung. Frankfurt a. M. 1982, S. 104.

28 Zu dieser endlosen Liste möglicherweise gemeinter und indirekt dargestellter Ähnlichkeiten: Donald Davidson, Was Metaphern bedeuten. In: Ders., Wahrheit und Interpretation. Frankfurt a. M. 1986, S. 362.

29 Es ist, anders ausgedrückt, die Dominanz des »to know how« über das »to know that« im Sinne von: Gilbert Ryle, The Concept of Mind. Lon-

ge des Augustinus über die Zeit veranschaulichen, dessen Sprachbegriff Wittgenstein das Beispiel des »Spiels« vorgehalten hat. Was die Zeit sei, so Augustinus, wüßte er genau, solange er es nicht in einer erklärenden Aussage darstellen müsse.[30]

Der Rückgriff auf die alltäglich unscharfe, aber funktionierende sprachliche Verwendungspraxis erklärt, warum in den *Philosophischen Untersuchungen* der Ausdruck »Gleichheit« nicht vorausgesetzt wird – so daß durch die Nutzung strenger Identitätskriterien der Regelbegriff entproblematisiert werden könnte –, sondern selbst durch Rekurs auf die unscharfe Praxis seiner Verwendung erläutert werden muß. Wittgensteins Entwicklung vom *Tractatus logico-philosophicus* zu den *Philosophischen Untersuchungen* läßt sich beschreiben als eine meditativ in Szene gesetzte Konversion von der Semantik zur Pragmatik. Dieser Übergang ist der Übergang zwischen zwei verschiedenen Antworten auf die Frage, was »Bedeutung« bedeute, dem schließlich der Übergang von einer technischen oder formalen zur Umgangssprache entspricht. Im *Tractatus logico-philosophicus* findet sich zur Erläuterung des Bedeutungsbegriffes der Satz: Wir verstehen die Bedeutung eines Satzes, wenn wir wissen, was der Fall ist, wenn der Satz wahr ist.[31] In den *Philosophischen Untersuchungen* lesen wir: Wir verstehen, was ein Satz bedeutet, wenn wir wissen, wie er gebraucht wird. Im *Tractatus logico-philosophicus* war die Sprache die logische Form der Welt[32], ein transzendentales Gerüst von Kategorien möglicher Tatsachen. Jetzt ist die Sprache der Ausdruck einer Praxis: »[…] eine Sprache vor-

don 1949, S. 25–62, bzw. der Vorrang des »Impliziten Wissens«, das beschrieben wird bei: Michael Polanyi, The Tacit Dimension. New York 1966. In der Sprache einer soziologischen Handlungstheorie würde man hier auf die vorreflexive, pragmatische Gewißheit der lebensweltlichen Routinen verweisen, die von Alfred Schütz, Die Strukturen der Lebenswelt (Frankfurt a. M. 1979, Band 1), als das »taken for granted« beschrieben werden.

30 »Quid est ergo tempus? Si nemo ex me quaerat, scio; si quaerenti explicare velim, nescio«: Augustinus, Confessiones. Frankfurt a. M. 1987, XI, S. 628.

31 Wittgenstein, Tractatus, Satz 4.024: »Einen Satz verstehen heißt, wissen was der Fall ist, wenn er wahr ist.« (Man kann ihn also verstehen, ohne zu wissen, ob er wahr ist.)

32 a. a. O. Sätze 2.0141–2.2.

stellen heißt, sich eine Lebensform vorstellen«.[33] Die reine Architektur einer transzendentalen Frage löst sich auf in der Meditation über die pragmatischen Wurzeln der Bedeutung.

Diese Wurzeln werden nicht in der Exaktheit von Regeln gesucht, die im Sprachgebrauch nomologischer Wissenschaften oder der Mathematik vorausgesetzt werden muß, um auf die Einlösbarkeit starker Geltungsansprüche hoffen zu dürfen. Denn erstens ist dies ein Sonderbereich, ein Sprachspiel, dessen Züge durch eine formale Konvention exakter als die Alltagssprache geschnitten sind, und zweitens erfüllen, wie Wittgenstein später, z. B. in *Über Gewißheit*, sagen wird (dazu weiter unten), nicht mal diese Regeln den Anspruch, kraft ihrer Exaktheit die Konvention einer bestimmten Lebensform zu transzendieren.[34]

Die Suche nach den pragmatischen Wurzeln schlägt einen Weg ein, der durch den Wechsel der Aufmerksamkeit zwischen zwei verschiedenen Formen gekennzeichnet ist: Im *Tractatus* war die Sprache selbst eine statische, zeitunempfindliche logische Form; in den *Philosophischen Untersuchungen* ist sie Ausdruck einer Lebensform. Das heißt, die »unscharfe« Regelmäßigkeit des Sprachgebrauches ist fundiert in den pragmatischen Regelmäßigkeiten von Handlungen und Handlungsverknüpfungen. Die »Familienähnlichkeit« zwischen verwandten Ausdrücken ist also ursprünglich die zwischen Identität und Differenz changierende Verknüpfung zwischen Handlungen, die einander gleichen, ohne gleich zu sein.

Dieser Wechsel der Aufmerksamkeit von der logischen Form zu den Lebensformen ist nicht kontingent, sondern er ist motiviert durch die Radikalisierung der Suche nach den Grundlagen der Logik und darin durch die Einsicht, daß nicht einmal der Mathematiker seine von der Vagheit der Alltags- und Umgangssprache gereinigten Zeichen lebensformunabhängig »exakt« gebrauchen kann.

33 Wittgenstein, Philosophische Untersuchungen, Nr. 19.

34 Vgl. dazu: Wittgenstein, Über Gewißheit. Und: Ders., Bemerkungen über die Grundlagen der Mathematik. Frankfurt a. M. 1984. Ein Beispiel für die Konventionalität von mathematischen Regeln stellt das oben genannte Modell einer komplexen Additionsregel dar.

Wittgensteins Rückfrage nach Kriterien der Zuverlässigkeit endet nicht selten in Formulierungen wie: »so sagen wir es, so gebrauchen wir diese Worte eben«. Doch dieses Ende bedeutet keine skeptische Preisgabe der Hoffnung auf eine klare Antwort. Wo der *Tractatus logico-philosophicus* noch in der Bemerkung endete, daß wir darüber, worüber wir nicht reden können, schweigen müssen, entdecken die *Philosophischen Untersuchungen*, daß das Sprechen über die Sprache auf die Praxis stoßen muß.

Der Übergang von der »Bildtheorie« der Sprache aus dem *Tractatus logico-philosophicus* zur Analyse der »Grammatik« einer Sprachpraxis in den *Philosophischen Untersuchungen* ist dabei bezeichnend. Unter ›Grammatik‹ versteht Wittgenstein nicht die Gesamtheit der Regeln von Deklination und Konjugation bzw. der syntaktischen Verknüpfungskonventionen, sondern die Verwendungsroutinen, die den Rahmen möglicher sinnvoller Aussagen abstecken.

In der Perspektive des *Tractatus logico-philosophicus* war zwischen Sätzen, die wahr oder falsch sein können, und sinnlosen Sätzen zu unterscheiden. Wittgenstein hat in seinen Analysen der Grundlagen der Logik von grammatischen Sätzen gesprochen, wenn sie nicht wahr oder falsch sein können, da sie keine Sachverhalte oder Tatsachen repräsentieren, sondern die Verwendungsweise eines Ausdrucks »analytisch« erläutern. Darum ist der Satz: »Dieses Quadrat hat drei Seiten« kein falscher, er ist ein ungrammatischer Satz. Solange Wittgenstein wie im *Tractatus logico-philosophicus* von »der« Sprache als der logischen Form »der« Welt sprach, gab es eine notwendige, weil logisch alternativlose Grammatik der Sprache. Das Ziel der sprachlogischen Analysen war die Grundlegung der Logik als eine letztbegründende philosophische Rechtfertigung kognitiver Operationen.

Der Stachel, der beim frühen Wittgenstein das Projekt dieser Rechtfertigung bereits über sich hinaustrieb, ist versteckt in der berühmten Formulierung, über das, worüber man nicht sprechen könne, darüber müsse man schweigen.[35] Dabei hatte Wittgenstein offenbar an die »eigentlich menschlichen« Fragen gedacht, die nicht einmal gestellt worden wären, selbst wenn die Wissenschaft alle ihr aufgegebenen Rätsel gelöst hätte, aber auch daran, daß die

35 Wittgenstein, Tractatus, Satz 7.

sprachliche Darstellung der logischen Form der Welt als eine Darstellung, die durch das, was sie darstellt, ermöglicht werden muß, eine Paradoxie ist.

Das »mystische« Element in den philosophischen Intentionen Wittgensteins und diese Paradoxie treiben jedoch nur so lange in die Unsagbarkeit, solange die rationale Sprache wissenschaftlicher Analyse und Abstraktion nur die strengste, formale und exakte Art von Kriterien der Sagbarkeit erlaubt. Von dieser Strenge läßt die Entwicklung zu den *Philosophischen Untersuchungen* immer weniger übrig: Schließlich zeigt sich, daß die Grammatik, mit deren Hilfe wir zu unterscheiden wissen zwischen sinnvollen und sinnlosen Sätzen, d. h. wissen, was die Sätze bedeuten, ihrerseits keineswegs transzendental, also eine dem sprachlichen Denken notwendig innewohnende Form des Weltbezuges ist. Die Grammatik ist relativ. Mit Bezug auf die Kriterien der Bedeutungsidentität hat dies eine phänomenologische Seite[36]: Es zeigt sich, daß der alltägliche Sprachgebrauch »ein und denselben« Ausdruck relativ zu unterschiedlichen Verwendungskontexten in unterschiedlichen Bedeutungen erscheinen läßt, ohne daß die Verständlichkeit von Aussagen, die diesen Ausdruck enthalten, daran Schaden nehmen muß. Darum ist die Ähnlichkeit kein Prinzip, das nur von Metaphern genutzt wird (und deshalb ist die Metapher als solche auch nicht schon durch ihren Bezug zur Ähnlichkeit zwischen Ausdrücken charakterisierbar), sondern eine umfassendere Struktur, die das Sprechen insgesamt trägt. Die Verwender der Sprache wissen, was die Worte und Sätze bedeuten, weil sie »wissen«, was sie tun, wenn sie sie verwenden. Aus diesem Grunde führt die phänomenologische (nicht im Sinne Husserls) Bestandsaufnahme der Sprachpraxis zu einer reflexiven Revision der Grundannahmen über Struktur und Status der Grammatik selbst. Die Grammatik ist relativ zu Praktiken, d. h., in ihrer Einheit ist sie relativ zu der Einheit einer Gesamtheit von miteinander verbundenen Praktiken, für die Wittgenstein eben den Ausdruck »Lebensform« ins Spiel bringt.

Der wesentliche Aspekt der Verwendungssicherheit besteht dar-

36 Dieser Ausdruck wird im Sinne Wittgensteins verwendet und bezieht sich nicht auf die Analyse des Sprachbewußtseins, sondern der öffentlichen Phänomene des Sprechens.

in, daß die Grundlage der Geltung von Bedeutungsurteilen, d.h. die Zuverlässigkeit eines bestimmten Verständnisses, nicht in einem kognitiven, bewußten Wissen, sondern in einer pragmatisch und nicht reflexiv fundierten »Gewißheit« besteht.

In seinem Kommentar zu Morris' *Verteidigung des Common Sense*, in den Aphorismen, die unter dem Titel *Über Gewißheit* versammelt sind, stellt Wittgenstein sich die von Morris untersuchte Frage, ob wir wirklich »wissen«, daß wir noch nie auf dem Mond gewesen sind. Die Sicherheit, mit der wir eine entsprechende Frage bejahen, läßt sich nicht auf ein kognitives Wissen zurückführen, das einer aus empirischen Evidenzen und gültigen Schlüssen bestehenden Beweisführung entstammt, sondern auf eine Gewißheit, die die Unbezweifelbarkeit der Annahme aus anderen Quellen schöpft. »Wenn einer bezweifelt, ob die Erde vor 100 Jahren existiert hat, so verstünde ich das darum nicht, weil ich nicht wüßte, was dieser noch als Evidenz gelten läßt und was nicht.«[37]

Daß ich nicht an der Existenz der Erde vor 100 und 1000 Jahren zweifle, geht nicht auf die Beweiskraft von Wahrnehmungen und Schlußfolgerungen zurück, bestenfalls auf ein durch Konsistenz und Autorität des Sprachgebrauches gedecktes Hörensagen. Es ist die Gesamtheit der gewissen, d.h. zunächst für wahr gehaltenen Überzeugungen und die sprachpragmatische Struktur dieser Gesamtheit, die die Gewißheit einer einzelnen Überzeugung stützt, nicht ihre einzelne Bewiesenheit, die sich aus isolierten Gliedern einer bei atomaren empirischen Daten ansetzenden Kette von Schlüssen zusammensetzt. Letztlich führt selbst im Falle eines klaren Beweisganges die Rechtfertigung einer Aussage zu Evidenzen, die nur »Evidenzen« sind, weil die ganze sprachliche Praxis die Gewißheit darüber, was eine Evidenz sei und was nicht, trägt: »Die Begründung aber, die Rechtfertigung der Evidenz kommt zu einem Ende; – das Ende aber ist nicht, daß uns gewisse Sätze unmittelbarer als wahr einleuchten, also eine Art Sehen unsererseits, sondern unser Handeln, welches am Grunde des Sprachspiels liegt.«[38]

Im *Tractatus logico-philosophicus* dient die Trennung von gram-

37 Wittgenstein, Über Gewißheit, Nr. 231.
38 a.a.O. Nr. 204.

matischen und ungrammatischen Sätzen der Freilegung des kontrollierbaren Raumes möglicher gültiger Rechtfertigungen, jetzt ist die Differenz von »wahr« und »falsch« selbst relativ zur Praxis der Verwendung dieser Ausdrücke: »Wenn das Wahre das Begründete ist, dann ist der Grund nicht wahr, noch falsch.«[39]

Daraus folgt nicht, daß sich nichts rechtfertigen ließe, aber, daß Rechtfertigung ein Sprachspiel ist, das nicht aus einerseits unbezweifelbaren Atom-, Basis- oder Protokollsätzen, die empirische Daten wiedergeben, und andererseits aus universal gültigen Formen des logischen Schließens und der Beweisführung besteht, sondern eine Praxis ist, die einer empirischen Lebensform eigen ist.

Diese Praxis funktioniert auch dann, wenn nicht überhaupt erst unter dieser Bedingung, sofern ein einzelner Fall der Sprachverwendung ohne exakte Identitätskriterien verständlich ist. Worin sollten solche exakten Identitätskriterien auch bestehen, wenn selbst die Erfüllungs- und Geltungsbedingungen, die der formalen Semantik zufolge die Bedeutung der Sätze von der Kenntnis ihrer Wahrheitswerte abhängig machen, im Umgangssprachgebrauch unübersichtlich bleiben müssen?[40]

Der Sinn der Gleichheit, mit deren Begriff der Ausdruck »Regel« verwoben ist, ist darum nicht durch den Hinweis auf die im Gleichheitszeichen formaler Notation angezeigte Identität zu erläutern. Das heißt, die besonderen Fälle, die als gleich betrachtet werden, sind nicht im Sinne strenger Identität logisch äquivalent. Anders gesagt: Sie sind nicht mit Rücksicht auf die einzelnen Relationen, in denen sie stehen, und genausowenig mit Rücksicht auf ihre identifizierbaren einzelnen Eigenschaften bzw. auf jedes einzelne berechtigt zugeschriebene Prädikat gegenseitig substituierbar.

39 a.a.O. Nr. 205.

40 Zur formalen Semantik: Ernst Tugendhat, Vorlesungen zur Einführung in die sprachanalytische Philosophie. Frankfurt a. M. 1976. Es ist zweifellos eine starke »verifikationistische« Version der semantischen Bedeutungstheorie, von der hier Abstand genommen wird. Die moderate Fassung z. B. Michael Dummetts, die nicht die Kenntnis von Wahrheitsbedingungen, sondern die implizite Vertrautheit mit Akzeptabilitätsbedingungen zur Voraussetzung von Bedeutungsverstehen erhebt, erweitert darum auch die Bedeutungs- und Geltungskriterien um die pragmatische Implikation der interaktiven Zustimmungsfähigkeit.

Gleichheit gebrauchen wir vielmehr in demselben Sinne, wie wir davon sprechen, daß zwei verschiedene Dinge sich »gleichen«. Das Prinzip der unexakten Einheit, die zwischen einer einzelnen Äußerung und der generalisierten Verständlichkeit der in ihr getroffenen Aussage, die nicht an nur einem Fall entsteht, vermittelt, ist die Ähnlichkeit. Und auch das halbherzige Zugeständnis eines Fürsprechers strenger Identitätskriterien, Ähnlichkeit sei eben eine Form der Identität in einer bestimmten Hinsicht, die von Differenzen in anderen Hinsichten begleitet würde, läßt sich nicht vereinbaren mit der Vielzahl solcher Ausdrücke, deren Verwendungsmöglichkeiten etliche Paare einschließen, die in keiner Hinsicht Identität aufweisen.[41] Das zeigen die Beispiele der *Philosophischen Untersuchungen*.

Wittgenstein kommt, wie eingangs bemerkt, auf die Ähnlichkeit schon da zu sprechen, wo er den Begriff des Sprachspieles einführt.[42] Wie kommen wir dazu, eine heterogene Gruppe von Praktiken unter einem Begriff zu versammeln, obwohl die Familie der Spiele genügend Paare enthält, deren Glieder nicht ein einziges Merkmal gemeinsam haben (außer daß sie Spiele sind, und ein Rekurs auf dieses Merkmal zum Zwecke der Rechtfertigung der Begriffsverwendung wäre ein schlechter Zirkel)? Wittgenstein selbst resümiert das beispielhafte Vergleichen von einander ähnelnden Fällen folgendermaßen: »Und das Ergebnis dieser Betrachtungen lautet nun: Wir sehen ein kompliziertes Netz von Ähnlich-

41 Vgl. zu diesem Zugeständnis z.B.: John Austin, Die Bedeutung eines Wortes. In: Ders., Gesammelte Philosophische Aufsätze. Stuttgart 1986, S. 75–101, hier: S. 94: »Oder es ließe sich auch behaupten, daß Ähnlichkeit nur als teilweise Identität ›zu verstehen‹ ist usw. Und selbst diejenigen, die sich davon nicht völlig überzeugen lassen, gehen trotzdem vielleicht so weit, daß sie die ›Ähnlichkeits‹- und ›Identitäts‹-Sprachen als Alternativen zulassen, zwischen denen man wählen kann, ohne sich festzulegen. Wenn man aber deutlich machen würde, daß wir aus ›guten Gründen‹ auch dann ›verschiedene Dinge beim selben Namen nennen‹, wenn die Dinge einander noch nicht einmal in irgendeinem normalen Sinne ›ähnlich‹ sind, wird es gewiß äußerst schwierig zu behaupten, daß in ihnen allen etwas ›Identisches‹ vorhanden ist«. Austins Beispiel ist u. a. der Ausdruck »Kopf«, dessen Vielseitigkeit ein simpler Blick in ein Lexikon bereits deutlich machen würde.

42 Wittgenstein, Philosophische Untersuchungen, Nr. 7.

keiten, die einander übergreifen und kreuzen. Ähnlichkeiten im Großen und Kleinen.«[43] Doch was wir da zu Gesicht bekommen, das »Netz« von Ähnlichkeiten, ist kein allgemeiner Begriff von »der« Ähnlichkeit. Wittgenstein setzt fort: »Ich kann diese Ähnlichkeiten nicht besser charakterisieren als durch das Wort ›Familienähnlichkeiten‹; denn so übergreifen sich die verschiedenen Ähnlichkeiten, die zwischen den Gliedern einer Familie bestehen: Wuchs, Gesichtszüge, Augenfarbe, Gang, Temperament, etc. etc.«[44] Eine allgemeine Charakterisierung des Begriffs oder der Logik der Ähnlichkeiten wird indessen auch gar nicht gesucht. Ein weiteres Beispiel für Wittgensteins »Verfahren« zeigt, daß die Suche nach »Ähnlichkeit« nicht dem Verlangen nach einer formalen »Theorie« konstitutiver Ähnlichkeitsverhältnisse folgt, sondern stets auf die jeweiligen Umstände des bestimmten Sprachspieles zu schauen hat:

»Denken wir an das Erlebnis des Geführtwerdens! Fragen wir uns: Worin besteht dieses Erlebnis, wenn wir z. B. einen Weg geführt werden? – Stelle dir diese Fälle vor: Du bist auf einem Spielplatz, etwa mit verbundenen Augen und wirst von jemandem an der Hand geleitet […]. Oder aber: du wirst von jemandem an der Hand mit Gewalt geführt, wohin du nicht willst. Oder: du wirst im Tanz von einem Partner geführt; du machst dich so rezeptiv wie möglich, um seine Absicht zu erraten und dem leisesten Druck zu folgen. Oder: jemand führt dich einen Spazierweg; ihr geht im Gespräch; wo immer er geht, gehst du auch. Oder: du gehst einen Feldweg entlang, läßt dich von ihm führen. Alle diese Erlebnisse sind einander ähnlich; aber was ist allen gemeinsam?«[45]

Ebendiese Frage wird nicht beantwortet, sondern als falsche Frage gekennzeichnet. »Aber Geführtwerden ist doch ein bestimmtes

43 a. a. O. Nr. 66.
44 a. a. O. Nr. 67.
45 a. a. O. Nr. 172. Dabei darf nicht vergessen werden, daß es in diesem Beispiel um das »Erlebnis« des Geführtwerdens geht. Eine umfassendere Untersuchung der sprachlichen Verwendung des Ausdrucks »Geführtwerden« würde Fälle einschließen, in denen das Geführte, z. B. ein Geschäft, ein Gespräch, eine Partei, nicht unbedingt ein Erlebnis dabei hätte. Die Familie des »Geführtwerdens« zeigt in dieser Erweiterung erst recht wenig, was ein identischer Kern der Bedeutung sein könnte.

Erlebnis!« – »Die Antwort darauf ist: Du denkst jetzt an ein bestimmtes Erlebnis des Geführtwerdens.«[46] Die Pointe besteht darin, daß der Gedanke an einen bestimmten Fall vollkommen berechtigt ist. Er leistet nicht, was die falsche Frage nach dem identischen Kern der Ähnlichkeit in einer Verwendungsfamilie verlangt, und indem er diese Leistung verweigert, führt er auf die richtige Spur: Denn die Antwort auf die Frage nach exakten Kriterien der Verwendung eines Ausdruckes lautet: Wir brauchen gar kein exaktes Kriterium der Zuordnung eines Phänomens z. B. zu dem Begriff der Spiele, da das Urteil über die Zugehörigkeit zu der entsprechenden Gruppe seine Gewißheit der unexakten Praxis entnehmen kann.

Das gilt zugleich für die Praxis der *Philosophischen Untersuchungen*: Wenn die Bedeutung eines Wortes und eines Satzes sich aus ihrem Gebrauch erklärt, bedeutet dies, daß die Erklärung der Bedeutung überhaupt eine Praxis ist. An diese Praxis das Maß der Exaktheit strenger Identitätskriterien und der Subsumierbarkeit eines Falles unter einer Regel im Sinne effektiver Verfahren legen zu wollen, genau das erzeugt dann eines jener Scheinprobleme, deren Auflösung zu den wenigen ausgesprochenen Zielen der Wittgensteinschen Meditation gehört.[47] Insofern teilt das oben angeführte Beispiel des Geführtwerdens dem Leser über den inhaltlichen Ertrag hinaus mit, daß er selbst herauszufinden hat, wie und wohin er sich führen lassen will.

Die Konstanz des Gebrauches verknüpft einzelne Verwendungsfälle nicht, wie eine mathematische Gleichung oder Funktion Argument und Wert verbindet. Der Gebrauch ist unscharf genug, eine unabschließbare und unvorhersehbare Mannigfaltigkeit von Verwendungsfällen zu gestatten, und er ist zugleich präzise genug, so daß ein Fall dem anderen ähnelt. Woher stammt diese Präzision? Die Antwort lautet zunächst und vorläufig recht unscharf: Sie entstammt der pragmatischen Zuverlässigkeit, die eine Gruppe von Praktiken als Bestandteile der Einheit einer Lebensform aufweist.

46 a. a. O. Nr. 173.
47 a. a. O. Nr. 309.

IV.

Das Ähnlichkeitsmotiv in Wittgensteins Auffassung sprachlicher Bedeutung in den *Philosophischen Untersuchungen* erinnert nicht umsonst an vormoderne Auffassungen der Relation zwischen Erkenntnis und ihrem Gegenstand.[48] Im Zeitalter einer nach Ähnlichkeitsbeziehungen strukturierten *epistéme*[49] war der Bezug eines erkennenden Geistes zu den Gegenständen seiner Erkenntnis noch nicht im Kielwasser von Empirismus und Rationalismus bzw. kritischer Reflexionsphilosophie auf die Unterscheidung zwischen den einander entgegengesetzten Relata Subjekt und Objekt verpflichtet.

Was die ästhetisch eingerichtete Rationalitätskritik von Romantik und Symbolismus im Sinne einer fiktionalen Rückkehr zum Prinzip der Ähnlichkeit vorgeführt hatte[50], erfährt in der Gebrauchstheorie der Sprache ein entferntes Echo. Die Analyse der sprachlichen Bedeutung sieht diese nicht als objektive Daten der Analyse selbst gegenüberstehen, die Untersuchung von Kriterien der Bedeutungsidentität entwickelt sich zu einem skeptischen Vorbehalt gegen die reine Isolierbarkeit von Kriterien überhaupt. Die Beziehung zwischen der Sprache, die gesprochen wird, und der Sprache, die über erstere spricht, ist weder ein Verhältnis der Identität (zwar ist die Umgangssprache ihre eigene Reflexionssprache, aber die Reflexion legt den Zugang zu der für den direkten Gebrauch der Umgangssprache selbst undeutlichen Grammatik frei)[51] noch eine Relation strenger Differenz (Meta- und Objektsprache sind nicht typentheoretisch zu trennen), es ist die Korrespondenz der Ähnlichkeit.

48 Vgl. dazu die Einleitung dieses Bandes.

49 Michel Foucault, Die Ordnung der Dinge. Frankfurt a. M. 1974, S. 46 ff.

50 Vgl. dazu die vorangegangenen Aufsätze von Waldemar Fromm, Gerald Funk und Michael Pauen.

51 Das bedeutet nicht, daß es nicht alltägliche paradigmatische Dialogsequenzen gäbe, die reflexive Bezugnahmen auf die Üblichkeiten des Sprachgebrauches enthalten und eine Art Basis für die Ausdifferenzierbarkeit sprachreflexiver Sprachspiele bieten. So kann eine Rückfrage auf eine Aussage zu einer Rechtfertigung der Aussage führen, die den Sprachgebrauch zum Thema macht.

Das Besondere an Wittgensteins Rückkehr zur Ähnlichkeit ist jedoch ihr nachmetaphysischer Zug. Die Familienähnlichkeit, die ein Sprachspiel gegenüber anderen abgrenzt, ist kein Prinzip der artifiziellen Wiederverzauberung einer durch reflexive Erkenntniskritik und epistemologische Techniken entzauberten Welt. Während eine assoziative Sprachphilosophie wie die Walter Benjamins mit wehmütiger Insistenz auf die rhetorischen Figuren einer metaphysischen Kosmologie zurückgreift und die reale Ähnlichkeit zwischen Dingen und ihrer sprachlich geformten Auffassung z. B. in den onomatopoietischen Wurzeln des Ausdrucks sucht, drehen die *Philosophischen Untersuchungen* die Schraube rationaler Selbstkritik voran. Das Bild, das Wittgenstein von unserem Sprachgebrauch zeichnet, ruft den »Fortschritt« von der kritischen Reflexionsphilosophie zur Analyse der Sprache nicht einfach nostalgisch zur Ordnung. Von der Einsicht, daß zwischen den Dingen und unseren Auffassungen von ihnen das kategoriale Gerüst der theoretischen und perzeptiven Auffassungsformen steht, führt ein roter Faden der Argumentation zu der weiterführenden Einsicht, daß diese Kategorien nicht rein transzendentale Bedingungen eines »sehenden« Denkens sind, sondern notwendige Formen des sprachlichen Mediums, das unsere Auffassungen ermöglicht und leitet. Wittgenstein relativiert nun schließlich die Notwendigkeit dieser sprachlichen Formen, indem er sie auf die alltägliche innerweltliche Praxis des sprachlichen Austausches zwischen handelnden Angehörigen einer Sprachgemeinschaft zurückbezieht. Es sind Umgangssprache und Praxis, die einander wechselseitig bestimmen und die Grammatik als Form des möglichen Weltbezuges strukturiert. Und das Prinzip dieser Strukturierung beruht auf der Ähnlichkeit zwischen den verwandten Fällen von Handeln und Sprechen.

V.

Nun könnte man wieder fragen: Was aber bedeutet dabei der Ausdruck »Ähnlichkeit«? Eine gehaltvolle Antwort kommt auch hier nicht darum herum, sich auf das Prinzip zu berufen, daß die Bedeutung der Gebrauch ist.

Beantwortet werden kann die Neugierde nach der Bedeutung des Ausdruckes »Ähnlichkeit« also nur, sobald der Gebrauch, den wir von diesem Ausdruck machen, dokumentiert wird, wie Wittgenstein es z. B. für die Fälle »Spiel« und »Geführtwerden« vorführte. Doch dies ist keine Untersuchung eines Ausdruckes neben anderen, sondern die Untersuchung der Methode der Untersuchung selbst. Die Pointe der Selbstbezüglichkeit der auf »Ähnlichkeit« basierten Gebrauchs-»theorie« äußert sich jetzt darin, daß die Dokumentation von Fällen der Verwendung des Ausdruckes »Ähnlichkeit« den Begriff, dem sie auf die Spur kommen will, immer schon voraussetzen, d. h. verwenden muß. Denn eine Auflistung von Fällen der Verwendung von »Ähnlichkeit« entspricht der Zusammenstellung einer Gruppe von Verwendungsfällen, deren Einheit durch die Ähnlichkeit zwischen diesen Fällen gestiftet wird. Es genügt schließlich nicht, solche Fälle zu sammeln, in denen das Wort erscheint, denn das Ergebnis der Suche kann nicht darin bestehen, daß die Einheit des Gebrauchs des Ausdruckes »Ähnlichkeit« an dem puren Vorkommen des Wortes selbst hängt. Dieses Ergebnis wäre nur die Tautologie: Wir verwenden das Wort »Ähnlichkeit« in all den Fällen, in denen das Wort »Ähnlichkeit« verwendet wird. Die Untersuchung der Ähnlichkeit zwischen den Verwendungen des Ausdruckes »Ähnlichkeit« ist darum die Frage nach der Möglichkeit der Untersuchung von sprachlicher Bedeutung selbst.

Wann also nennen wir etwas, das nicht dasselbe ist, das nicht »wie ein Ei dem anderen gleicht«, das aber auch nicht vollkommen verschieden ist, »ähnlich«? Der Verzicht auf die Hilfe extensionaler Eigenschaftsmerkmale und eines exakten Regelbegriffes schließt die Möglichkeit aus, entsprechend altbekannter Tradition, die Ähnlichkeit als Übereinstimmung in spezifischer Hinsicht bei Differenz in allen anderen relevanten Hinsichten zu deuten. Das war an dem Ausdruck »Spiel« zu lernen, und es war ein wesentlicher Grund für die Annahme der Irreduzibilität von Metaphern.

Die Klärung des Begriffes der Ähnlichkeit wird wieder nur möglich durch die Untersuchung des Gebrauches, den wir von ihm machen. Die Einheit des Ausdrucks »Ähnlichkeit« ist das Destillat der Ähnlichkeit zwischen den mannigfaltigen Fällen seiner Verwendung. Die Erklärung eines Prinzips, das die Verständlichkeit und Einheit der Bedeutung erklärt, kann nicht durch eine Definition, nicht durch eine Substitution des Explanandum durch einen äquivalenten Begriff geschehen. Der Fall der »Ähnlichkeit« ist jedoch darum ein paradigmatisch herausragender Fall, da die methodische Verfassung der Gebrauchstheorie hier auf einen Ausdruck stößt, dessen Erklärung für das Verständnis der Methode selbst zentral ist. Dies wäre eine paradoxale Selbstbezüglichkeit, würde nicht der thematische Übergang von einer semantischen zu einer pragmatischen Betrachtung der Sprache begleitet vom Wechsel der Perspektive der sprachphilosophischen Untersuchung selbst. Die *Philosophischen Untersuchungen* sind nicht länger der Monolog des quasitranszendental argumentierenden Autors des *Tractatus logico-philosophicus*. Sie sind nur dann methodisch konsistent, wenn die Klärung der Bedeutung ihrer Grundbegriffe, in diesem hervorragenden Fall des Begriffs der Ähnlichkeit, die Aufgabe eines Sprachgebrauches wäre, in dem der Text der *Philosophischen Untersuchungen* ein Beitrag unter anderen ist, auf die sich das Gespräch, das Sprachspiel der Analyse des Ausdrucks »Sprachspiel«, zu verteilen hat.

Die Preisgabe einer Bedeutungstheorie, die strenge Kriterien der Subsumtion unter eine Regel voraussetzt, führt also dazu, daß die Untersuchung der sprachlichen Bedeutung, die sich sprachlicher Bedeutungen bedient, auf das Problem des hermeneutischen Zirkels trifft. Wir untersuchen ein Vorverständnis, das wir, um überhaupt so etwas wie eine Untersuchung beginnen zu können, schon haben müssen. Dieser hermeneutische Zirkel wird in den *Philosophischen Untersuchungen* nicht durch eine distanzierende und distanzierte Klassifikationsleistung unterlaufen, sondern durch den Eintritt in ein Sprachspiel, das immer schon gespielt wird, in Gebrauch genommen. Wittgensteins Konzentration auf eine Fülle von teils scheinbar trivialen, teils befremdlichen Beispielen drückt den Verzicht auf zwei Unterscheidungen aus, die im *Tractatus logico-philosophicus* noch gültig sein sollten: die Unterscheidung zwischen einer Objekt- und einer davon klar getrennten Metasprache sowie die Unterscheidung zwischen analytischen und synthetischen Sätzen.

Die Umgangssprache ist das Medium ihrer eigenen Reflexion, nicht der Gegenstand einer Theoriesprache, die die Unschärfe des

Sprachgebrauches hinter sich gelassen hat; und diese Reflexion ist keine abstrakte Objektivierung von notwendigen Formen sprachlicher Praxis, sondern die Untersuchung der Grammatik von Sprechweisen, die nicht kategoriale, analytische Hintergrundstrukturen, sondern synthetische, auf der pragmatischen Erfahrung mit Handlungskontexten und tradierten Routinen aufbauende Konventionen sind. Die Untersuchung verzichtet auf die theoretische Generalisierung notwendiger Bedingungen des Sprachgebrauches zugunsten der sprachspielenden Untersuchung, die die Grammatik durch eine Fülle von Beispielen »zeigt«, anstatt zu »sagen«.

Die Unschärfe der Ähnlichkeit wird also zu einem methodischen Prinzip: Wir folgen den Meditationen der *Philosophischen Untersuchungen* in der Einstellung nicht eines abstrahierenden Beobachters von Sprachpraktiken, sondern als Teilnehmer an einem Sprachspiel, die dieses nicht von außen beobachten können. Allerdings wechselt die Perspektive gegenüber der alltäglich implizierten Orientierung auf das sprachliche Medium, die dieses nutzt, um mit anderen über etwas in der Welt zu sprechen. Im Falle des Sprachspieles, das Ähnlichkeiten zwischen sprachlichen Verwendungsfällen verfolgt, um auf die Grammatik eines unserer Spiele zu stoßen, sind wir reflexiv auf den Sprachgebrauch selbst eingestellt.

Die Gebrauchstheorie der Ähnlichkeit ist also nicht nur eine Theorie über die Ähnlichkeit und ihre Funktion, sie ist eine indirekte Anweisung, die Praxis der Analyse als das Ingebrauchnehmen von pragmatisch verankerten Ähnlichkeiten zu verstehen. Die Untersuchung sprachlicher Bedeutungen (im Grunde nicht mehr eines generalisierten Konzeptes von Bedeutung überhaupt) ist eine Praxis, eine Form der Sprachverwendung. Im Falle der analytischen Sprachphilosophie ist diese Verwendungsform eingebettet in ein hochspezialisiertes Sprachspiel, das eine Grammatik »verabredet« hat, die die Grenze gegenüber anderen Sprachspielen unter Rekurs auf eine klare Vorstellung von Rationalität strikt und eindeutig zeichnen sollte. Ein typentheoretisch legitimierter Ausstieg aus der alltagssprachlichen Unschärfe unserer Grammatik, Desiderat der reflexiven Selbstvergewisserung objektivierender Wissenschaft, wird, gemessen an den *Philosophischen Untersuchungen*, nun indessen als eine Art von Selbstmißverständnis sichtbar.

Wittgenstein hatte die Frage nach seiner »Theorie« bei verschiedenen Gelegenheiten schroff von sich gewiesen. Er habe keine Theorie. Ray Monk faßt die dahinterliegende Motivation knapp zusammen zu einer Abneigung gegenüber wissenschaftlicher Abstraktion im allgemeinen.[52] Diese »Abneigung« wäre aber mißverstanden, wollte man darin nur die melancholische Solidarität mit den Besonderheiten sehen, die eine strenge begriffliche Sprache nicht zum Ausdruck zu bringen erlaubt. Es ist vielmehr der Widerstand gegen eine Gestalt reflexiver Theoriebildung, die überspringt, was sie faktisch betreibt, sobald sie ihre Praxis versteht als die Neutralisierung von Unschärfe, pragmatischer Kontextualität und Perspektivität.

Der Autor einer sprachphilosophischen Untersuchung ist demzufolge nicht die reine Stimme einer Abstraktion, die durch die reflexive Einstellung und die analytische Genauigkeit ihrer Rhetorik Kontexte und Bedeutungsambivalenzen, Homonymien und Okkasionalität abgestreift hat. Er ist stets eine Stimme unter vielen in einem Gespräch, das eine Geschichte hat. In diesem Sinne setzt die Praxis der *Philosophischen Untersuchungen* – und das ist auch unsere Praxis ihrer Lektüre – um, was eine pragmatistische Erkenntnis- und Wahrheitstheorie als Modell des wissenschaftlichen Diskurses beschrieben hat: die von Peirce über Morris und Mead zu Apel weitergereichte Idee einer reflexiven Kommunikationsgemeinschaft, die die Objektivität der von ihren Angehörigen getroffenen Aussagen auf die regulative Idee der abschließenden Übereinstimmung der Gemeinschaft aller (jemals beteiligten) Forschenden bezieht, und d.h. in ihrer Geltungsvermutung auf den transitorischen Status von stets korrigierbaren Wahrheiten zurückschraubt.

Die Grundprinzipien, von denen Wittgenstein nicht ausdrücklich spricht, die sich aber in seinem Stil zeigen, lauten also Fallibilismus und Dialogizität.

Erstens ist die Untersuchung des Sprachgebrauches keine Theorie, solange eine Theorie für ihre Aussagen apodiktische, entweder transzendentale oder analytische Notwendigkeit in Anspruch nimmt, denn sie entdeckt mit der Unschärfe und Ähnlich-

52 Ray Monk, Wittgenstein. Stuttgart 1992 (London 1990), z. B. S. 427 ff.

keitsfundierung des beschriebenen Sprachgebrauches ihre eigene Unschärfe, Ähnlichkeitsfundiertheit und damit Unabschließbarkeit. Eindeutigkeit ist ein mehrstelliges Prädikat.

Zweitens steht der Analyse des Sprachgebrauches kein archimedischer Punkt, der aus der Sprache herausragt, zur Verfügung, so daß die Theorie immer Momentaufnahme einer reflexiven und abstrahierenden sowie sich korrigierenden Selbstvergewisserung ist, ein Gespräch, das zwischen den Vertretern von Standpunkten geführt wird.

VI.

Die alte Frage der Philosophie: »Was können wir wissen?«, scheint damit in der anspruchslosen Bestandsaufnahme von Gewißheiten, wie wir sie jetzt nun einmal unterstellen, zu verblassen. Zu dieser Schlußfolgerung neigt zumindest eine Linie der an Wittgenstein anknüpfenden Argumentation[53], die mit Blick z. B. auf die »gleichwertige« Rationalität nicht-nordatlantischer Kulturen jeden Anspruch auf Geltung, der sozial eingespielte Gewißheit übersteigen will, als ein ethnozentrisches Vorurteil zurückweisen möchte. Ist das Moment der Unbedingtheit, das dem Phänomen der Geltung, das mit der Identität der Bedeutung verwoben ist, innewohnen soll, nichts als das alte Vorurteil der platonischen »Flucht aus der Zeit« (Rorty)?

Wenn Wittgensteins Radikalisierung der reflexiven Sprachkritik keine nostalgische Rückkehr, sondern eine konsequente Entfaltung von Implikationen ist, dann muß die Überzeugungskraft der »Theorie« der Ähnlichkeit von den ausgreifenden Geltungsvermutungen der radikalisierten Tradition zehren. Das geschieht allerdings nicht zu Unrecht. Denn mit der Identifizierbarkeit universaler Identitäts- und Subsumtionskriterien geht nicht jeder Sinn von Universalität verloren. Vielleicht können wir die *Philosophischen Untersuchungen* so verstehen: In dem fortwährenden Gespräch,

53 Vgl.: Peter Winch, The Idea of a Social Science. London 1958; und: Richard Rorty, Contingency, Irony and Solidarity. Cambridge 1989.

das wir über die Sprache mit ihrer Hilfe führen und das zu Ergebnissen von transitorischer Gewißheit führt, können wir zwar nichts Unkorrigierbares über die universale Struktur des Sprachgebrauches »sagen«; die Universalität der Verknüpfung von Handeln, Denken und Miteinandersprechen »zeigt« sich jedoch in den Ähnlichkeiten zwischen den historischen Realisierungen dieses Gespräches.

Gert Mattenklott

Ähnlichkeit
Jenseits von Expression, Abstraktion und Zitation

In den Diskussionen um die Theorie der Geistes- und also auch der Kunstwissenschaften dominieren derzeit zwei Vorstellungen, die sich danach unterscheiden, welche Rolle sie dem Subjekt im Gegenstand ihrer Untersuchungen und im Erkenntnisprozeß zuerkennen: je nachdem, ob sie in der romantisch-idealistischen Tradition an der relativen Stabilität des Subjekts festhalten zu können glauben oder statt dessen von subjekthaften Figuren sprechen, Fiktionen also, deren Sinngehalt zur Disposition steht. Beide Optionen unterstellen, daß die Frage der Zukunft der Geisteswissenschaften die andere nach der Subjekthaftigkeit des Geistes in der Wirklichkeit auf seiten der Gegenstände der Wissenschaft und auf seiten der Wissenschaftler einschließen muß. Die Theorie der Wissenschaft kommt nicht aus ohne eine Physiognomik ihrer Gegenstände wie der Wissenschaftssubjekte. Gibt es solche Subjekte oder nur Vollzugsorgane von subjektähnlichen Diskursen?

Die hermeneutische und dekonstruktivistische Version von Geisteswissenschaft legen auch jeweils unterschiedliche Emphase in das Erkenntnisideal. Das Verstehen der Hermeneutik zielt auf die weitestgehende Reduktion des Fremden zwischen Subjekt und Objekt. Das Andere soll als Variation eines Gleichen erkannt, das Feld des Identischen ausgedehnt werden. In den dekonstruierenden Verfahrensweisen dagegen geht es gerade um die Kritik dieses Identitätspostulates selbst als eines Diskurses, der zur Disposition steht. Entsprechend neutralisiert sind Nähe, Angleichung und Innesein als Modi der Selbstvergewisserung. Das Erkenntnisziel ist die Profilierung des Anderen, insofern es sich von anderem unterscheidet.

Die skizzierten Positionen verfehlen beidemal, wenn auch einander gegenstrebig, eine wesentliche Operation im Verhältnis des Geistes zu sich selbst. Gleich ob der Erkenntnisgegenstand verstehend einverleibt oder dekonstruierend auf Distanz gebracht wird: Beidemal wird er als Gesprochenes genommen, nicht als Sprache. Die wesentliche Differenz liegt in der Offenheit der lebendigen Sprache gegenüber wie auch immer gearteten Versuchen, ihr gewisse Korrelate zuzuordnen. Wovon hier die Rede ist, läßt sich an einem Begriff erörtern, dem für das Verstehen geistiger Operationen – im gesamten Bereich geistiger Produktivität, d. h. in den Künsten und Wissenschaften gleicherweise – größere Aufmerksamkeit gebührt, als ihm gewöhnlich zuteil wird: dem der Ähnlichkeit.

Von Paul Valéry, auf dessen Überlegungen ich hier mehrfach zurückgreifen kann, stammt die Bemerkung, es sei gleich tödlich für den Geist, ein System zu haben, wie keines zu haben. Novalis und Friedrich Schlegel schon haben sich ähnlich geäußert. Valéry postuliert eine Betrachtungsweise, die den Verführungen zur Angleichung und zur Verfremdung gleich energisch widersteht. Das ist kein Plädoyer für Vagheit. Den Zwischenraum füllt auch bei Valéry bereits eine Theorie des Ähnlichen aus. Die darauf gerichtete Aufmerksamkeit nennt er »die Gabe der seltsamen Sicht«.[1] – Die Formulierung zeigt bei Valéry die Kehre eines Denkens an, dem die organische Mitte unwiderruflich abhanden gekommen ist: der Ort, den die Philosophen des Idealismus mit ihren Subjekt-Fiktionen besetzt hielten. Der Blick der »seltsamen Sicht« unterscheidet sich vom traditionellen darin, daß er die Objektwelt nicht automatisch einem Subjekt zu- und unterordnet: »dieser schwer definierbare Blick, jedenfalls ein Lossageblick – ein Trennungsblick – aus einem Gefühl für das Mögliche – und in ihm eine *Gegend*, ein *Gebiet* – das keines Blickes ist. – Kurz, alles Sichtbare, Beobachtbare erscheint *ihm* gleichsam so, wie sich Kreideschrift auf einer Tafel zu der Hand verhält, die die Kreide führt. [...] Und auch, daß es *Figuren*

1 Paul Valéry, Cahiers/Hefte I. Hrsg. v. Hartmut Köhler und Jürgen Schmidt-Radefeldt. Frankfurt a. M. 1987, S. 134.

gibt – die für sämtliche möglichen Modifikationen von ... – Anschauung des Anwesenden durch seine Abwesenheit – oder eher durch ... *meine* Abwesenheit – von Anwesendem!«[2] Auch Notizbücher und Schreibgewohnheiten können als Ursachen des in einem Text erzeugten Sinns gelten.

Ähnlichkeiten herzustellen, ist nicht die Tätigkeit eines romantisch-idealistisch definierten Subjekts, sondern die Funktionsweise der Intelligenz selbst, wenn sie ihrem Erlöschen in Identität oder Alterität ausweichen will. Nicht der Mensch sitzt in der Mitte als das Maß aller Dinge, sondern die ausbalancierende Tätigkeit des Subjekts. Menschliche Intelligenz ist dadurch charakterisiert, sich das Andere ihrer selbst vorstellen zu können: das Unmenschliche. Sie ähnelt dem, was sie in der menschlichen Geschichte geworden ist und werden kann, sowie auch dem, was sie nicht ist und nicht werden wird. Das Menschliche ist charakterisiert durch seine intellektuelle Teilhabe am Unmenschlichen. Insofern hat es einen doppelten Ursprung: im Identischen und im Nichtidentischen. Ähnlichkeit hält die Beziehung zu beiden aufrecht. Der Geist erlischt in Pleonasmen und Tautologien ebenso wie im schlechthin Fremden, für das es nicht einmal Parabeln bereithält, geschweige denn Namen.

Daß dem Geist »die Wiederholung schrecklich« sei[3], bezeichnet für Valéry mehr als eine vornehme Antipathie gegen das Wiederkäuen. Die Bemerkung ist seine Einsatzstelle für eine Lehre vom Ähnlichen. Ihr Ausgangspunkt ist die Behauptung, daß ohne Rücksicht auf tatsächliche genetische oder historische Verwandtschaft Ähnlichkeit vorausgesetzt werden muß, um den Bestand des Lebens zu sichern: »Es besteht keinerlei *wirkliche* Beziehung zwischen den Dingen, die einander ähneln. Ohne eine gewisse Beständigkeit des Milieus wäre das Leben unmöglich. Ohne gewisse Ähnlichkeiten die Erkenntnis ebenfalls. Sie verlangt, daß die Dinge nicht unendlich variiert und auch nicht unendlich identisch sind. Sie vernachlässigt Unterschiede oder nimmt sie nicht wahr – sie diversifiziert das Ähnliche –, und das so weit wie notwendig, damit sie selbst möglich wird. In den Organen der Erkenntnis gibt es

2 a.a.O. S. 191 f.
3 a.a.O. S. 215.

also eine Tendenz und tiefere Aktivität und auch eine Art Struktur und Funktionsweise – deren Wirkung die Erhaltung eines gewissen Optimums an Beständigkeiten und Ungleichheiten, an Ähnlichkeiten und Unterschieden, Homogenem und Heterogenem ist – (Homos und Heteros), ohne das die Erkenntnis unmöglich ist.«[4] Das schlechthin Neue, Originelle und Andere wäre so wenig denkbar, wie es zu bezeichnen und auszusprechen wäre. Das gilt vom Gleichen am anderen Pol aber nicht minder.

Die intermediäre Stellung, die der Geist einzunehmen strebt, wenn er Ähnlichkeit herstellt, läßt sich auch an dem Verhältnis erläutern, das er – zugleich konservativ und transformativ – zwischen Erinnerung und Vergessen einnimmt. Mit dem absoluten Gedächtnis würde er danach streben, mit sich selbst in allen seinen Hervorbringungen identisch zu werden. Die Selbstblockade wäre das Ergebnis. Der geklonte Mensch, die technische Simulation, die perfekte Datei sind Beispiele für Operationen mit verendlichendem Ergebnis, dem Absturz der Intelligenz bzw. der Einbuße ihrer Bewegungsfreiheit durch Tautologie. – In dem historischen Augenblick, in dem die Möglichkeit erkennbar ist, daß alles Geschehene in jedem Augenblick gegenwärtig sein kann, denken die avanciertesten Geister über die Produktivität des Vergessens nach: Goethe z. B. in seinen Faust-Dramen, in denen Schlaf und Ohnmacht Voraussetzungen für das Wiedererwachen von Produktivität sind.

Die Inhalte des Ähnlichen sind auswechselbar und der Funktionsweise gegenüber arbiträr. Nicht diesem oder jenem ähnlich zu sein oder zu werden ist lebens- und denknotwendig, sondern Ähnlichkeit ist es. Die sinnstiftenden Eigenschaften von Verähnlichung sind unerheblich. Es mag sie geben oder auch nicht. Valéry notiert: »Der Geist ist seine Beweglichkeit.«[5] Anders als im Hin und Her zwischen Beständigkeit und Variation, Wiederholung und Modulation kann er nicht wirksam werden. Wäre der Mensch nichts als Natur, so könnte er in der additiven Wucherung des Gleichen verharren. Sein geistiges Wesen zwingt ihn jedoch, sich im eigenen In-

4 Paul Valéry, Cahiers/Hefte III. Hrsg. v. Hartmut Köhler und Jürgen Schmidt-Radefeldt. Frankfurt a. M. 1989, S. 148.
5 a. a. O. S. 144.

nern ein Gegenüber zu schaffen, mit dem er, wie mit einem anderen Menschen, kommuniziert: »Bau des Bibers in uns«.[6] Das Ich kommt nur aus sich heraus, indem es sich selbst fremd wird, d. h. indem es einem Fremden und doch Ähnlichen in sich Raum gibt. – Nach diesem Modus entwirft die Methodenlehre der Geisteswissenschaften Denkmaschinen, deren Operationen so beschaffen sein müssen, daß das menschliche Bewußtsein und die Systeme menschlichen Zusammenlebens nicht immerfort zusammenbrechen, sobald ihre wesentlichen Inhalte verbraucht sind, was immerzu geschieht. Hätte das Bewußtsein nur zwischen Identität und Alterität zu wählen, würde sich die Katastrophe pünktlich einstellen, sobald das Potential einer Identität aufgebraucht ist.

Ähnlichkeit wirkt als Angebot von Klassifizierungsregeln stabilisierend jenseits der großen sinnstiftenden Ideologien, die hier zu bloßen Stoffen werden. Die Operationen des Wahrnehmens und Denkens, die in ihrem Zeichen stehen, wirken nicht durch Überzeugung – etwa weil es gut und sinnvoll wäre, ihnen nachzugehen –, sondern weil sie den Menschen Freiheitsimpulse wahrnehmen lassen, ihm Gelegenheit zur Bewegung geben. Auf den »Verlust der Mitte«, wie er von links bis rechts, von Kracauer bis Sedlmayr, festgestellt bzw. beklagt wird, sind humanistischer Konservatismus oder die Mythisierung von Rationalität als Ordnungsmacht nicht die einzig möglichen Antworten. Die Aufmerksamkeit für die mentalen Operationen des Ähnlichkeitssinns zwischen Identität und Alterität gilt der mittleren Sphäre, in der der Geist den spontanen Respons auf einen Reiz parabelförmig verzögert und umbiegt. Bei Valéry stehen die Sätze: »Der Widerstand des Geistes gegen sich selbst, seine Auseinandersetzung, seine Kritik an dem, was er gerade hervorgebracht hat – nichts ist so erstaunlich und so bezeichnend! Ein Gedanke wird geboren – Antwort auf etwas – und seine Anwesenheit erzeugt eine Antwort. Wo ist das Ich bei alledem?«[7] Es wird zur bloß äußerlichen Bedingung für den Vollzug einer Empfindlichkeit, die eines Anlasses bedarf, nicht eines verantwortlich sinnstiftenden Subjekts.

Bei Valéry droht das Denken ohne organische Mitte zu verwil-

6 a. a. O. S. 145.
7 a. a. O. S. 270.

dern: »Jede Funktion – das heißt System von Reiz und Reizbeantwortung – strebt – für sich genommen, und sich selbst überlassen – danach, über das Ziel hinauszuschießen.«[8] So kommt ihm ein Reflex zu Hilfe, der ein weiteres Mal ausgleichend wirkt: der Gleichgewichtssinn. In dezentrierten Verhältnissen, in denen keine zentripetale Schwerkraft Stabilität gibt, sorgt er für Formbildung. Valéry definiert ihn nicht psychologisch, sondern im Sinn eines Kräftespiels. Anders als die elliptischen Konstruktionen bipolaren Denkens, wie Goethe sie mit Polarität und Steigerung, Nietzsche mit den Begriffen des Dionysischen und Apollinischen festlegt, bleiben die in sich mobilen Systeme Valérys ohne eine vergleichbare Fixierung. An die Stelle von Polen setzt er Gefälle von Geistesgegenwart und Asymmetrien, Disproportionen und einander durch Austausch verbundene Systeme. Im Innern der Systeme mit ihren Kreisläufen, Rotationen und Verformungen sind die Ignoranz und der Zufall, das Undefinierbare und Vage, nicht bloß konzediert, sondern so nötig wie die Variation im Ähnlichen als Bedingung der Möglichkeit von Produktivität und Erkenntnis. Es muß eine funktionell notwendige Unkenntnis geben, denn erst die Lücken und Mängel im Denken wirken als Widerstände gegen die spannungslos tautologische Beziehung des Geistes auf sich selbst. Der freie Geist bildet sich als eine intermediäre Sphäre des Ausgleichs auf einer mittleren Gleichgewichtsebene, von der das Denken nach seinen Erkundungen in bekannte und unbekannte Bereiche zurückkehrt. »Die Hälfte des Denkens vergeht mit der Entdeckung, daß das Unähnliche ähnlich und das Ähnliche unähnlich ist.«[9]

»Denken heißt abweichen«, hat Valéry gelegentlich formuliert.[10] Was wie eine anarchische Parole klingt, ist tatsächlich die Funktionsbeschreibung der mentalen Apparatur, auf deren Gültigkeit mehr Verlaß zu sein scheint als auf Ideologien. In Sprache und Denken, Kunst und Eros, Politik und Philosophie sind Abweichung und Restitution, Verlassen und Rückkehr außermoralische und – im Verstande ihrer Indifferenz gegen die Versittlichung des

8 a.a.O. S. 61.
9 a.a.O. S. 252.
10 a.a.O. S. 279.

Menschen – auch außerhumanistische Bedingungen. Sie verhindern den unterschiedslosen Immobilismus ebenso wie das Wuchern ungehemmter Energien in katastrophischem Ausmaß. Die wesentliche Freiheit des Menschen besteht im äußersten Fall auch darin, *Unmensch* zu sein, d.h. Indifferenzpunkt für den Durchzug einer Wirklichkeit, die nicht die seine ist: »Das Wesentliche des Geistes, das sind die transitorischen Funktionen, Akte und Ereignisse.«[11]

Valérys Reflexionen über Ähnlichkeit sind vorwiegend epistemologisch formuliert. Ich habe sie hier dennoch zum Ausgangspunkt gewählt, weil ihre Aufmerksamkeit für den zweifachen Grund denkenden Überlebens – die gleich feste Verwurzelung im Gleichen wie im Anderen – eine der wichtigsten Entdeckungen auch der Kunst im ersten Drittel unseres Jahrhunderts zu sein scheint, wie unterschiedlich die produktionsästhetischen Folgerungen daraus auch sein mögen. Die wenigsten Künstler teilen allerdings Valérys Interesse an den apparativen Leistungen der Intelligenz, oder vielmehr, sie begründen diese Leistungen im Zusammenhang von theologischen oder philosophischen Erzählungen, zu denen Valérys Analyse sich verhält wie die Grammatik zum Text. Wovon ich damit spreche, möchte ich von weit herholen, nämlich aus einer Tradition, die in den neumystischen Strömungen der ersten Jahrzehnte des Jahrhunderts neuentdeckt wird: der neuplatonisch-gnostisch-kabbalistischen. Dem Eklektizismus dieser Wiederentdeckung entsprechend, möchte ich es vorerst bei dieser Bindestrichkonjunktion belassen.

Parallel zur Erforschung der jüdischen Mystik durch Gershom Scholem erschien 1932 eine Neuübersetzung von großen Teilen eines der wichtigsten Kabbala-Texte überhaupt, des Sohar, durch Ernst Müller aus dem Aramäischen. Das im späten dreizehnten Jahrhundert niedergeschriebene Werk läßt beispielhaft die Grundintention dieser Tradition in der Absicht erkennen, die biblische und talmudische Überlieferung angesichts immer neuer Erfahrungen von Leid, Entbehrung und Verfolgung der Juden im Exil neu auszulegen. Besonders erklärungsbedürftig war das Übermaß des Bösen, das einem Volk widerfuhr, das Gott unter den Völkern doch

11 a.a.O. S. 157.

mit besonderen metaphysischen Absichten auserwählt hat. In einer Emanationslehre, der Theosophie der Sefiroth, erzählt der Sohar in pseudepigraphischer Form immer neue Geschichten über die Gleichursprünglichkeit von Licht und Finsternis, Weiß und Schwarz, Gut und Böse in der Welt. – Ein Bericht über *Die Schechina am Werke der Welt. Die Erschaffung des Menschen in Licht und Finsternis* verankert diesen Doppelaspekt unmittelbar in einer Mythe der Erschaffung des Menschen (I. Moses 1,26): »Und es sprach Elohim: Lasset uns einen Menschen machen in unserem Bilde, nach unserem Gleichnis.«[12] »Wir« sagt Gott nicht im Pluralis majestatis, sondern im Dualis des Doppelgeschlechts, das sich auch in der Physiognomie der Kreatur in vielfachen Ambivalenzen ausspricht; neben denen des Geschlechts in Gut und Böse, Hell und Dunkel, Tag und Nacht. Das Licht wird »das Gewand des Allerhöchsten« genannt, den Frommen zugedacht, die Finsternis den Bösen: »Darum heißt es: Lasset uns einen Menschen machen: in unserem Abbild – das geht auf das Licht – nach unserem Gleichnis – auf die Finsternis, welche das Kleid des Lichts bildet, wie der Körper das Kleid der Seele […].«[13]

Die *Einwohnung* Gottes in der Welt geschieht im Akt der Selbstverfinsterung, ja in radikalen Versionen dieser Lehre nur im Modus der eigenen Abwesenheit. Der Unterscheidung des Menschen als zugleich *Bild* und *Gleichnis* ist diese Differenz Gottes mit sich selbst eingeschrieben. Bild Gottes, das meint den Menschen, sofern er Gott gleich ist; Gleichnis, das bezeichnet dagegen die Teilhabe modo negativo, so wie die Finsternis an das Licht verweist, den Menschen in der weitesten Differenz Gottes von sich selbst. Indem der Mensch aber nun zugleich Abbild und Gleichnis Gottes ist, ist er Gott ähnlich, diese Ähnlichkeit aber aus einem mythischen Grund, der der monotheistisch aufgeklärten jüdischen Theologie quasi implantiert wird, eine ursprüngliche Unsauberkeit von metaphysischen Dimensionen. Diejenigen, denen diese Geschichte über den uranfänglichen Anteil der Finsternis an der Welt erzählt wird, sind getröstet: »Bei diesen Worten wurden alle von Freudig-

12 Der Sohar. Das Heilige Buch der Kabbala. Nach dem Urtext ausgewählt, übertragen und hrsg. v. Ernst Müller. Düsseldorf 1982, S. 122.
13 a.a.O. S. 124.

keit ergriffen und sprachen: Heil uns, daß wir gewürdigt wurden, Worte zu hören, die bis jetzt nicht gehört wurden!«[14]

1910 schloß Kandinsky das Manuskript *Über das Geistige in der Kunst* ab. Fast gleichzeitig mit Franz Kupka und noch vor Kasimir Malewitsch und Piet Mondrian wird darin die Ablösung des Kunstwerks vom Vorbild der Natur ausgerechnet auf dem Boden einer Kunst vollzogen, für die die *imitatio naturae* mehr als für jede Schwesterkunst verbindlich zu sein schien. Abkehr von Naturnachahmung, so der Autor in der Einleitung, muß auch Abkehr von der klassischen Vorbildkultur heißen, die allenfalls noch äffisch imitiert werden könne, ohne den »inneren Sinn« der alten Welt. »Es gibt aber eine andere äußere Ähnlichkeit der Kunstformen«, so fährt Kandinsky fort, »der eine große Notwendigkeit zugrunde liegt. Die Ähnlichkeit der *inneren* Bestrebungen in der ganzen moralisch-geistigen Atmosphäre, das Streben zu Zielen, die im Hauptgrunde schon verfolgt, aber später vergessen werden, also die Ähnlichkeit der inneren Stimmung einer ganzen Periode kann logisch zur Anwendung der Formen führen, die erfolgreich in einer vergangenen Periode denselben Bestrebungen dienten. So entstand teilweise unsere Sympathie, unser Verständnis, unsere innere Verwandtschaft mit den Primitiven. Ebenso wie wir suchten diese reinen Künstler nur das Innerlich-Wesentliche in ihren Werken zu bringen, wobei der Verzicht auf äußerliche Zufälligkeit von selbst entstand.«[15]

Die Korrespondenz mit archaischen Formen von Expressionismus – bis hierhin könnte es noch Wiederholung des Gleichen heißen – hat für Kandinsky aber Grenzen in der Verfinsterung der modernen Seele durch die Weltanschauungen des Materialismus: »Die erwachende Seele ist noch stark unter dem Eindruck dieses Alpdrucks. Nur ein schwaches Licht dämmert wie ein winziges Pünktchen in einem enormen Kreis des Schwarzen. Dieses schwache Licht ist bloß eine Ahnung, welches zu sehen die Seele keine volle Macht hat, im Zweifel ob nicht dieses Licht – der Traum ist, und der Kreis des Schwarzen – die Wirklichkeit. Dieser Zweifel und die noch drückenden Leiden der materialistischen Philosophie

14 ebd.
15 Wassily Kandinsky, Über das Geistige in der Kunst. Bern ^{8}1965, S. 21 f.

unterscheiden stark unsere Seele von der der Primitiven. In unserer Seele ist ein Sprung und sie klingt, wenn man es erreicht, sie zu berühren, wie eine kostbare in den Tiefen der Erde wiedergefundene Vase, die einen Sprung hat. Deswegen kann der Zug ins Primitive, wie wir ihn momentan erleben, in der gegenwärtigen ziemlich entliehenen Form nur von kurzer Dauer sein.«[16]

Kabbalistische Autoren wollen als reinen Klang nur die im hauchenden Atem Gottes klingenden Vokale gelten lassen, die freilich zu ihrer sprachlichen Verkörperung der verunreinigenden Konsonanzen bedürfen. Auch für Kandinsky ist die Konsonanz der Gegenwart ein Mißton in dieser Renaissance des Primitiven. Die einfachen Formen, die von dieser Gegenwart geerbt werden können, haben allemal einen Sprung, die Spur ihrer Überlieferung an eine Zeit, die ihnen (noch?) nicht gewachsen ist. – Kandinskys Lichtmetaphorik, in der Hell und Dunkel, Vorder- und Hintergrund irritierend austauschbar zu sein scheinen, postuliert, wie in dem zitierten Sohar-Text, Ähnlichkeit als den Zustand eines menschlichen Zwischenreichs. Deren Tendenz ist die Restitution der reinen gegenständlichen Vibration von Klang, Licht, Atem usf. in dramatischen Prozessen.

Maeterlinck habe angefangen, die Worte von den Verdunkelungen ihres gegenständlichen Sinns zu lösen; bei Schönberg beginne ›Zukunftsmusik‹, deren Ereignisse im wesentlichen keine akustischen, sondern ›rein seelische‹ wären.[17] Picasso suche die ›Vernichtung des Materiellen‹ durch das Konstruktive in Zahlenverhältnissen – auch dies übrigens ein kabbalistisches Verfahren. Kandinsky propagiert es emphatisch, um ›das innerlich Zusammengeschmolzene‹ in einem äußerlich gelockerten Zusammenhang zu bezeichnen: »Als letzter abstrakter Ausdruck bleibt in jeder Kunst die Zahl.«[18] Im Verstande Valérys wäre sie Index des Gleichen, so wie die historischen Konsonanzen materialistischer Epochen bei Kandinsky in den *Cahiers* Valérys als das Andere der reinen Identitäten der Zahl erscheinen. – Die Kunstwerke, neben der wissenschaftlichen Buchkultur *die* Form, in der Tradition überlebt – ein Fragment

16 a.a.O. S. 22.
17 a.a.O. S. 49.
18 a.a.O. S. 130.

des Novalis behauptet das auch schon –, haben an der Ordnung der Zahlen und der Unordnung der Geschichte zugleich teil. Indem sie Gesetzmäßigkeit und Zufall zugleich ausprägen, sind sie allein ihrer ›inneren Notwendigkeit‹ verpflichtet. Sie sind ähnlich – letztlich nur sich selbst.

Als Moholy-Nagy 1929 über *faktur in der malerei* schreibt, setzt er die Emanzipation der reinen Mittel, insbesondere der Farbe, bei den abstrakten Künstlern ausdrücklich voraus. Neoplastizismus (Mondrian, Doesburg), Suprematismus (Malewitsch) und Konstruktivismus (Tatlin, Rodtschenko, Lissitzky und er selbst, Moholy) hätten das Erbe Kandinskys fortgeführt: »ihre bemühung war darauf gerichtet, die gefundenen optischen ausdrucksmittel rein zu verwenden, ohne die verbiegung ihres sinns, die unausbleiblich ist, wenn sie mit assoziationen von naturobjekten überdeckt werden.«[19] In seinem malerischen und fotografischen Werk hat Moholy dem durch die Herstellung scheinbar nur noch aus der Immanenz ihrer inneren Beziehungen deutbarer Bilder entsprochen, theoretisch kommentiert durch Formeln wie der von der neusachlichen einer ›Hygiene des Optischen‹. Der ideologiefreie Blick soll durch den Primat des Augensinns entstehen, der eine Wirklichkeit potenzierten Grades herstellt, vermindert um die neurotischen Verzerrungen der privaten Individuen. Dergestalt scheint der gegenständliche Aufbau der Welt als ein Kontinuum von ineinander verschränkten Andersheiten vor Augen zu stehen, präsentiert in Ansicht, Aufsicht und Vogelperspektive, Räume und Flächen ineinanderprojiziert.

Veit Loers hat am Beispiel der geplanten Rauminstallation Moholys für das Provinzialmuseum Hannover aus dem Jahr 1930 gezeigt, wie Moholys neusachliche Emphase für die optischen Präparate dinglicher Eigenheit sich mit einer selten geäußerten, geradezu keuschen Lichtmystik verbindet.[20] Diese transzendiert das Konzept

19 László Moholy-Nagy, faktur in der malerei. In: Ders., Von Material zu Architektur. München 1929. Nachdruck Mainz 1968, S. 86–91.

20 Veit Loers, Moholy-Nagys *Raum der Gegenwart* und die Utopie vom dynamisch-konstruktiven Lichtraum. In: László Moholy-Nagy. Ausstellungskatalog Museum Fridericianum Kassel, 21. April–16. Juni 1991, S. 37–51.

ideologiefreier Identifikation der Wirklichkeit vermöge der ›Hygiene des Optischen‹ zugunsten eines metaphysischen Einheitssinns, den der Künstler zeitweise in neuplatonischer Theosophie (Blavatsky) und Anthroposophie (Steiner) gesucht zu haben scheint. Auf den Spiritualismus Blavatskys hatte auch Kandinsky sich bereits berufen.

Moholys Entwurf für den *Raum der Gegenwart* – er ist bei der Ausstellung im Fridericianum Kassel 1991 in Teilen umgesetzt worden – unterscheidet sich von einer bloßen Demonstration der Apparate-Technologie zur Herstellung optischer Präparate durch seine visionäre Überhöhung der Medienwelt: Beim Eintreten, so schreibt Veit Loers über den Entwurf, »hätte man zunächst die nicht näher definierten, fast schwebenden Objekte und die oktogonalen Strukturen von Decke und Wand im Blickfeld gehabt. Durch aktive Betätigung (Endlosband, Klapptafel, verschiebbare Fototafeln) und durch Knopfdruck (Projektionen von Film-Bild-Boxen und von Filmausschnitten Viking Eggelings, Dziga Vertovs und eventuell S. M. Eisensteins) hätte sich eine Bildwelt zwischen Abstraktion und physischer Körperlichkeit erschlossen, wie man sie von Moholys Fotoplastiken kennt. Den Höhepunkt hätte der Blick auf das sich bewegende, farbig beleuchtete Lichtrequisit gebildet: ein modellhafter dynamischer Farbraum im schwarz-weiß-grauen Realraum. Die übereinanderlagernden herunterziehbaren und von hinten beleuchteten Fotorollos, die Darstellungen, drehbar um eine waagerechte Achse, und eine Schriftwand hätten für weitere visuelle Eindrücke und Erfahrungen gesorgt, die an die aktive Partizipation des Besuchers geknüpft gewesen wären.«[21]

Loers Hinweisen verdanken wir die spiritualistische Künstlerästhetik des Produzenten dieser Installation, etwa in diesen Sätzen aus einem gnostisch inspirierten Gedicht von 1917: »Licht, ordnend, führend, Licht so unerreichbar als Abglanz leuchtend, reines Sein erhellend, Ström' in mich, Licht, Du stolzes, scharfes Licht.«[22] Nach dem Krieg verband sich diese Gnostik mit Lebensreformideen der persischen Mazdaznan-Sekte, die die Ausschüttung des ›Lichts der Weisheit‹ mit einer pneumatischen Lehre des

21 a. a. O. S. 40.
22 ebd.

rechten Atmens verband: »Alles Licht ist Schwingung und alles Leben ist verkörpertes Licht oder verkörperte Schwingung. [...] Jeder Gedanke ist das Ergebnis der Schwingungen unseres Körpers«, heißt es dann in einer Anleitung zur rechten Körperdisziplin des Atmens, Fastens und der Kontemplation.[23] Das ›rohe‹ Licht der physikalischen Welt kann sich künstlerisch in ein geistiges Licht verwandeln, das die Präparate der ›optischen Hygiene‹ monistisch homogenisiert: die vielen Andersheiten von Gnaden des einen Lichtes, dessen ›Taten‹ und farbiger Abglanz sie sind. In einem Aufsatz *geradlinigkeit des geistes – umwege der technik* stehen die Sätze: »projektorisch-reflektorische spiele mit farbig flutendem licht, flüssiges, immaterielles schweben, durchsichtiger farbenfall von leuchtenden garben, vibrieren des raumes mit schillernder lichtemulsion.«[24] Medien sind die technischen Apparate nicht nur nach der Seite der wirklichen Welt, deren subjektfreie Identität sie vor Augen führen sollen, sondern auch im Sinne von Projektionsflächen und -räumen für das Erscheinen des allmächtigen Lichts.

Es bedarf nicht des Begriffs, um in dieser Konstellation ein weiteres Mal Verähnlichung als Strategie auszumachen: die künstlerische Installation des Lichtraums in der Weise, daß Andersheit und Identität, ›Umwege‹ und ›Geradlinigkeit‹ zugleich und in eins erscheinen.

Bei meinem dritten, dem Surrealismus zugehörigen Beispiel kann ich mich weitgehend auf das beschränken, was Karlheinz Lüdeking über Magritte und dessen Verhältnis zu Foucault mitgeteilt hat.[25] Danach hat Magritte – erstmals in einem Vortrag von 1959 – ›ressemblance‹, Ähnlichkeit, von ›similitude‹, Gleichartigkeit, scharf unterscheiden wollen. Gleichartigkeit, so Magritte, hat ihren Gegenstand in gewissen dinglichen Kongruenzen, Ähnlichkeit dagegen definiert er als die Moral eines Denkens, das sich den Din-

23 ebd.

24 László Moholy-Nagy, geradlinigkeit des geistes – umwege der technik. In: Bauhaus Dessau. 1926, Nr. 1, S. 5.

25 Karlheinz Lüdeking, Die Wörter und die Bilder der Dinge. Foucault und Magritte. In: E. Erdmann, R. Forst, A. Honneth (Hrsg.), Ethos der Moderne. Foucaults Kritik der Aufklärung. Frankfurt a. M. 1990, S. 280–307.

gen öffnet und sich ihnen anverwandelt. Das Ähnliche soll auf Interesse, Anschauungsformen und Kategorien verzichten, um Ding-Unmittelbarkeit herzustellen. Nur durch solche privilegierten Akte intuitiven Einsseins mit den Dingen in einem mystischen Nu könne es gelingen, die Raster klassifizierender Denkweisen, die sich für gewöhnlich zwischen die Menschen und die Dingwelt schieben, zu durchstoßen. Im Anähneln werde das ›wahre Sein‹ der Dinge zugängig, eine an Heideggers Aufsatz *Der Ursprung des Kunstwerks* erinnernde Auffassung. Magritte bedarf dazu keiner neuen Malweise, sondern einer neuen Ordnung der Dinge, in der das scheinbar Vertraute, aus dem Zugriff alter Denkweisen befreit, unverstellt begegnen kann.

Aus den *Écrits complets* zitiert Lüdeking, wie Magritte sich die Präsentation der Dinge vor dem ›geistigen Auge‹ vorstellt: »Die Kunst des Malens – die es wirklich verdient, die Kunst der Ähnlichkeit genannt zu werden – erlaubt es, ein Denken, das sich eignet, sichtbar zu werden, durch die Materie zu beschreiben. Dieses Denken erfaßt ausschließlich die Figuren, die die Erscheinungswelt uns bietet: Personen, Sterne, Waffen, feste Körper, Inschriften usw. Die Ähnlichkeit vereint diese Figuren spontan in einer Ordnung, die das Mysterium evoziert.«[26] Davor steht ein Satz, den genauso Paul Valér formuliert haben könnte: »Die Ähnlichkeit ist mit dem wesentlichen Akt des Denkens identisch: dem des Ähnelns.«[27]

Die Denkoperationen des Anähnelns, dies ist nun der entscheidende Punkt, sind sämtlich ›vorklassisch‹ im Sinne von Foucault und haben mehr mit den rhetorischen Verfahren metaphorischer Verschiebungen und wechselseitiger Spiegelung, Verdoppelung oder Umkehrung von Strukturen, Konsonanzen und Zitationen, Analogien und Korrespondenzen zu tun, also einem Reichtum komplexer Beziehungen, die von einem auf Gleiches gerichteten Denken nivelliert zu werden pflegen.

Uns brauchen in diesem Zusammenhang die wechselseitigen Mißverständnisse zwischen Foucault und Magritte nicht zu be-

26 René Magritte, Die Ähnlichkeit (Londoner Fassung). In: Ders., Sämtliche Schriften. Hrsg. v. André Blavier. Frankfurt a. M. 1985, S. 437.
27 ebd.

schäftigen. Nur dies sei hier wiederum hervorgehoben. Magritte zielt mit der Insistenz auf der verborgenen Wesentlichkeit hinter der opaken Oberfläche der tautologisch eingeebneten Welt auf eine unsichtbare, platonisierend aufgefaßte ideale Ordnung, in der das identifizierende Denken durch eines in Konstellationen und Konfigurationen ersetzt ist, dergestalt, daß Sein und Schein zur Disposition stehen. Ist der scheinbar wirkliche Gegenstand auf dem Tisch nicht eher ein Schein dem idealen gegenüber?

Bei Moholy-Nagy, Man Ray oder James Watson kann man die Parole hören, das zwanzigste Jahrhundert sei das Jahrhundert des Lichts. Es wäre nicht schwer, dazu die Belege zu anthologisieren: von Blavatsky und Steiner bis zu Moholy und Itten, von Georg Kaiser, Hasenclever und Reinhard Sorge bis zu Hofmannsthal – der van Gogh in diesem Sinne rühmt –, Scheerbart und Däubler, um fast willkürlich einige Namen herauszugreifen. Immer ist Plotin gegenwärtig – ob bewußt oder nicht –, sind es seine mystischen Erben zwischen den großen Konfessionen und Ideologien. – Diese philosophiegeschichtliche Filiation sollte man mit der ideierenden des Platonismus nicht verwechseln. Die Tradition, die hier sichtbar werden sollte, quer zu Kunstrichtungen, die in der Kritik meist als konkurrierend aufgefaßt werden, interpretiert den Platonismus invers. Es gibt eine geistige Tendenz in der Wirklichkeit selbst, der sich die Wahrnehmung ähnlich machen kann, etwa in dem Sinne, in dem Goethe Plotin zu Worte kommen läßt mit dem Diktum, daß die farbige Welt nicht sichtbar wäre, wäre das Auge nicht ›sonnenhaft‹; d.h. am Licht teilnehmend, der Sonne den Rücken zukehrend: ihr Licht im Schattenriß erkennend.

Im nachbarschaftlichen Gegenüber zu Valérys operativem Konzept von Ähnlichkeit wird in den skizzierten Künstlerästhetiken ein säkular metaphysisches sichtbar, das in der Tendenz, Gleiches und Fremdes zu verschränken, nicht bloß einen Lebensinstinkt des Intellekts erfassen will, derart wie die *Cahiers* ihn beschreiben, sondern eine Aufgabe der Kunst, mit der diese einer philosophischen Tendenz ihrer Materialien entgegenkommt.

In der spezifischen Bindung von Licht und Finsternis, Bewegung und Schwere, Materie und Spiritualität entstehen charakteristische Formen aus der Balancierung einer ursprünglichen, gnostisch begründeten Doppelbindung des Lebens. – Vor kurzem war auf einem Malewitsch-Symposion zu erfahren, dieser habe in seiner Spätzeit über die Notwendigkeit gesprochen, »einen ›Ausweg‹ aus dem Suprematismus zu finden: ›Nach der Dynamik der vorhergehenden Phasen, einschließlich der des Suprematismus, bin ich wieder bei der Statik angekommen. In der Statik müssen wir den künstlerischen Zustand der Klassik wiedergewinnen.‹«[28] Wir wissen noch wenig über die künstlerische Konsequenz dieser Revision, nehmen sie hier aber als Zeugnis für eine epochale Sensibilität. Diese empfindet die Spannung des Zeitalters zwischen aufs Plastische und Statische, Stillstellende, Tektonische und Schwere, Wiederholungsreiche und ruhig Versöhnte gehenden Wünschen und solchen Bestrebungen, die von der *physis* erlösen wollen zugunsten des gänzlich Anderen und Fremden.

Die scheinbar konkurrierenden, wenn nicht einander ausschließenden Kunstkonzepte der frühen Moderne dürften darin übereinstimmen, daß ihnen eine Vorstellung von Ähnlichkeit zugrunde liegt, gleich weit entfernt von *imitatio naturae* wie von frei imaginierender Produktivität. Deren stilbildende Kraft beruht auf einer Doppelbindung an Gravitation und Transzendenz zugleich. Dergestalt liegt das Spezifische dieser Moderne eindeutig in Aufbau und Form der Werke, nicht in irgendwelchen Inhalten, und ihre Ähnlichkeit mit früheren beruht auf Wahlverwandtschaft mit Epochen vergleichbar konfigurierter Wahrnehmung. Die Parole vom zwanzigsten als dem Jahrhundert des Lichts impliziert im Sinn einer verähnelnden Balance nicht nur Philosophie und Ästhetik der Selbstverdunkelung. Enger auf die Kunst bezogen, liegt auch die Erwägung nahe, ob die hohe Auszeichnung des optischen Sinns unter den Wahrnehmungsformen nicht eine komplementäre Balance des Tastens nach den lastenden Materialien erheischt.[29] Ja, liegt nicht überhaupt in solchen oft reflexhaft sich vollziehenden Ausgleichsbewegungen zwischen den Wahrnehmungsvermögen ein stark wirkender Motor der Kunstentwicklung bis in die allerjüngste Zeit, stärker als manche Kunstphiloso-

28 Marlis von Hessert, Das rätselhafte Idol. In: Frankfurter Allgemeine Zeitung, 10. Juni 1991, S. 31.

29 Vgl. dazu vom Vf.: Das tastende Auge. In: Daidalos 41 (1991), S. 106 bis 113.

phen ihn in der vermeintlich unentrinnbaren gesellschaftlichen Zurichtung und Enteignung der menschlichen Wahrnehmung zu sehen vermeinen?

Verähnlichung könnte ein Begriff für diese Suche nach Balance sein.

Jean-Christophe
Ammann

Jochen Flinzer: *53 Wochen Glück*

Der Titel der Arbeit aus dem Jahr 1994/95 bezieht sich auf ein zehn Jahre zuvor entstandenes Werk, das Jochen Flinzer (*1959) mit *53 Wochen Pech* bezeichnet hatte (Sammlung des Museums für Moderne Kunst). Das ganze Jahr 1984 spielte der Künstler erfolglos Mittwochslotto, kaschierte die Kopien der eingesandten Scheine auf Tapetenpapier mit den gleichen Ausmaßen, so daß schließlich ein Band von 5,5 m Länge und 16 cm Höhe entstand. Mit Nähseide stickte er die angekreuzten Felder nach. Da er nie gewann, hatte er eben 53 Wochen Pech.

Wichtig bei allen Arbeiten von Jochen Flinzer ist, daß Vorder- und Rückseite gleichwertig sind, die ›Rückseite‹ sich demzufolge als stacheliges Gespinst von sich überkreuzenden Linien darstellt. Selbstverständlich begann Flinzer mit dem Sticken erst nach der 53. Woche. Dadurch verband er alle Scheine miteinander zu einem durchgehenden, ähnlichen und verschiedenen Muster.

53 Wochen Glück besteht aus einer frei im Raum von der Decke hängenden Kimonoschärpe mit vorgegebenem, zartfarbigem, gesticktem Blumenmuster, 430 cm hoch, 32,5 cm breit. In das türkisblaue Seidenband hat Jochen Flinzer mit roter Nähseide in doppelter Linienführung von Schablonenbuchstaben die Vornamen bzw. Nichtnamen (N. N. = no name oder nomen nescio [den Namen weiß ich nicht], oder nomen nominandum [Name noch unbekannt]) von 53 männlichen Personen gestickt. Von oben gelesen sind dies: N. N.; N. N.; N. N.; N. N.; N. N.; Kay; Harald; Peter; Norbert; N. N.; Steven; Uwe; Martin; N. N.; N. N.; Thomas; Rolf; Matthias; Marcus; Oliver;

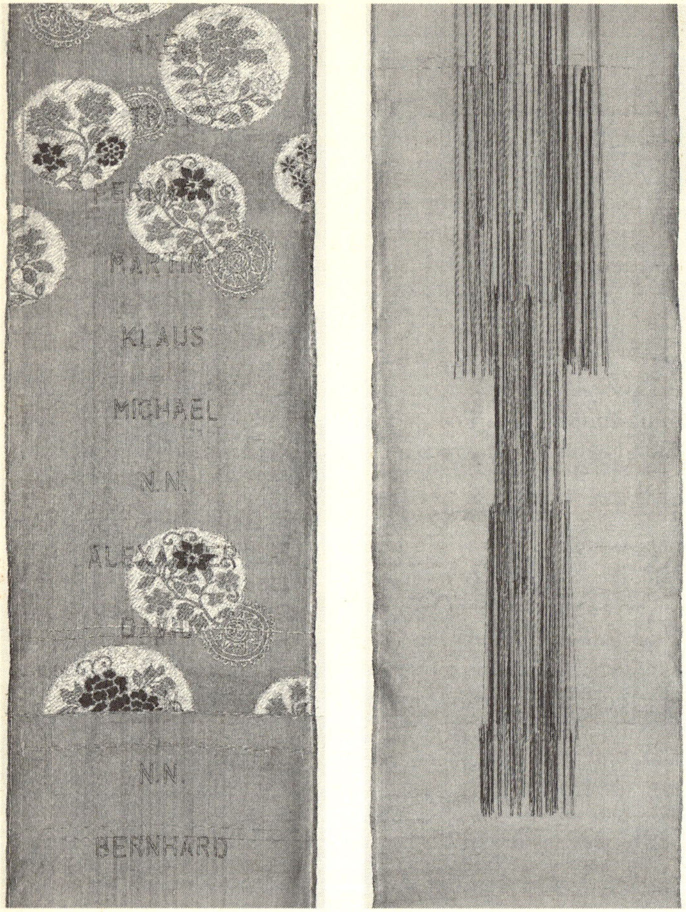

53 Wochen Glück, Stickgarn auf Seide, 430 cm x 32,5 cm,
Leihgabe des Künstlers, Museum für Moderne Kunst, Frankfurt a. M.

N. N.; Arnold; Johnny; N. N.; Tom; N. N.; N. N.; N. N.; Sascha; N. N.; N. N.; Axel; Troy; Fernando; Martin; Klaus; Michael; N. N.; Alexander; David; N. N.; N. N.; Bernhard; N. N.; Alfred; Klaus; Karl-Heinz; Harri; Peter; Ingo; N. N.; Markus; Ludwig.

Das Glück, von dem Jochen Flinzer spricht, besteht darin, daß er gemäß Namensliste von Januar bis Dezember 1994 wöchentlich einen neuen Liebhaber hatte. Ein ähnlicher Fall wie dieses Nichterinnern Jochen Flinzers an die Namen seiner Liebhaber findet sich in Janeane Garofalos Film *Reality Bites – A Comedy About Love in the 90's*. Sie notiert sich die Namen ihrer zahlreichen und häufig wechselnden Liebhaber in einem Büchlein, und wenn sie sich deren nicht mehr erinnern kann, schreibt sie nach einem gewissen Zögern die Buchstaben N. N.

Renaud Camus hat 1979 in *Tricks* (Paris, Ed. Magazine, mit einem Vorwort von Roland Barthes) die Geschichte seiner 33 Liebhaber in einem vergleichbaren Zeitraum beschrieben, nüchtern, ironisch, aber nicht ohne Erregung. Das Inhaltsverzeichnis besteht aus 33 Namen, wobei er die N. N. nach deren Aussehen festhält.

Von Don Juan über Casanova zieht sich die Liste der unstillbar Hungrigen wie ein Mythos durch die Jahrhunderte. Man spricht von Frauenhelden und von Nymphomaninnen. Für Männer, die mit derselben Intensität ihresgleichen begehren, fehlt der geläufige Ausdruck.

Will uns Jochen Flinzer beeindrucken? Sicherlich nicht! Er ist Künstler, und als Künstler vergegenwärtigt er uns am eigenen Körper, mit seinem Körper die Obsession als offenes Geheimnis. Er spricht direkt das Intime der Obsession an. Er konzeptualisiert die Obsession, die Leidenschaft, die Hingabe, die Hoffnung als *Pech* (1984) und als *Glück* (1994/95). Aber diese Konzeptualisierung erhält durch das Sticken erneut eine obsessive Dimension: Die Namen der Liebhaber bezeichnen eine Person und die mit diesem Namen verbundene Aktivität. Die gestickten Namen besitzen jedoch eine ›Rückseite‹, ein diffuses Muster von durchgehenden Linien wie bei den Lottoscheinen. Dieses diffuse Feld ist, im Unterschied zu der Klarheit der Namen oder der im Koordinatennetz eingefügten Zeichen in den Lottoscheinen, wie ein unergründliches Potential, das die eine und/oder andere Stoßrichtung erfährt. Jochen Flinzer spricht zu uns in Form von Namen über das Unergründliche des Selbst. Der obsessive Sammler verzehrt sich nach dem ›fehlenden Stück‹, und gleichzeitig ist das Ganze (die in sich schlüssige Serie, die Summe aller Teile) der Spiegel, in dem er sich erkennend aufhebt, gewissermaßen transzendiert.

Octavio Paz merkt an, daß sich die Sexualität zur Sprache verhält wie die Erotik zur Poesie.

Das Werk von Jochen Flinzer handelt von Sexualität, und es handelt von Sprache. Beide sind, so Octavio Paz, funktionsbedingt. Und es handelt von dieser sich selbst organisierenden Poesie, die, verschwenderisch, Sexualität überhaupt erst als Erotik in Form eines Kunstwerks (Poesie) ermöglicht. Dieses ›Verschwenderische‹ macht die ›Rückseite‹ deutlich. Die langen, dicht nebeneinanderliegenden, vertikal durchgezogenen Fäden, die alle Namen miteinander verbinden, gleichen einem Strom, der rückläufig das Vergangene in der Bewegung des Fließens vereint.

Die japanische Kimonoschärpe ist nicht zufällig gewählt. Jochen Flinzer hat zwei Jahre in Japan verbracht, er spricht Japanisch. Er kennt aber auch das japanische Ritual des Tätowierens, und es gibt verschiedene Arbeiten von ihm, die direkt darauf Bezug nehmen. Allgemein: Wer sich den Namen seines Geliebten, seiner Geliebten eintätowieren läßt, trägt diesen das Leben lang als Zeichen für den eigenen, sich sehnenden Resonanzkörper.

Das Sticken, ein Einstich folgte dem anderen, der 53 männlichen Namen in die türkisfarbene Seidenschärpe gleicht einer Permissivität, die sich selbst aufhebt: Das Skandieren des Endlichen hebt sich im Unendlichen der Gegenwart auf.

Jeder Einstich ist wie ein Schmerz, dessen Vervielfachung Lust erzeugt, zu einem Namen gerinnt und wieder zerrinnt, weil die Namen nur Zeichen für Körper sind, endlos in ihrer Folge. Aber das Endlose braucht die Vergegenwärtigung der Form. On Kawara setzt ein Datum für den Tag, Jochen Flinzer einen Namen für den Liebhaber. Aber im Unterschied zum japanischen Denken, in dem nur die Gegenwart zählt, weil die Welt keinen Anfang und kein Ende besitzt, setzt Flinzer gemäß unserem Denken den zeitlichen Rahmen; Anfang und Ende, 53 Wochen. Ein Jahr mit nur einer Woche Spielraum, sollte er im Spielen einmal Glück und mit den Liebhabern einmal Pech gehabt haben. Wie heißt doch das Sprichwort: ›Glück im Spiel, Pech in der Liebe‹.

Christina Scherer

Das Sichtbare und das Unsichtbare
Überlegungen zur Ähnlichkeit im Film anläßlich einiger Motive aus Jean-Luc Godards JLG/JLG

Das unsichtbare Dritte

Godard gibt in seinem Film *JLG/JLG* (1994), den er als Autoporträt vorstellt, eine Definition des Bildes, die als grundlegend für sein filmisches Schaffen insbesondere seit Anfang der 80er Jahre gelten kann. Sie lautet:

»Das Bild ist eine reine Schöpfung des Geistes. Es entsteht nicht aus dem Vergleich, sondern der Annäherung zweier mehr oder weniger entfernter Realitäten. Je entfernter und treffender die Beziehungen dieser beiden Realitäten sind, um so stärker das Bild. Zwei Realitäten ohne Beziehung lassen sich nicht annähern. Es entsteht kein Bild. Zwei gegensätzliche Realitäten [...] stellen sich einander entgegen. Ein Bild ist nicht stark, weil es brutal, phantastisch ist. Sondern, weil die Assoziation der Ideen entfernt – entfernt und treffend ist.«[1]

Godard zitiert mit dieser Bestimmung des Bildes Pierre Reverdy.[2]

1 Zitate aus dem Film werden in der Folge in einer deutschen Übersetzung wiedergegeben, die sich an einer 1996 von *arte* ausgestrahlten, deutsch untertitelten Version des Films orientiert, diese aber partiell modifiziert, da sie z. T. bedeutsam vom französischen Original abweicht.

2 Reverdy hat seine Definition des Bildes als Gegenüberstellung zweier heterogener Elemente 1918 in der Zeitschrift *Nord-Sud* formuliert. Sie lautet im französischen Original: »L'image est une création pure de l'esprit. Elle ne peut naître d'une comparaison, mais du rapprochement de deux réalités plus ou moins éloignées. Plus les rapports des deux réalités rapprochées seront lointains et justes, plus l'image sera forte [...]. Deux réalités qui n'ont aucun rapport ne peuvent se rapprocher utile-

Dessen »Filmästhetik des Schocks«[3] ist für eine Definition von Ähnlichkeit hinsichtlich des Films hilfreich: Ähnlichkeit kann als dasjenige verstanden werden, was das Entfernte zugleich »treffend« macht. Ähnlichkeit ist dann als ein spezifisches Projektionsverhältnis aufzufassen, als das Überbrücken von Distanzen hinsichtlich eines gemeinsamen Dritten bzw. eines gemeinsamen Bezugspunktes. Sie ist das, was Übereinstimmung erzeugt, worin sich die Bilder treffen. Diese Beziehung soll hier als eine Beziehung gelten, die nicht sichtbar ist (»Entfernung«). Es ist nicht das Abbildlich-Mimetische, das die Ähnlichkeitsbeziehung im Film charakterisiert, nicht die Nachahmung von Realität in der Bewegung. Realität ist von Godard schon im Plural gedacht, so daß man, wenn man ein einfaches Schema von Abbildung und Realität in der filmischen Repräsentation von Wirklichkeit voraussetzte, bereits fragen müßte, auf *welche* Realität sich diese Abbildungsfunktion beziehe. Es ist die mentale Dimension des Bildes (als »création de l'esprit«), die das ›Zweidimensionale‹ der Beziehung von Signifikat und Signifikant im Film in eine Multidimensionalität überführt.

Das filmische Mittel, diese mentale Dimension zu evozieren, ist die Montage. Sie stellt die Beziehungen zwischen den Bildern her. Auf der Ebene des Sichtbaren werden solche Beziehungen durchaus auch hinsichtlich einer ›äußeren‹ Ähnlichkeit erzeugt; eine solche Ähnlichkeitsbeziehung wäre etwa der Anschluß, die visuelle Verkettung von Bildern mit Hilfe einer über die Einstellungsgrenzen hinweg fortgeführten Kamerabewegung, mit Wischblenden oder anderen formalen Übergängen, aber auch durch Kohärenzen einzelner Bildelemente. Auf diese Weise werden zwei aufeinanderfolgende Einstellungen einander angenähert. Dies ist aber nicht die

ment. Il n'y a pas création d'image. Deux réalités contraires ne se rapprochent pas. Elles s'opposent. […] Une image n'est pas forte parce qu'elle est *brutale* ou *fantastique* – mais parce que l'association des idées est lointaine et juste.« [Herv. im Orig.] Pierre Reverdy, Plupart du temps. Poèmes en prose. Paris 1967, S. 409 f.

3 Franz-Josef Albersmeier, Die Herausforderung des Films an die französische Literatur. Entwurf einer »*Literaturgeschichte* des Films«, Bd. I: Die Epoche des Stummfilms (1895–1930). Heidelberg 1985, S. 68. Reverdy bezieht sich in erster Linie auf das poetische Bild, nicht auf die filmische Montage. Doch war er auch an einer Filmästhetik interessiert.

Annäherung, die Godard im Sinn hat; er arbeitet vorzugsweise *gegen* den Anschluß. Die ›Regelverletzung‹, auf die er immer wieder abzielt, löst genau diese sichtbare Beziehung zwischen den Bildern, zwischen den Einstellungen auf, zugunsten des geistigen Bildes, das im ›Dazwischen‹ entsteht, im Bruch, in der Distanz zwischen den Bildern:

»Le cinéma ce n'est pas une image après l'autre, c'est *une image plus une autre* qui en forment une troisième, la troisième étant du reste formée par le spectateur au moment où il voit le film [...].«[4]

Das »und« ist das Wesentliche bei Godard. Gilles Deleuze hat dies bereits im Zusammenhang mit der Filmreihe *Six fois deux* festgestellt.[5] Es bezeichnet die Grenze wie den Berührungspunkt zweier Bilder, den Ort, an dem Ähnlichkeit als eine Beziehungsform evoziert wird. Das Dritte, von dem Godard im Zitat oben spricht, bleibt aber dadurch, daß es dem Moment der Rezeption überantwortet ist, unbestimmt und nicht festschreibbar. Es wird sich mit den Bedingungen der Rezeption (auch historisch) ändern. Diese Unbestimmtheit wird nun aber gerade zur besonderen Qualität in der Rezeption dieser offenen Filmform, in der sich ein breites assoziatives Deutungsspektrum entfalten kann. In den *Histoire(s) du cinéma* (1989 ff.) und in *Hélas pour moi* (1993, einem Film, auf den in *JLG/JLG* vielfältig verwiesen wird) ist die von Bresson aus den *Notes sur le cinématographe* entlehnte Forderung, sich eine Spanne an Unbestimmtem zu bewahren[6], als eine Form des Widerstands ge-

4 Jean-Luc Godard par Jean-Luc Godard. Édition établie par Alain Bergala. Paris 1985, S. 458 f. (Herv. C. S.)

5 Gilles Deleuze, Drei Fragen zu *six fois deux*. In: Ders., Unterhandlungen 1972–1990. Frankfurt a. M. 1993, S. 57–69 (zuerst in: Cahiers du cinéma, November 1976). »[...] das UND ist nicht einmal mehr eine besondere Konjunktion oder Relation, es reißt alle Relationen mit sich fort, es gibt so viele Relationen wie UNDs, das UND bringt nicht nur alle Relationen ins Wanken, es bringt das Sein ins Wanken, das Verb ... etc. Das UND, ›und ... und ... und‹, ist genau das schöpferische Stottern, der fremde Sprachgebrauch, im Gegensatz zum konformen und herrschenden Sprachgebrauch, der sich auf das Verb ›sein‹ stützt.« (S. 67 f.)

6 Vgl. Robert Bresson, Notes sur le cinématographe. Paris 1988, S. 107: »Ne pas montrer tous les côtés des choses. Marge d'indéfini.«

gen die Emphase der Sichtbarkeit bestimmt. Mit dem Begriff der Ähnlichkeit kann dieser Charakter des Ungefähren gefaßt werden: Geht es doch hier nicht um Identifizierungen wie die des Abbilds mit dem Abgebildeten oder des Zuschauers mit dem ›Kamera-Auge‹, dem Blick, der ihm von der Filmkamera vorgegeben wird und den er ›beerbt‹. An die Stelle dieser Identifizierungen tritt die Projektion, die zwei räumlich einander entfernte Komponenten voraussetzt, als *Bild-Wurf*. Diese Projektion ist eine geistige Projektion in Analogie zu der Projektion des Films auf die Leinwand. In dieser Situation wird der Blick zur aktiven Projektionsmaschine: »[...] wenn der Zuschauer schaut, ist die Kamera umgedreht, er hat eine Art Kamera im Kopf: einen Projektor, und der projiziert«.[7] Sehen heißt in diesem Zusammenhang: projizieren. Die Netzhaut nimmt das Bild auf, doch im Kopf, ›im Geist‹, wird der Wahrnehmungsvorgang umgewandelt in denjenigen einer aktiven Projektion. Godard spricht vom Bild als etwas nicht Existierendem, es ist kein Objekt: »C'est rien, ça n'existe pas. C'est impensable, inavouable, par contre elle est la liaison et le surgissement de quelque chose qui se matérialise, d'une pensée uniquement.«[8] Es entspringt allein dem wahrnehmenden Denken und ist daher unsichtbar. Es ankert im Sichtbaren, etabliert sich aber auf der Ebene des Films im nicht-wahrnehmbaren Bild-Zwischenraum, der seinen Ausdruck in formalen Brüchen und Unvereinbarkeiten findet.

Ähnlichkeit: Ergebnis der Wahrnehmung

In *JLG/JLG* zeichnet Godard ein Hexagramm, um die Verschränkung von Projektion und Reflexion bei der Rezeption eines Films zu erläutern. Er nennt sie »la figure de la stereo«. Mit dem ersten

7 Jean-Luc Godard, Einführung in eine wahre Geschichte des Kinos. Aus dem Französischen von Frieda Grafe und Enno Patalas. Frankfurt a. M. 1984 (Titel der Originalausgabe: Introduction à une véritable histoire du cinéma. Paris 1980), S. 145.

8 Jean-Luc Godard par Jean-Luc Godard, S. 508.

der beiden gleichseitigen Dreiecke, dessen Spitze nach oben weist, ist die Projektion, die von einer Bild- und/oder Tonquelle ausgeht, bezeichnet. An der Spitze des zweiten Dreiecks, das gespiegelt über das erste gezeichnet wird, befindet sich in der Figur der Zuschauer/Zuhörer. Er wird, so erläutert Godard, von dieser Projektion getroffen und reflektiert sie.[9] Im Zusammenhang mit der Frage nach dem Bild ist die Bedeutung dieser Figur als Durchdringung von sichtbarer und unsichtbarer Welt von besonderem Interesse. Es liegt nahe, die Aufmerksamkeit auf die Frage nach der Wahrnehmung zu richten, ist doch die Stereo-Figur ein Schema für die ›Wahrnehmungsanordnung‹ im Kino. Heranzuziehen ist hierzu in erster Linie Maurice Merleau-Pontys *Das Sichtbare und das Unsichtbare*, ein Text, aus dem Godard in *JLG/JLG* ausführlich zitiert. Er tut dies im Zusammenhang mit der Filmfigur der blinden Schnittassistentin Justice Fielding. Sie soll am Schneidetisch Schnitte nachvollziehen, die Godard in *Hélas pour moi* gesetzt hatte, einem Film, den, wie er in *JLG/JLG* sagt, niemand gesehen habe, womit wiederum auf das zentrale Thema der Unsichtbarkeit verwiesen ist. Während die Hände der Schnittassistentin über die Vorrichtungen des Schneidetischs gleiten, hält sie einen Monolog:

»Wenn meine linke Hand die rechte berühren kann, während sie Dinge berührt, sie während des Berührens berühren [kann], warum, beim Berühren der Hand eines anderen, sollte ich nicht in ihr auf dasselbe Vermögen der Vermählung mit den Dingen stoßen, auf das ich bei mir selbst gestoßen bin? Doch, man merkt es schnell, dieses Gebiet ist ohne Grenzen. Wenn wir zeigen könnten, daß das Fleisch ein Grundbegriff ist, daß er nicht Vereinigung oder Bestandteil zweier Substanzen, sondern aus sich selbst heraus vorstellbar ist, wenn das Sichtbare eine Beziehung zu sich hat, die mich durchdringt und mich zum Sehenden macht, beim Sehen dieses Kreislaufs, den

9 Godard überträgt die Figur des Hexagramms auf die Geschichte, wo es zu einem Symbol für die Projektion des Anderen und für daraus resultierende Gewaltverhältnisse wird. Er führt aus: »Aber in der Geschichte, der Geschichte der Geschichte, hat Deutschland Israel projiziert. Israel hat diese Projektion reflektiert. Und Israel hat sein Kreuz gefunden. Das Gesetz des Stereo geht weiter. Israel hat die Palästinenser projiziert [...]«. Die Bedeutung der Stereo-Figur als Symbol für spezifische, auch im Blick verankerte Gewaltverhältnisse im Bild-Entwurf des Anderen ist in *JLG/JLG* von großer Bedeutung, soll aber hier nicht weiter ausgeführt werden.

nicht ich hervorbringe, sondern der mich hervorbringt, dieses Einrollen des Sichtbaren ins Sichtbare, kann andere Körper genauso beseelen wie meinen. Und wenn ich verstanden habe, wie diese Woge in mir entsteht, wie das Sichtbare dort gleichzeitig auch meine Landschaft ist, um so eher müßte ich verstehen, daß es sich auch anderswo in sich selbst abschließt und es andere Landschaften als meine eigene gibt.«[10]

Um die Bedeutung dieser Textpassage für das Thema der Ähnlichkeit bei Godard nachzuvollziehen, soll an dieser Stelle näher auf Merleau-Ponty eingegangen werden.

Merleau-Ponty geht dem Akt der Selbstwahrnehmung nach, um mit ihm das Wesen der Wahrnehmung zu beschreiben. Der Körper des Wahrnehmenden, der Leib, ist vom Sichtbaren eingefaßt, wie Merleau-Ponty sagt, er ist sehend und sichtbar, aktiv und passiv zugleich.[11] Er ist weder ein reines Objekt in der Welt noch reines Bewußtsein. Die Welt, die sich der Wahrnehmung eröffne, »das vieldeutige Feld von Horizonten und Fernen«, sei keine Region der ›objektiven Welt‹, noch den reinen ›Bewußtseinstatsachen‹ zuzurechnen.[12] Das »Fleisch«, von dem im Zitat die Rede ist, ist »formendes Milieu für Subjekt und Objekt«[13] (berühren und berührt werden, sehen und angesehen werden) und ein Ausdruck dafür, daß der Leib des Sehenden und die Welt, die er sieht, vom gleichen Stoff sind: die Welt ist Fleisch.[14] Das Sichtbare macht den Sehenden

10 Godard zitiert hier nahezu wörtlich eine Textpassage aus Maurice Merleau-Ponty, Le Visible et l'Invisible. Suivi de notes de travail. Texte établie par Claude Lefort accompagné d'un avertissement et d'un postface. Paris 1964, S. 185 [Ouvrage reproduit par procédé photomécanique 1993]. Der in *JLG/JLG* zitierte Text weist eine Umstellung in der Abfolge auf. Die Übersetzung erfolgte in Anlehnung an die deutsche Ausgabe: Maurice Merleau-Ponty, Das Sichtbare und das Unsichtbare. Aus dem Französischen von Regula Giuliani und Bernhard Waldenfels. München 1986 (dort S. 184 f.), unter Berücksichtigung einiger kleinerer Abweichungen im Film. Im folgenden wird nach der deutschen Ausgabe zitiert.

11 Merleau-Ponty, Das Sichtbare und das Unsichtbare, S. 339.

12 a. a. O. S. 41.

13 a. a. O. S. 193.

14 Vgl. a. a. O. S. 182: »Wo sollen wir die Grenze zwischen Leib und Welt ansetzen, wenn die Welt Fleisch ist? [...] Die gesehene Welt ist nicht ›in‹ meinem Leib, und mein Leib ist letztlich nicht ›in‹ der sichtbaren Welt [...]. Als Teilhabe und als Verwandtschaft mit dem Sichtbaren umfaßt das Sehen dieses nicht, noch wird es von diesem endgültig umfaßt.«

zum Sehenden, erschafft ihn als Sehenden. Der sehende Leib ist mit dem Sichtbaren wechselseitig verflochten. Was dem Ich in der Wahrnehmung widerfährt, kann auch für den Anderen angenommen werden. Der Akt der Wahrnehmung der Wahrnehmung zielt ja auf den Nachvollzug der Wahrnehmung des Anderen (vgl. oben: dieselbe Macht der Anpassung der Dinge). Für die Verflechtung des Ich mit der Welt und des Ich mit dem Anderen führt Merleau-Ponty den Begriff des Chiasmas ein, als Kommunikation, Austausch zwischen dem Ich und dem Anderen, dem Ich und der Welt, Wahrnehmendem und Wahrgenommenem.[15] Die Landschaft ist zentrale Metapher dieser Vermittlung. Wenn es möglich ist, sich selbst als Sehenden und Gesehenen, Berührenden und Berührten wahrzunehmen, so muß es auch dem Anderen möglich sein. Die Landschaft ist gleichzeitig Außen und Innen des Wahrnehmenden: sein Außen, indem er die Landschaft »dort«, also ihm gegenüber erfährt, als das, wozu er sich in Distanz setzt, indem er sieht; sein Innen, indem er von der Landschaft als Sehender geschaffen wird, was sie zu seiner Landschaft macht. Die Analogie der Wahrnehmung ist das, was das Ich mit dem Anderen verschränkt. Das, was das Ich in der Wahrnehmung mit den Dingen verschränkt, wird in *Das Sichtbare und das Unsichtbare* an anderer Stelle mit dem Begriff der Ähnlichkeit bezeichnet:

»Das Fleisch ist ein *Spiegelphänomen*, und der Spiegel ist Erweiterung meiner Beziehung zu meinem Leib. [...] Sich berühren, sich sehen bedeutet, von sich selbst einen solchen spiegelhaften Extrakt zu erhalten. D. h. Spaltung zwischen Erscheinung und Sein [...]. Die visuelle *Projektion* der Welt in mir ist nicht als intra-objektive Beziehung Dinge – mein Leib zu verstehen. Sondern als Beziehung Schatten – Leib, als Gemeinsamkeit des (verbalen) Wesens und schließlich dann als Phänomen der ›Ähnlichkeit‹, der Transzendenz.«[16]

Die visuelle Projektion der Welt wird als Ähnlichkeitsbeziehung gefaßt. Voraussetzung war die Annahme, daß Ich und Welt gleichzeitig unterschieden und gleich sind, insofern »das Fleisch« ›Kontaktfläche‹ zur Welt wie auch Verankerung in der Welt bedeutet.

15 a. a. O. S. 274.
16 a. a. O. S. 322.

Erst die Reflexion (der Spiegel) offenbart diese Ähnlichkeitsbeziehung, das Ich begreift sich mit dem gespiegelten Ich nicht identisch, sondern der Spiegel eröffnet ihm eine Distanz zu sich. Was vor der ›Spiegelerfahrung‹ möglicherweise als ›reines Sein‹ zu bezeichnen war, wird nun zu einer Erfahrung der Spaltung von Ich (Sein) und in der Selbstwahrnehmung gespiegeltem Ich (Erscheinung). Die Reflexion ist Begriff für die Möglichkeit der gleichzeitigen Wahrnehmung von Innen und Außen (wie Wahrnehmen und Wahrgenommen-Werden, Projektion und Introjektion), Sein und Erscheinung, Abweichung und Identität.

Ähnlichkeit ist sowohl Voraussetzung als auch Ergebnis dieser Reflexion. Merleau-Ponty stellt im Zitat oben dem Begriff der Ähnlichkeit den der Transzendenz zur Seite, der sowohl als Erweiterung wie auch als Erläuterung des Ähnlichkeitsbegriffs verstanden werden kann. Die Idee der Transzendenz wird an anderer Stelle auch »als Denken der Abweichung, nicht als Besitz des Gegenstandes« charakterisiert.[17] Als reine Transzendenz wird das Unsichtbare bestimmt, weil es da sei, ohne Objekt zu sein.[18] Im Begriff der Transzendenz ist auch die Erfahrung enthalten, in der sich das Ich auf etwas bezogen sieht, das als »abwesender Kern«[19] gleichermaßen konstitutiv wie nicht sinnlich faßbar ist. Es ist dies eine Erfahrung, in der die Welt, die Sprache, die Dinge dem Ich vorgängig sind, so, wie Merleau-Ponty sagt, »daß die Dinge uns haben und nicht wir die Dinge haben. Daß das vergangene Sein niemals aufhört, gewesen zu sein. Das ›Gedächtnis der Welt‹. Daß die Sprache uns hat und nicht wir die Sprache haben. Daß das Sein in uns spricht und nicht wir vom Sein sprechen.«[20] Das Ich weiß sich auf dieses vorgängige Sein bezogen, in dem es nicht aufgeht noch sich grundlegend unterscheidet, da es von ihm gefaßt und erfaßt wird. Ähnlichkeit ist die Denkweise, die den Dingen ihr Sein beläßt (sie nicht besitzen will), eine Form des Gleichgewichts von Annäherung und Distanz in einer Reflexion, die sich vom Gegenstand führen läßt und keinerlei Objektivität beansprucht. Der Raum, in dem

17 a. a. O. S. 254.
18 a. a. O. S. 290f.
19 a. a. O. S. 291.
20 a. a. O. S. 249.

sich diese Haltung der Welt und den Dingen gegenüber entfalten kann, ist in erster Linie der ästhetische Raum, in dem Brüche und Unvereinbarkeiten ihren Platz finden können.[21]

Ähnlichkeit ist bei Merleau-Ponty eine grundlegende Struktur, der sich unter anderem die Reflexion verdankt:

»Das Spiegelbild, die Erinnerung, die Ähnlichkeit: grundlegende Strukturen (Ähnlichkeit des Dinges und des gesehenen Dinges). Denn das sind Strukturen, die sich unmittelbar aus der Beziehung Leib – Welt ableiten – die Reflexe gleichen dem Reflektierten = das Sehen beginnt in den Dingen, bestimmte Dinge oder Paare von Dingen rufen das Sehen hervor – Zeigen, daß unser Ausdruck und unsere Konzeptualisierung des Geistes insgesamt diesen Strukturen entlehnt ist: z. B. *Reflexion*.«[22]

Das gesehene Ding ist mit dem Ding nicht identisch, sondern ähnlich, die Dinge rufen das Sehen hervor: Ähnlichkeit stellt sich bei Merleau-Ponty im Akt der Wahrnehmung her. In seinem Essay *Das Auge und der Geist* erklärt er, daß das Ding ›im Innern der Welt‹ dem Ding im ›Innern des Sehens‹ ähnlich sei.[23] »Die Ähnlichkeit ist das Ergebnis der Wahrnehmung, nicht deren Wirkmittel.«[24]

In *Das Auge und der Geist* spielt der Begriff der Ähnlichkeit eine wesentliche Rolle und wird anhand von Graphik und Malerei expliziert. Merleau-Ponty weist hier die Vorstellung des Abbildlich-Mimetischen als Bedingung einer Ähnlichkeitsbeziehung von Ding und Abbild ab. Der Kupferstich, der Menschen, Städte etc. vergegenwärtige, ähnele diesen aber nicht: Er sei nur Farbe auf einer Fläche. Er sei nur dann ein Abbild, wenn er ihnen nicht ähnle:

21 »Die ästhetische Welt muß als Raum der Transzendenz, als Raum der Inkompossibilitäten, des Zerspringens, des Aufklaffens und nicht als objektiv-immanenter Raum beschrieben werden.« in: a. a. O. S. 276.

22 a. a. O. S. 340.

23 Maurice Merleau-Ponty, Das Auge und der Geist (L'Œil et l'esprit). In: Ders., Das Auge und der Geist. Philosophische Essays. Hrsg. und übersetzt von Hans Werner Arndt. Hamburg 1984, S. 13–43, hier: S. 20. Der Essay wurde im Todesjahr Merleau-Pontys, 1961, veröffentlicht und entstammt wie das Fragment gebliebene Werk *Das Sichtbare und das Unsichtbare* der Spätphase seines Œuvres.

24 a. a. O. S. 24.

»Ebensowenig wie die Kupferstiche, ähnelt der sichtbaren Welt, was das Licht in unseren Augen und von dort in unserem Gehirn aufzeichnet. [...] Das Sehen ist nicht die Metamorphose der Dinge in ihr Gesehenwerden, die doppelte Zugehörigkeit der Dinge zur Welt im Großen und zu einer kleinen, persönlichen Welt. Es ist vielmehr ein Denken, das streng die im Körper gegebenen Zeichen entziffert.«[25]

Merleau-Ponty teilt die Vorstellung der Ähnlichkeit als gleichsam magisch wirksamer Macht des Bildes nicht. Ähnlichkeit wird in die Wahrnehmung verlagert, nicht als Beziehung der Dinge außerhalb des Wahrnehmenden betrachtet. Sie berührt die Kategorie des Imaginären, das von Merleau-Ponty unter anderem als Problem der »Quasi-Gegenwart« und »imminente«, d.h. immer nur erst bevorstehende Sichtbarkeit verstanden wird. Das Gemälde und die Mimik des Schauspielers seien keine Hilfsmittel, die der ›wirklichen‹ Welt entlehnt würden, um ein Abwesendes anwesend zu machen, sondern um Unsichtbares sichtbar zu machen: »das imaginäre Gewebe des Wirklichen«.[26]

Das Unsichtbare ist nicht bloß ein gerade nicht Sichtbares, sondern ein prinzipiell Unsichtbares, die Bedingung der Möglichkeit der Wahrnehmung, die für den Wahrnehmenden selbst nicht sichtbar ist. Merleau-Ponty verwendet hierfür auch den Begriff des *punctum caecum*, des blinden Flecks des Bewußtseins: »Es sieht *das* nicht, was bewirkt, daß es sieht, und das ist seine Bindung an das Sein, seine Leiblichkeit, die Existenzialien, durch die die Welt sichtbar wird [...].«[27] Das Unsichtbare »liegt *auf der Linie* des Sichtbaren, es ist dessen virtueller Brennpunkt, es schreibt sich darin ein (zwischen den Zeilen)«.[28] Dementsprechend gelingt die Reflexion der Wahrnehmung, die Wahrnehmung der Wahrnehmung, nie ganz. Wenn die linke Hand die rechte beim Berühren berührt, so mißlinge diese Reflexion des Leibes auf sich selbst immer im letzten Augenblick, und so auch im Sehen: »[...] ich kann mich nicht in Bewegung sehen, nicht meiner eigenen Bewegung bei-

25 ebd.
26 a.a.O. S. 18.
27 Merleau-Ponty, Das Sichtbare und das Unsichtbare, S. 313.
28 a.a.O. S. 275.
29 a.a.O. S. 320 f.

wohnen«.[29] Erst dieser Mißerfolg aber ermöglicht es, auf das Unsichtbare zu spekulieren, das allem Sichtbaren eigen ist, erst die Erfahrung einer Spaltung, durch die das Ich seiner selbst inne wird.

Die Malerei verleiht dem, was das alltägliche Sehen für unsichtbar hält, sichtbare Existenz.[30] Sie kann aber nicht das prinzipiell Unsichtbare zur Anschauung bringen. Sie ist insofern mit dem Unsichtbaren verbunden, als sie »dem Blick die Konturen einer Innenschau darbietet, damit er sich mit ihnen [den Dingen] vermähle und dem Sehen zu erkennen gibt, womit es innen ausgestattet ist, das imaginäre Gewebe des Wirklichen«.[31] Es ist diese »Arbeit des Sehens«[32], die Ähnlichkeit konstituiert, und zwar nicht nur im Akt der Rezeption, sondern auch im Akt der Kreation. Merleau-Ponty weist darauf hin, daß viele Maler gesagt haben, daß die Dinge sie betrachten, so daß man nicht mehr wisse, wer sehe und wer gesehen werde, wer male und wer gemalt werde.[33] Die Beziehung des »Dings im Innern der Welt« und im Innern des Sehens des Malers ist die einer Ähnlichkeit, »die Verwandtschaft, Entstehung und Metamorphose des Seins in seinem Sehen ist«.[34]

Es wurde gesagt, daß sich in und mit der Reflexion Ähnlichkeit offenbart. Merleau-Ponty begreift nun das Sehen selbst schon als Reflexionsform:

> »Das Sehen ist kein bestimmter Modus des Denkens oder eine Selbstgegenwart; es ist mein Mittel, von mir selbst abwesend zu sein, von innen her der Spaltung des Seins beizuwohnen, durch die allein ich meiner selbst innewerde. Die Maler haben das immer gewußt.«[35]

Die Malerei, und vielleicht besonders die ungegenständliche Malerei, bei der die ›Arbeit des Sehens‹ nicht durch eine ›vordergründige‹ mimetische Abbildlichkeit verdeckt ist, kann diese Spaltung, die Reflexion, das Unsichtbare im Sichtbaren, bewußt halten. Für

30 Merleau-Ponty, Das Auge und der Geist, S. 19.
31 a. a. O. S. 18.
32 a. a. O. S. 21.
33 ebd., vgl. auch die spezifische Passivität in der Wahrnehmung im Zusammenhang mit *Das Sichtbare und das Unsichtbare.*
34 a. a. O. S. 20.
35 a. a. O. S. 39.

Merleau-Ponty allerdings ist die Alternative des Gegenständlichen und des Abstrakten in der Malerei »schlecht gestellt« und für das Problem der Ähnlichkeit gar nicht so sehr von Belang: keine Weintraube sei je das gewesen, was sie in der gegenständlichsten Malerei gewesen sei, und keine Malerei könne dem Sein entraten.[36] Merleau-Ponty zitiert Giacometti, der gesagt habe, das, was ihn an der Malerei interessiere, sei die Ähnlichkeit, denn diese lasse ihn ein wenig die äußere Welt entdecken.[37] Ähnlichkeit wirkt – wie das Sehen und Wahrnehmen als aktives und passives – in zwei Richtungen, indem sie Innen und Außen vermittelt. Sie ist in Anlehnung

36 a. a. O. S. 41. Vgl. hierzu auch die Unterscheidung ungegenständlicher und abstrakter Malerei im Manifest des *Art Concret* von Theo van Doesburg, der die Begriffe, wie sie gewöhnlich verwendet werden, umkehrt, indem er die konkrete Malerei als die gegenstandslose, die abstrakte Malerei aber als gegenständliche definiert. Nichts sei konkreter, realer als eine Linie, eine Farbe, eine Oberfläche, die nichts außer sich selbst bezeichnen, wohingegen eine Frau, ein Baum im ›natürlichen‹ Zustand konkret, in der Malerei aber abstrakt seien, illusorisch, spekulativ. Max Imdahl nimmt van Doesburgs Ausführungen als Ausgangspunkt für seine Überlegungen zur konkreten Malerei und zur Non-relational-Art auf, die ihn zu Jasper Johns' Gemälde *Flag* (1954) führen (Max Imdahl, »Is it a flag, or is it a painting?« Über mögliche Konsequenzen der konkreten Kunst. In: Wallraff-Richartz-Jahrbuch 31, 1969, S. 205–232). Dieses Gemälde wird mit John Cage und Leo Steinberg von Imdahl als »der Überschritt der mimetischen Präsentation einer gegebenen Wirklichkeit in diese selbst« verstanden. Die gemalte Fahne ist der wirklichen Fahne unmittelbar angenähert. Bezeichnetes und Bezeichnendes »fallen in eins«, was zu einer Identitätskrise führt (S. 215). Diese Identitätskrise besteht darin, »daß die phänomenale, erscheinungshafte Identität von Fahne und konkretem Bild sowohl die Identität der Fahne mit der Fahne als auch die Identität des Bildes mit dem Bilde beeinträchtigt, in Frage stellt.« Diese Infragestellung sei die Bedingung für neuartige Erfahrungen, die es ausschlössen, einfach mit ›Ja‹ oder ›Nein‹ zu antworten (S. 218). Die Frage »Is it a flag, or is it a painting?«, die von Imdahl zusätzliche Variationen erfährt: »Is it a flag, or is it a painted flag?«, »Is it a painted flag, or is it a painting?«, kann immer nur perspektivisch beantwortet werden – je nachdem, ob das Hauptaugenmerk auf der Mikrostruktur mit der tachistisch behandelten Oberfläche liegt, was alle Fragen auf das Bild selbst beschränkt, oder auf der Makrostruktur als Struktur der Fahne, womit das Bild über sich selbst hinausweist (vgl. S. 219).

37 Merleau-Ponty, Das Auge und der Geist, S. 18.

an das Giacometti-Zitat als Erkenntnisinstrument zu fassen. Im Prozeß des wahrnehmenden Erkennens spielt der Erkennende gleichermaßen eine aktive wie passive Rolle, indem er entdeckt, aber von dem, was er entdeckt, in seiner Erkenntnis vom Gegenstand gleichsam geformt wird.

Im Zusammenhang mit der Malerei, der Fotografie und auch dem Film ist das Bild Medium dieser Erkenntnis bzw. Entdeckung und Erforschung. Voraussetzung dafür scheint zu sein, daß dem Bild ein reflexiver Gestus beigegeben ist, d. h., daß das Bild auf das hin befragt wird, was in ihm an Unsichtbarem, Verborgenem und Imaginärem enthalten ist. Damit ist der Blickpunkt der Aufmerksamkeit von der Frage, wie sich das filmische Bild zu einer vorfilmischen Realität (die allerdings selbst genauer bestimmt werden müßte) verhält – was die Frage nach den Kategorien des Dokumentarischen und des Fiktiven im Film berührt –, verschoben hin zu der Frage, wie der Film überhaupt Äußerungen und Bedeutungen produziert, also der Frage nach der ›Eigenrealität‹ des Films. Godard bringt eine ähnliche Haltung zum Ausdruck, wenn er in *La Chinoise* (1967) bemerkt: »Kunst ist nicht die Reflexion von Realität, sie ist die Realität dieser Reflexion.« So wird der Kunst eine eigene Realität zugesprochen, die aber durchaus einen Rückbezug zu einer Realität aufweist, die nicht genauer bestimmt ist. Kunst wird als Reflexion von Realität verneint, gleichzeitig wird aber diese Reflexion zur Bestimmung der Kunst vorausgesetzt: Kunst ist die Realität der Reflexion der Realität, womit man es also, kurz gesagt, mit zwei Realitäten zu tun hat. Die Anbindung der Kunst an eine ›außerkünstlerische‹, oder, im Bereich des Films, ›vorfilmische‹ Realität wird also nicht aufgekündigt, doch ihr Verhältnis zur Kunst, und man kann wiederum erweitern: zum Film, wird modifiziert. Anliegen einer solchen Haltung ist weder, Realität und Kunst oder das Fiktive und das Dokumentarische in eins zu setzen, noch sie als Unvereinbarkeiten zu betrachten. Godard geht es darum, diese Begriffe, die rezeptionsästhetisch, historisch, apparatetechnisch usw. bestimmt sind, füreinander durchlässig zu machen, wenn er erklärt: »Ich versuche, das Dokumentarische und das Fiktive nicht als Gegensätze zu gebrauchen.«[38] Fiktiv und do-

38 Godard, Einführung in eine wahre Geschichte des Kinos, S. 221.

kumentarisch seien nur zwei verschiedene Aspekte ein und derselben Sache[39], zwei Pole, zwischen denen das Kino oszilliert[40], und erst aus ihrer Verbindung komme die eigentliche Bewegung.[41]

Das Sehen sehen

Der von Merleau-Ponty übernommene Begriff der ›Arbeit des Sehens‹ ist der Ausgangspunkt der folgenden Überlegungen, in denen die Betrachtungen zur Reflexion, zur Sichtbarkeit und Unsichtbarkeit und zum Imaginären mit einem kurzen Umweg über die Fotografie auf den Film ausgeweitet werden.

Bernd Busch verweist in seiner Wahrnehmungsgeschichte der Fotografie, *Belichtete Welt*, auf eine ästhetische Diskussion aus der Frühzeit des Mediums, in der die Fotografie als die perfekte Wiedergabe von Wirklichkeit begriffen wurde und in der zwischen der Realität, dem Vorstellungsbild und dem Abbild unterschieden wurde: »Kunst, im Gegensatz zur Fotografie, bringe Vorstellungsbilder und damit eine anverwandelte Wirklichkeit hervor; sie erzeuge wahre Ähnlichkeit. Fotografie hingegen sei, so hieß es, zweite Natur, ihr sei einzig die zwar exakte, aber geistlose Identität erreichbar.«[42] Diese Geistlosigkeit mußte nun offenbar durch die nachträgliche ›Arbeit am Bild‹ wieder wettgemacht werden, als Versuch, so Busch, »die Gegenwart dessen, der sieht, dem Bild nachträglich einzutragen«[43], dessen Platz die technische Apparatur eingenommen hatte. Die Verschleierung der Technizität und die Be- und Überarbeitung des Bildgegenstandes, um zu einer angenommenen, unter der Bildoberfläche liegenden imaginären Tiefe vorzustoßen, wird von Busch als »nur eine andere Form der Gewalt an den Gegenständen«[44] charakterisiert, man könnte auch sagen, eine Form der

39 Vgl. a.a.O. S. 265.
40 Vgl. a.a.O. S. 186.
41 Vgl. a.a.O. S. 265.
42 Bernd Busch, Belichtete Welt. Eine Wahrnehmungsgeschichte der Fotografie. München, Wien 1989, S. 223f.
43 a.a.O. S. 297.
44 a.a.O. S. 302.

ästhetischen Usurpation. Der Versuch also, zu jener ›wahren Ähnlichkeit‹ der Malerei durch die Einschreibung der Spuren eines individuellen Ausdrucks durch Übermalungen etc. zurückzufinden, muß scheitern, wenn auf diese Weise die Bedingungen des einen Mediums dem anderen aufoktroyiert werden, um dessen vermeintliche Mängel zu verschleiern. Eher wäre die Ähnlichkeit auch im Bereich der Fotografie dort zu suchen, wo sie nicht als Abbild der Realität begriffen wird, sondern mit Bernd Busch als Ausdruck der technisierten Einbildungskraft des Menschen. Die Geschichte dieser Einbildungskraft wird von Busch nachgezeichnet, der die Fotografie sowohl als Mittel der Realitätsbefestigung als auch Realitätserzeugung begreift.[45] Das Medium wirkt auf die Vorstellung von Realität ein, wie es andererseits Realität entspringt (die auch Realität eines historisch geformten Wahrnehmungsmodus ist). Ähnlichkeit, als Reflex auf das Imaginäre und Unsichtbare verstanden, wäre an der Fotografie als das Bewußtwerden dieser Einbildungskraft auszuweisen, mit der sich die Fotografie als ›die Realität der Reflexion auf das Reale‹ erweist: als Verweis auf den ›blinden Fleck‹, durch den das Sehen nicht weiß, was es sehen macht.

In diesem Zusammenhang ist der Begriff des *punctum* bei Roland Barthes aufschlußreich, der nicht von ungefähr an das *punctum caecum* erinnert. Das *punctum* ist das Zufällige an der Fotografie, das den Betrachter besticht, verwundert, trifft, »Wurf der Würfel«[46], ein

45 a. a. O. S. 273.

46 Roland Barthes, Die helle Kammer. Bemerkungen zur Photographie. Frankfurt a. M. 1985 (Titel der Originalausgabe: La chambre claire. Note sur la photographie. Paris 1980), S. 36. Barthes ist für eine Theorie der Ähnlichkeit in der Fotografie nicht eigentlich heranzuziehen, da er den Begriff der Ähnlichkeit in *Die helle Kammer* ausschließlich als Verweis auf die Identität des Subjekts im Sinne einer Mimesis von Abbildung und Abgebildetem, als Übereinstimmung mit den Erwartungen des Betrachters verwendet: »Denn die Ähnlichkeit verweist auf die Identität des Subjekts, eine lächerliche, rein zivilrechtliche, ja sogar strafrechtliche Angelegenheit; sie gibt es wieder ›als es selbst‹, während ich auf ein Subjekt aus bin, das ›in sich es selbst‹ ist. Die Ähnlichkeit läßt mich unbefriedigt, macht mich eher skeptisch […]« (S. 113). Seine Definition des *punctums* aber ist für eine Beschreibung dessen, wie die Ähnlichkeit hier, in Anlehnung an Merleau-Ponty, verstanden wird und was sie im Bereich der Fotografie bedeuten könnte, nutzbar zu machen.

fesselndes Detail, ein »Mehr an Sichtbarem«[47], das nebensächlich ist und vom Fotografen nicht unbedingt beabsichtigt, als das nicht Gemeinte, Abseitige und schwer zu Benennende: »[...] ich lasse alles Wissen, alle Kultur hinter mir, ich verzichte darauf, einen anderen Blick zu beerben«.[48] Das *punctum* sei immer eine Zutat: »[...] es ist das, was ich dem Photo hinzufüge und *was dennoch schon da ist.*«[49] Das *punctum* wird nun von Barthes als der Initialpunkt eines blinden Feldes bestimmt. Das meint in diesem Zusammenhang, daß sich an ihm Vorstellungen entzünden, die über die Bildgrenzen, den im Bild festgehaltenen Moment hinausweisen: »Das *punctum* ist mithin eine Art von subtilem Abseits, als führe das Bild das Verlangen über das hinaus, was es erkennen läßt.«[50] Damit ist das *punctum* bei Barthes vom *punctum caecum* Merleau-Pontys unterschieden, das den blinden Fleck im Sehen bezeichnet, das Unsichtbare im Sichtbaren, nicht das nicht mehr oder noch nicht Sichtbare (außerhalb des Bildrahmens) oder das unter einer anderen Perspektive mögliche Sichtbare. Dennoch ist dem *punctum* ein Verweis auf den blinden Fleck mitgegeben, wird doch in ihm die Wahrnehmung wahrnehmbar, im Gegensatz zum *studium*, dem allgemeinen Interesse an der Fotografie, das kulturell und historisch geprägt ist und bei dem das Foto als materiales, mediales Objekt unsichtbar bleibt. Das *punctum* ›erschafft‹ sich den Betrachter aktiv, der sich selbst als passiv erlebt, der aufgesucht, ›durchbohrt‹ wird.[51] Das Foto verfügt über den Betrachter, und nicht er verfügt über das Bild.

Wenn Barthes mit Hilfe des *punctums* über die Abweichung, das Abseitige, das nicht im Bild Gezeigte und die Grenzen des fotografischen Bildes nachdenkt, wird das Medium dieser Erfahrung, das, zunächst transparent, einen unmittelbaren Blick auf das in und mit ihm Präsentierte zu ermöglichen schien, in einem impliziten Verweis bewußt gehalten. Denn das Medium selbst ist, wie Joachim Paech feststellt, »nicht beobachtbar, weil es nur in der Form erscheint, zu deren Erscheinung es verhilft. Die Beobachtung der

47 a.a.O. S. 53.
48 a.a.O. S. 60.
49 a.a.O. S. 65.
50 a.a.O. S. 68.
51 a.a.O. S. 35.

Form muß, wenn sie nach dem Medium fragt, sich selbst beobachten, um sich klar zu machen, daß sich die beobachtbare Form notwendig ihrer anderen unsichtbaren Seite des Mediums verdankt.«[52] Auf das Unsichtbare kann so immer nur mittelbar, also medial, verwiesen werden, und zwar in erster Linie, indem die mediale Form reflektiert wird, als Beobachtung der Beobachtung und damit als etwas, das auf den blinden Fleck verweist, ohne ihn selbst je erhellen zu können. Im Kino ist »das Medium in dem Maße transparent zur Form, den figurativ beobachtbaren narrativen Ereignissen, in dem sich der Betrachter nicht selbst in seiner Anordnung zur Projektion wahrnimmt«, und sofern er den Film als Film, als projizierte materiale Oberfläche sieht, so wird er doch nur wieder Formen der Materialität des filmischen Zeichens (Kratzer, asynchroner Ton etc.) wahrnehmen.[53] Dem blinden Fleck ist nicht zu entkommen, und doch ist es möglich, der filmischen Wahrnehmung einen selbstreferentiellen Index (im Sinne des »Zeigefingers«) zu implementieren, und zwar weniger als Selbstreflexivität (indem der Film über sich als Film reflektiert), sondern als das Sehen des Sehens.[54] Dies ist im Sinne einer Annäherung zu verstehen, denn die Reflexi-

52 Joachim Paech, Intermedialität. In: Medienwissenschaft 1/97, S. 12–30, hier: S. 22.

53 ebd.

54 Zur Unterscheidung von Selbstreflexivität und Selbstreferentialität im Film siehe Kay Kirchmann, Zwischen Selbstreflexivität und Selbstreferentialität. Überlegungen zur Ästhetik des Selbstbezüglichen als filmischer Modernität. In: Film + Kritik 2 (1994), S. 23–38. Der Begriff der Selbstreflexivität wird von Kirchmann dort angewandt, wo der Film seinen Status als Film thematisiert, in dem er eine oder mehrere seiner Konstituenten thematisiert. Selbstreferentiell hingegen wäre ein Film, für den kein vorgängiges mimetisches Prinzip mehr erkennbar ist, der keine Referenzen mehr an ein Außerhalb des eigenen filmischen Kontextes erkennen lasse. Jean-Luc Godard wird von Kirchmann als prominentester Vertreter der dekonstruktivistischen Selbstreferentialität benannt, in der das Kunstwerk mit einem aufklärerischen Impetus als Konstruiertes, Gemachtes, offengelegt wird. In dem Augenblick, in dem die apparative Struktur des Kinematographen die Mechanismen der Wahrnehmung und nicht der Realität reflektiere, sei von Selbstreferentialität zu sprechen: »In der Moderne rückt [...] die *menschliche* (visuelle) *Wahrnehmung als einzig existente ›Realität‹* an die Stelle vormaliger Gewißheiten um die Erkenn- und Abbildbarkeit von Realität. Es geht in

on der Wahrnehmung auf sich selbst, wie Merleau-Ponty sagt, das Berühren des Berührens, das Sehen des Sehens, mißlingt im letzten Augenblick. In diesem Mißlingen aber liegt bereits ein Erfolg, in ihm teilt sich etwas vom Wesen dieser nicht einzuholenden Wahrnehmung mit, auf die die Reflexion abzielt, denn nicht anders als in der *Verfehlung* dieser Reflexion kann sich das Unsichtbare des Sehens, das Unberührbare des Berührens zu erkennen geben. Die Reflexion als ein Prozeß der ständigen, unendlichen Annäherung macht das Unsichtbare sichtbar insofern, als es sich derart in seinen Konturen zu erkennen gibt. In diesem Sinne ist die an Kafka angelehnte Forderung zu verstehen, die in den späten Filmen Godards mehrfach wiederkehrt: das Positiv sei dem Menschen von Geburt mitgegeben, das Negativ müsse erst geschaffen werden.[55] Wenn das Unsichtbare metaphorisch als ein abwesendes Zentrum beschrieben werden kann, um das herum sich das Sichtbare gruppiert, so erfolgt der Annäherungsprozeß von verschiedenen Perspektiven aus, und der (gedachte) Punkt, an dem jeweils Sichtbares und Unsichtbares aufeinandertreffen, ist ein Umschlagpunkt, der gleichermaßen die Grenzen des Sichtbaren (positiv) wie die des Unsichtbaren (negativ) definiert. Dann würden alle jene Punkte, die sich unter den verschiedenen Perspektiven auf das Unsichtba-

der Folge nicht länger um eine Abbildung von Realität, sondern nur noch um *die Abbildung unserer Konstruktion von Welt durch unsere Wahrnehmungsapparatur*.« (S. 36, Herv. im Orig.) Es ist nicht sicher, daß Godard für eine solche Haltung in Dienst zu nehmen ist, wenn er, vor allem seit den 80er Jahren, vermehrt Fragestellungen, die auf Metaphysik und Transzendenz abzielen, in seine Filme einbringt (s. dazu den nächsten Abschnitt) und so auf ein mögliches Außerhalb des Films verweist, das aber immer in der Schwebe gehalten wird. Wenn im folgenden von Reflexion bzw. Reflexivität gesprochen wird, dann im Sinne des ästhetischen Rückbezuges des Films auf sich selbst, parallel zu Merleau-Pontys Begriff der Reflexion als Rückbezug der Wahrnehmung auf sich selbst.

55 Godard spielt mit den zwei möglichen Bedeutungen, die das Negativ und das Positiv haben kann, zum einen als das Negative und das Positive im Sinne Kafkas, zum anderen als das Negativ und Positiv des Filmbildes. Zur Bedeutung von Negativ und Positiv vgl. auch *Jean-Luc Godard par Jean-Luc Godard*: »Moi, je pars toujours du négatif, je suis un homme positif qui part toujours du négatif.« (S. 498).

re ergeben, miteinander verbunden, idealerweise das Unsichtbare umreißen, wenn sie nicht als Annäherungen einer gewissen Unschärfe, einem Zweideutigen und Unbestimmten unterliegen würden. Jener Umschlagpunkt aber, in dem sich das Sichtbare und das Unsichtbare, Innen und Außen vermitteln, an dem das Sehen seiner selbst inne wird und ahnt, was es sehen macht, ist der Punkt, an dem Ähnlichkeit evoziert wird: als Phänomen der Transzendenz, die das sinnlich Gegebene sowohl übersteigt wie voraussetzt.

Das Sehen sehen: in dieser paradoxen Wendung ist ein Programm enthalten, das Godard konsequent zu verfolgen scheint, wenn er die Wahrnehmung von ihrem negativen Pol aus bedenkt, in der Thematisierung des Unsichtbaren, des Negativs, der Blindheit. Neben dem Negativ ist es die Filmstruktur, die Montage, in der Verweise auf das Sehen in Momenten besonderer Dichte und Intensität enthalten sind, als spezifische Konfigurationen des Blicks. Auf beide Momente soll nun näher eingegangen und dabei an Godards Konzeption der Montage in Anlehnung an Reverdy wieder angeknüpft werden.

›Wahre Montage‹

Montage, sagt Godard, sei vom Kino nie gefunden, sondern immer nur gesucht worden: »The word ›montage‹ has been used a lot. […] But the cinema never found montage. Something disappeared when the talkies came in and language, words, took over […]«.[56] Montage erlaube es, Dinge zu sehen und sie nicht nur auszusprechen[57], eine Fähigkeit des Films, die mit der Einführung des Tonfilms von Godard als verloren angesehen wird. Auf das unmittelbare Sehen-Lassen zielt Montage bei Godard ab, und der Stummfilm scheint in dieser Hinsicht die große Utopie zu enthal-

56 Godard makes (hi)stories. Interview with Serge Daney. In: Jean-Luc Godard. Son + Image 1974–1991. Ed. by Raymond Bellour with Mary Lea Bandy. New York 1992, S. 159–167, hier: S. 161.

57 Godard, Einführung in eine wahre Geschichte des Kinos, S. 177.

ten. Doch in der Suche nach der ›wahren Montage‹, die Montage, die sehen läßt, scheint sich etwas von dieser Utopie mitzuteilen.

Das Bild, das aus dieser ›wahren Montage‹ hervorgeht, ist unsichtbar, existiert nicht als ein Objekt. In einem Interview gefragt, wie er die Idee Reverdys in die Praxis umsetzen würde, ein bestimmtes Bild aus zwei extremen Gegensätzen zu formen, erklärt Godard: »But an image doesn't exist. This is not an image, it's a picture. The image is the relation with me looking at it dreaming up a relation at someone else. An image is an association.« Die Frage: »Is that where your idea of true montage takes place?« bejaht er. Selbst Eisenstein sei kein Editor gewesen, er habe nur die richtigen Einstellungswinkel gefunden.[58] Das *image* als mentales Bild ist als Beziehung definiert, und Montage heißt, »etwas in Verbindung bringen«.[59] Dort, wo Gavin Smith in den *Histoire(s) du cinéma* Gegensätze sieht, im Nebeneinanderstellen von Bildern großer Schönheit und Erhabenheit und Bildern von Horror und Grausamkeit, findet Godard das verbindende Moment: die Wochenschau-Bilder eines Gefangenen, dem die Augen verbunden sind und der kurz vor der Erschießung steht, und die Bilder aus *Ein Amerikaner in Paris* mit Gene Kelly und Leslie Caron seien wahrscheinlich zur gleichen Zeit gedreht worden.[60] Das Verfahren beschreibt er auch als historische Montage, kritische Arbeit. Die intensivsten Momente darin sind die, in denen die Grausamkeit in der Schönheit, ›das Lächeln und das Desaster‹[61] zum Vorschein kommen.

Es sind der Kontrast und die Differenz, die im Zusammenhang mit der Montage zu zentralen Begriffen werden. Erst der Kontrast ermöglicht es, Konturen zu sehen, und so nimmt Godard sein kontrastierendes Verfahren mit in die Bilder hinein, wenn er etwa wie

58 Jean-Luc Godard interviewed by Gavin Smith. In: Film Comment, March-April 1996, S. 31–41, hier: S. 38. Smith spricht von der Formung eines Bildes »out of extreme opposites«, doch bei Reverdy sind nicht eigentlich Gegensätze gemeint, diese gehören zu den Realitäten, die sich nicht annähern lassen, sondern eher Kontraste, alles, was sich auf nicht näher bestimmte Weise aufeinander beziehen läßt und sich nicht gegenseitig ausschließt.

59 Godard, Einführung in eine wahre Geschichte des Kinos, S. 16.

60 Interview mit Gavin Smith, S. 39.

61 Vgl. a. a. O. S. 38.

in *JLG/JLG* in dunklen Innenräumen die Kamera auf das helle Rechteck eines Türrahmens oder Fensterausschnitts richtet: »It's a way of having two images, far away from each other, one dark and one sunny.«[62] Auch die Landschaftsaufnahmen, die den Film gleichsam interpunktieren, entfalten in der Kontrastmontage ihre besondere Wirkung. Unbewegt, fast fotografisch stillgestellt, werden einige von ihnen unvermittelt neben Innenaufnahmen gestellt, wird die Plötzlichkeit ihres Erscheinens unterstrichen durch einen einzelnen nachhallenden Klavierakkord. Als Momente der Plötzlichkeit und der Intensität, die sie erst durch den Kontrast erhalten, erscheinen solche Einstellungen als Konfigurationen des Blicks, eines Blicks, der seiner selbst für einen Moment inne wird.

Die Kontur, die Grenze, ist der symbolische Ort, an dem sich die Beziehung ausweist, die nur zwischen differenten, nicht identischen Elementen gegeben sein kann. Die Montage heterogener Bilder oder Bildelemente wirkt in zwei Richtungen, wenn sie einerseits die Grenze herstellt, in der sich die Differenz zweier Bilder artikuliert, und andererseits überwindet, indem sie sie aufeinander bezieht. Montage synthetisiert und konstruiert Zusammenhänge, die sie in den ›Lücken zwischen den Bildern‹, im Aufweis der Heterogenität der Montageelemente, als Konstruktionen offenlegt, dekomponiert. Damit wird die Filmstruktur sichtbar. Und je ›entfernter‹ die Bilder oder Bildkomponenten sind, die in der Montage aufeinander bezogen werden, um so stärker tritt das formale Moment in den Vordergrund. Die Aufmerksamkeit verschiebt sich so von den Bildinhalten auf die Filmstruktur, die derart zum Träger von Bedeutungen wird.

Wenn Godard das Bild als »Assoziation« kennzeichnet, als ein Vorstellungsbild, das der Verknüpfung zweier Bilder entspringt, so ist doch die Anordnung der Elemente in der Montage selbst in seinen Filmen weniger assoziativ begründet, sondern eher analytisch und bewußt konstruiert, so daß die Assoziation der Montage nicht vorausgeht, sondern ihr folgt. Es bleibt aber, wenn den Bildern die bezeichnende Kraft abgesprochen und auf das durch die Struktur evozierte Unsichtbare verlagert wird, wie bereits festgestellt, ein Unbestimmtes in diesem Verfahren. Godard trägt dem Rechnung,

62 a. a. O. S. 40.

wenn er sagt: »American people like to say: ›What do you mean exactly?‹ I would answer: ›I mean, but not exactly.‹«[63] Das Bedeuten erfolgt immer in einem Ausweichen, im Abweichen von festgelegten Benennungen, eher als ein Hindeuten oder als eine Deutung, in der immer über das Sichtbare hinaus verwiesen wird. Auch im Auseinandertreten von Bild und Ton bzw. Dialog etabliert sich ein solcher Bereich: »[...] between your very focused cinematographic image and the words there is a land that is out of focus, and this out of focus is the real cinema«.[64] Darin ist einerseits das »blinde Feld«, von dem Barthes in Anlehnung an Bazin gesprochen hat, angedeutet, das Vorher und Nachher des Films und der Raum außerhalb des Bildrahmens, und andererseits die Unschärfe angesprochen, das, worauf nicht fokussiert wird, was nicht im Brennpunkt des Bildes liegt, sondern am Rand, in einem verschwimmenden Bereich. Dieser Bereich ›out of focus‹ kann als Grenzfläche zum Unsichtbaren beschrieben werden und ist insofern zweideutiger Natur: Das nicht mehr ganz Unsichtbare und das noch nicht Sichtbare besitzen Verweiskraft auf beide Bereiche. Das Zweideutige ist als Umschlagpunkt vom Positiv zum Negativ allem eigen, das dem Sichtbaren verhaftet ist wie das Filmbild, das sich aber unter einer möglichen anderen Perspektive (auch die Montage kann als Perspektivierung ihrer einzelnen Elemente verstanden werden) als etwas erweist, dem der Index des Unsichtbaren implementiert ist. Das Unsichtbare kommt so idealerweise zum Vorschein, wenn die Elemente des Sichtbaren in ›richtiger‹ Weise aufeinander bezogen werden, was Godard mit dem Beispiel des von Ramuz entlehnten Titels »Les signes parmi nous« verdeutlicht, ein Satz, der in *JLG/JLG* zitiert wird und mit dem auch ein Segment aus *Histoire(s) du cinéma* überschrieben ist. Wenn man wisse, wie zu sehen sei, erläutert Godard im Zusammenhang mit den *Histoire(s)*, entdecke man im Verkehrsstau von Paris einen Impfstoff gegen

63 a. a. O. S. 37.

64 a. a. O. S. 38. Es soll an dieser Stelle auch darauf hingewiesen werden, daß die Montagekonzeption Godards nicht nur für das Filmbild, sondern auch für den Ton eine wesentliche Rolle spielt. Die Tonspur verhält sich häufig asynchron zu den Bildern, oft auch kontrastierend, und entwickelt eine eigene Qualität.

Aids.[65] Wenn man wisse, wie zu sehen sei, werden ›die Zeichen unter uns‹ lesbar. Den Zeichen ist also von vornherein ein zweideutiger Charakter mitgegeben, der sich offenbart, wenn die ›richtigen‹ Bezüge zwischen den Elementen der Zeichenwelt hergestellt worden sind. Die Aufgabe des Künstlers ist es, sagt Godard, das Metaphysische in die alltäglichen Dinge zu implementieren: »[...] and if you can bring the metaphysic through ordinary things, then it's good. This is a task of the artist. A simple apple by Cézanne is more than a simple apple. Or just a simple apple.«[66] Auch hier ist die metaphysische Dimension nicht als gegeben angenommen, sondern Gegenstand ästhetischer Spekulation. Der Apfel ist möglicherweise der einfache Gegenstand, der er zu sein scheint, möglicherweise aber auch nicht. Seine Identifizierung als Apfel aber tut ihm bereits Gewalt an. »Widersinn und Tyrannei« der Identifizierungen werden in *JLG/JLG* anhand eines Stuhls erläutert, von dem gesagt wird: »Ein Ding ist nicht, wofür man es hält. Es ist viel mehr. Es ist eine Gesamtheit, im weitesten Sinn.« Das Metaphysische in die alltäglichen Dinge hineinzubringen heißt, ihnen einen zweideutigen Charakter mitzugeben, wie den Filmbildern, die dem Sichtbaren verhaftet sind, ihm nicht entkommen können und dennoch auf ein Unsichtbares verweisen.[67] Das ästhetische Verfahren hierzu kann die Montage sein, und das aus diesem Verfahren Resultierende ließe sich mit dem Begriff der Ähnlichkeit beschreiben, als das Unbestimmte, Abweichende, das wie Barthes' *punctum* bereits im Bild vorhanden (sichtbar) ist, aber dennoch vom Betrachter (als das unsichtbare »Dritte«) hinzugefügt werden muß, die Beziehung, die das Entfernte (Differente) gleichzeitig treffend (übereinstimmend) macht, das Moment der Transzendenz in der sinnlichen Wahrnehmung, das Metaphysische im Alltäglichen.

65 Interview with Serge Daney, S. 167.

66 Interview with Gavin Smith, S. 40.

67 So resümiert in *Hélas pour moi* der Verleger Abraham Klimt, der immer wieder vergeblich ansetzt, eine Geschichte zu rekonstruieren, deren Haupteigenschaft es ist, nicht sichtbar zu sein: Der Rest, der noch zu sagen wäre über das Leben der beiden Hauptfiguren Simon und Rachel, habe sich jenseits der Bilder und Geschichten abgespielt. Dem wird sofort von einer weiteren Filmfigur widersprochen: »Diesseits aller Bilder und Geschichten. Diesseits.«

Der Film ist Resultat einer bewußten gestaltenden Intention. Ähnlichkeit ist das Feld, auf dem sich prinzipielle Offenheit in der Rezeptionssituation und Determiniertheit des geschaffenen Werkes als Bedingungen für die Interpretation vermitteln. Ähnlichkeit gibt damit auch den Möglichkeitshorizont interpretativer Annäherung an.

Blindheit und Schweigen

Eines der bevorzugten Motive, anhand deren eine Theorie des Sehens entwickelt wird, ist die Blindheit. So versieht Diderot seinen *Lettre sur les aveugles* von 1749 mit dem Untertitel »à l'usage de ceux qui voient« und macht damit deutlich, daß die Untersuchung der Blindheit Aufschlüsse über das Sehen gibt, die dem Sehenden selbst zunächst unzugänglich erscheinen.[68] Godard zitiert Diderots *Lettre sur les aveugles* in *JLG/JLG* recht ausführlich[69], unter anderem mit einem Dialog, den er mit seiner blinden Schnittassistentin Justice Fielding führt und in dem er dieser eine geometrische Aufgabe stellt, die sie sogleich lösen kann. Gefragt, wo sie das sehe, antwortet sie: »In meinem Kopf – wie Sie.« Schon die Wahl einer blinden Schnittassistentin erscheint höchst paradox, trägt sie überdies den Namen »Justice«. Doch da der Film, den sie schneiden soll, ein Film ist, von dem gesagt wird, daß ihn niemand gesehen habe, *Hélas pour moi*, folgt die Einstellung dieser Mitarbeiterin offenbar einer inneren Notwendigkeit. Sie ist angesichts dessen, daß das, worum es darin geht, unsichtbar ist, eine Form, den Filmbildern Gerechtigkeit widerfahren zu lassen.[70]

68 Denis Diderot, Lettre sur les aveugles. In: Ders., Œuvres philosophiques. Paris 1964, S. 73–164.

69 Dessen Ansatz, sich blind zu machen bzw. vorzustellen, um sehen zu können, findet in Godards Äußerung aus *Scénario du film Passion* ein Echo: »Ich muß mir mit den Bildern die Augen verbrennen, um zu sehen.«

70 Die ständige Beschwerde des Verlegers Abraham Klimt in *Hélas pour moi*: »Ich sehe nicht«, gegenüber der Zeugin Amiel, die ihm von den Ereignissen, die ihn interessieren, erzählen soll, trifft den Kern der Angelegenheit: Es gibt nichts zu sehen.

Den Augen, so scheint es, ist nicht zu trauen. Godard zitiert aus Wittgensteins *Über Gewißheit*:

»Wenn mich ein Blinder fragte: ›Hast du zwei Hände?‹, würde ich mich nicht durch Hinschauen vergewissern. Ja, ich weiß nicht, warum ich meinen Augen trauen sollte. Ja, warum soll ich nicht meine Augen damit prüfen, daß ich schaue, ob ich zwei Hände habe?«

Und Wittgenstein, in *JLG/JLG* nicht weiter zitiert, fährt fort: »*Was* ist *wodurch* zu prüfen!?«[71] Ähnlich sind für Denis Diderot die Wahrnehmungszeichen fragwürdiger Natur: »Wer hat uns gesagt, daß wir es nicht mit falschen Zeugen zu tun haben?«[72] Wenn aber nun Kommunikation über Sinneseindrücke erfolgt, scheint sie ihrerseits auf fragwürdigen Grundlagen zu beruhen. Godard spekuliert unter anderem anhand der Bezugnahme auf Diderot und Wittgenstein über die Möglichkeit von Kommunikation. Das, was ihn in seinen Filmen interessiere, sagt er an anderer Stelle, sei nicht die Unmöglichkeit zu kommunizieren, sondern die Verständnislosigkeit, das Mißverständnis.[73] Das Nichtverstehen scheint immer auch auf dem Ungenügenden der filmischen Sprache zu beruhen, von der in *Hélas pour moi* die Rede ist und die als das der Filmsprache Uneinholbare beschrieben werden kann.[74] Letztlich kann sie sich

71 Ludwig Wittgenstein, Über Gewißheit. Hrsg. von G.E.M. Anscombe und Georg H. von Wright. Frankfurt a. M. 1970, S. 40 f.

72 Zitiert nach der deutschen Übersetzung des *Briefes über die Blinden*. In: Denis Diderot, Philosophische Schriften. Hrsg. von Theodor Lücke. Frankfurt a. M. 1967, Bd. 1, S. 49–110, hier: S. 99. Diderot versucht anhand von Spekulationen über die Wahrnehmungen von Blinden, die durch eine Staroperation ihre Sehfähigkeit wiedererlangt haben, die Beziehung von Gehörsinn, Gesichtssinn und Tastsinn zu ermitteln (kann ein Sinneseindruck, der sich allein durch den Tastsinn mitgeteilt hat, durch den Gesichtssinn wiedererkannt werden?), wobei ihn die Widersprüchlichkeit der Sinneseindrücke zu der Frage führt: »Was wissen wir denn?« (ebd.)

73 Vgl. Jean-Luc Godard par Jean-Luc Douin. Paris, Marseille 1989, S. 83.

74 Hier in Anlehnung an Heidegger formuliert, der von Godard u. a. in *Allemagne neuf zero* (1991) zitiert wird: »Wir sprechen und sprechen von der Sprache. Das, wovon wir sprechen, ist uns stets schon voraus.« Heidegger weiter: »Wir sprechen ihr ständig nur nach. So hängen wir fort-

nicht selbst abbilden, nicht über sich selbst sprechen, wie das Sehen sich letztlich nicht selbst sehen kann. Aber im Verweis auf das Ungenügen der Sprache, der gesprochenen Sprache wie der Sprache der Bilder, bleibt der Verweis auf das in ihr nicht Ausdrückbare erhalten. Insofern ist die Sprache der Abweichung, des Ungenügenden und Mißverständlichen eine zutiefst angemessene Sprachform. In diesem Sinne sind auch die ›Sprachpathologien‹ in den Filmen Godards zu verstehen, die stotternden Filmfiguren, die Dissoziation eines Sprechers in verschiedene Stimmlagen, das Übereinanderlegen von verschiedenen Stimmen bis zur Unkenntlichkeit des Gesprochenen, die Rezitation aus dem Zusammenhang gerissener und daher teilweise sinnlos erscheinender Texte. Sie sind eine Form, sich zwischen Sprechen und Schweigen zu bewegen[75], in der Lücke, an der Grenze, im Zwischenraum, in dem sich das zu schaffende Negativ konstituiert wie in der ›Lücke zwischen den Bildern‹ in der Montage.

Das Bild – als das ›wahre‹, das angemessene, genügende Bild –, läßt Godard in *Hélas pour moi* sagen, komme vielleicht nach der Erlösung, und er schreibt diesen Ausspruch Paulus zu.[76] Diese Wen-

während hinter dem zurück, was wir zuvor zu uns eingeholt haben müßten, um davon zu sprechen. Demnach bleiben wir, von der Sprache sprechend, in ein immerfort unzureichendes Sprechen verstrickt.« Martin Heidegger, Unterwegs zur Sprache. Pfullingen 1959, S. 179. Ein Interview in *Jean-Luc Godard par Jean-Luc Godard* (S. 489–519) ist in einer Anspielung auf Heidegger mit »Le chemin vers la parole« überschrieben.

75 Jean-Luc Godard par Jean-Luc Godard, S. 500: »Moi, je ne peux pas m'empêcher d'être à la fois dans le muet et dans le parlant. J'ai toujours été entre les deux.« Vgl. auch die Abweichung ins Unbekannte im Sprechen, die dem Nicht-schweigen-Können folgt, wenn Godard in *JLG/JLG* sagt: »Wo wohnen Sie? In der Sprache. Ich kann nicht schweigen. Beim Sprechen stürze ich mich in eine unbekannte Ordnung, werde plötzlich verantwortlich«.

76 Der Satz kann als eine Bezugnahme auf das alttestamentarische Bilderverbot verstanden werden, in dem Sinne, daß das Bild nicht gezeigt bzw. geschaffen werden *kann*. Eine Gegenposition hierzu, die hier angeführt wird, um die Problemstellung zu verdeutlichen, ist mit Derek Jarmans *Blue* gegeben, einem Film, der gleichermaßen die Abbildlichkeit verweigert, indem er ca. 70 Minuten lang ausschließlich eine blaue Fläche zeigt, als immaterielles, unkörperliches Bild. Auch hier ist die

dung nimmt in diesem Film den Charakter der Apokatastasis an.[77] Einstweilen aber bleibt das auch in *JLG/JLG* häufig eingesetzte Schwarzbild einzig adäquater Ausdruck des Unsichtbaren, das allem Sichtbaren inne ist, als das Negativ des Films, der nichts zu sehen gibt. Im Schwarzbild wird das latente Unsichtbare des Films evident. Es ist filmisch nicht eigentlich ein Negativ, sondern ein unbelichtetes Filmbild und so in gewissem Sinne dem weißen, unbeschrifteten Papier vergleichbar, von dem ein Satz in *JLG/JLG* verlauten läßt: »Le papier blanc est le vrai miroir de l'homme.« Die Spiegelfunktionen des Films, die Godard vorführt, indem er sich (für den Zuschauer kaum sichtbar) vor eine Kamera setzt, deren Viewfinder als Bild im Bild zeigt, was die Kamera von ihm erfaßt, finden letztlich im Schwarzbild ihren Bezugspunkt und im weißen Papier als dem ›visuellen Korrelat des Schweigens‹. Beide sind jeweils »Chiffre des Möglichen«[78], auf einen uneinholbaren Ursprung verweisend.

Nicht zuletzt durch Konzepte der Bild- und ›Sprachlosigkeit‹ wird das Analogon Film, das selbst einem Spiegelungsverhältnis entspringt (das Objekt und der von ihm reflektierte Lichtstrahl, auf einen Filmträger gebannt), hin zum Unbestimmten, Nicht-Identifizierenden, Unsichtbaren transformiert. Die Ununterscheidbarkeit dessen, wer sieht und wer gesehen wird, von der Merleau-Ponty

Blindheit – den Regisseur real bedrohend – zentrales Thema. Jarman bezieht sich im Film auf das Bilderverbot in dem Sinne, daß das Bild nicht gezeigt werden *darf* bzw. *soll*: »For accustomed to believing in image, an absolute idea of value, his world had forgotten the command of essence: Thou shall not create unto thyself any graven image, although you know the task is to fill the empty page. From the bottom of your heart, pray to be released from image.« Bei Godard führt die Erlösung zum Bild hin, bei Jarman vom Bild weg.

77 Insbesondere im Zusammenhang mit Zitaten Walter Benjamins, etwa in der Rede vom Verlangen der Vergangenheit nach Erlösung, der Benjamins *Über den Begriff der Geschichte* entlehnt ist. Darin heißt es, daß die Vergangenheit einen »heimlichen Index« mitführe, durch den sie auf die Erlösung verwiesen werde. Walter Benjamin, Illuminationen. Ausgewählte Schriften 1. Frankfurt a. M. 1977, S. 251–261, hier: S. 251.

78 Monika Schmitz-Emans, Schrift und Abwesenheit. Historische Paradigmen zu einer Poetik der Entzifferung und des Schreibens. München 1995. Zu einer der möglichen Bedeutungen der Farbe Weiß, vgl. S. 51.

gesprochen hatte, erweist sich auch in der Wahrnehmung des Films als konstituierender Faktor. In *JLG/JLG* ist es Godard, der sich selbst als Sehenden und Gesehenen zeigt (ein selbstreflexives Verhältnis, das mit dem Untertitel »Autoportrait« bereits anklingt).[79] Dieses Blickverhältnis wird an anderer Stelle von ihm auf das Dispositiv Kino ausgeweitet:

»Das Kino hat weniger die Welt selbst als die Welt bei der Betrachtung des Kinos betrachtet. Und als das Fernsehen aufkam, hat es sich sehr schnell an die Stelle der Welt gesetzt und hat sie nicht mehr betrachtet, das heißt nicht mehr wahrgenommen und bewahrt. [...] Das Kino oder vielmehr der Kinematograph ist in jenem Augenblick verschwunden.«[80]

79 Godard erklärt, der Filmtitel *JLG/JLG* dürfe nicht mit »JLG by JLG« übersetzt werden: »There is no ›by‹. [...] If there is a ›by‹, it means it's a study of JLG, of myself by myself and a sort of biography, what one calls in French *un examen de conscience*, which it is absolutely not.« In: Interview with Gavin Smith, S. 35. So grenzt er auch in *JLG/JLG* den Begriff des Selbstporträts von dem der Autobiographie ab: »Autoportrait. Pas autobiographie.« Das Zeichen »/« im Titel ist so eher als ein Spiegelstrich zu verstehen, bei dem die Positionen des sich Spiegelnden und des Gespiegelten austauschbar sind.

80 Jean-Luc Godard, Sätze über Kino und Geschichte. Rede zum Adorno-Preis. In: Cinema 41 (1996), S. 113–118, Zitat S. 117.

Zu den Autoren

Jean-Christophe Ammann, geboren 1939, seit 1989 Leiter des Museums für Moderne Kunst in Frankfurt am Main. Arbeiten zu Kunst und Kultur der Gegenwart.
Publikationen u. a.: *Kulturfinanzierung*. Regensburg 1995; *Annäherung*. Über die Notwendigkeit der Kunst. Regensburg 1996.

Markus Bauer, geboren 1959, Literaturwissenschaftler, lebt in Marburg. Arbeiten zur Gedächtniskultur des Barock, zur Exilliteratur und zur ästhetischen Theorie im 20. Jahrhundert.
Publikationen u. a.: *Passage Marburg*. Ausschnitte aus vierundzwanzig Lebenswegen. Marburg 1994; (Hrsg., mit Thomas Rahn), *Die Grenze*. Begriff und Inszenierung. Berlin 1997.

Waldemar Fromm, geboren 1961, Wissenschaftlicher Assistent an der Ludwig-Maximilians-Universität München. Arbeiten zur Romantik, zur Literatur um 1900 und zur Gegenwartsliteratur.
Publikationen u. a.: *Inspirierte Ähnlichkeit*. Überlegungen zu einem poetischen Verfahren des Novalis. In: DVjs 71, 1997, S. 559–588; *Artistisches Schreiben*. Franz Kafkas Poetik zwischen *Prozeß* und *Schloß*. München 1998.

Gerald Funk, geboren 1962, Literaturwissenschaftler, lebt in Marburg. Arbeiten zur Ästhetik und Poetik des 20. Jahrhunderts.
Publikationen u. a.: (Hrsg.), *Heinrich Schirmbeck: Die Angst des Ödipus*. Zum sozial-ethischen Defizit der Moderne. Frankfurt

a. M. 1996; *Die Formel und die Sinnlichkeit*. Das Werk Heinrich Schirmbecks. Paderborn 1997.

Gert Mattenklott, geboren 1942, Professor für Allgemeine und Vergleichende Literaturwissenschaft an der Freien Universität Berlin. Arbeiten zur Literatur, Kunst und Musik sowie zur Geschichte der Juden in Deutschland.
Publikationen u. a.: *Blindgänger*. Beiträge zur Charakterologie des 19. und 20. Jahrhunderts. Frankfurt a. M. 1986; *Über Juden in Deutschland*. Frankfurt a. M. 1992.

Michael Pauen, geboren 1956, Professor für Philosophie an der Otto-von-Guericke-Universität Magdeburg. Arbeiten zur Kultur- und Geschichtsphilosophie sowie zur Philosophie des Geistes.
Publikationen u. a.: *Dithyrambiker des Untergangs*. Gnostisches Denken in Ästhetik und Philosophie der Moderne. Berlin 1994; *Pessimismus*. Geschichtsphilosophie, Metaphysik und Moderne von Nietzsche bis Spengler. Berlin 1997; *Das Rätsel des Bewußtseins*. Eine Erklärungsstrategie. Paderborn 1999.

Joachim Renn, geboren 1963, Wissenschaftlicher Mitarbeiter an der Universität Erlangen. Arbeiten zur Sprach- und Existenzphilosophie.
Publikationen u. a.: *Dilthey und der Begriff der Geschichte*. Hermeneutisch-phänomenologische Argumente gegen den Kollektivsingular. In: Dilthey-Jahrbuch 8 (1992–93), S. 297–339; *Existentielle und kommunikative Zeit*. Zur »Eigentlichkeit« der individuellen Person und ihrer dialogischen Anerkennung. Stuttgart 1996.

Christina Scherer, geboren 1967, Medienwissenschaftlerin, lebt in München. Promotion 1999 mit einer Arbeit über *Die Modellierung von Erinnerung im Essayfilm – Ivens, Marker, Godard, Jarman*.
Publikationen zu film- und fernsehwissenschaftlichen Themen.

Personenregister

Ludwig Wittgenstein

Denkbewegungen

Tagebücher 1930–1932, 1936–1937

Herausgegeben und kommentiert von Ilse Somavilla

Band 14436

Das Tagebuch von Wittgenstein (1889-1951) tauchte erst vor kurzem überraschend in einem Nachlaß auf. Es enthält vor allem Eintragungen aus den Jahren 1930 bis 1932, aus der Zeit unmittelbar nach der Rückkehr Wittgensteins nach Cambridge und damit zur Beschäftigung mit philosophischen Fragen. In diesen Zeitraum fällt Wittgensteins »Wende« zur Spätphilosophie: In erstaunlich kurzer Zeit demontiert Wittgenstein die Metaphysik seiner »Logisch-philosophischen Abhandlung« und gewinnt aus deren Kritik bereits die zentralen Bestimmungsstücke seines neuen Begriffs von philosophischer Klärungsarbeit.
Die Eintragungen zeigen Wittgensteins Bemühen mit sich und seiner philosophischen Arbeit ins reine zu kommen. So sind sie nicht nur für die Wittgenstein-Kenner und -Forscher von Bedeutung, sondern auch für jene Leser, die eine erste Annäherung an den Menschen und Philosophen Wittgenstein versuchen wollen.

Fischer Taschenbuch Verlag

fi 3012 / 2